哈尔滨历史文化丛书

丛书主编：李述笑　阿　成

U1019205

艺彩风华

文艺名人在哈尔滨

臧伟强◎编

黑龙江大学出版社

图书在版编目（CIP）数据

艺彩风华 : 文艺名人在哈尔滨 / 臧伟强编 . 哈尔滨 : 黑龙江大学出版社，2025. 6. --（哈尔滨历史文化丛书 / 李述笑，阿成主编）. -- ISBN 978-7-5686-1288-3

Ⅰ . K820.835.1

中国国家版本馆 CIP 数据核字第 2025QA6787 号

艺彩风华
文艺名人在哈尔滨
YI CAI FENGHUA WENYI MINGREN ZAI HAERBIN

臧伟强　编

责任编辑　于海燕
出版发行　黑龙江大学出版社
地　　址　哈尔滨市南岗区学府三道街 36 号
印　　刷　哈尔滨市石桥印务有限公司
开　　本　720 毫米 ×1000 毫米　1/16
印　　张　16
字　　数　275 千
版　　次　2025 年 6 月第 1 版
印　　次　2025 年 6 月第 1 次印刷
书　　号　ISBN 978-7-5686-1288-3
定　　价　68.80 元

本书如有印装错误请与本社联系更换，联系电话：0451-86608666。

版权所有　侵权必究

哈尔滨历史文化丛书编委会

主　任：孙　喆

副主任：迟宝旭　王敬波　顾福林　谭乐伟

于泽明　魏　影　李述笑　阿　成

编　委（按姓氏笔画排序）：

马成宇　可文秀　刘剑刚　李　韧

杨其滨　何　泉　张永超　张建军

彭　利　韩　伟　韩士明　曾　欣

臧伟强

丛书主编：李述笑　阿　成

关于哈尔滨

关于哈尔滨，没去过的人会有某些听闻和想象；去过的人会留下某些愉快的乃至深刻的记忆；如我这样早年间离开了哈尔滨，久居外省市的人，对哈尔滨的认知已非常局限；而老一辈哈尔滨人和哈尔滨的新生代，对自己家乡的认知，差别又必然很大。

作为土生土长的哈尔滨人，我对这座城市充满感情。从塞外村镇到国际都市、从“共和国长子”到新晋顶流，哈尔滨饱经风雨、英雄辈出，历史悠久、文化多元，物华天宝、人杰地灵。濒江而生、依路而兴的人文风貌，多元交融、凸显智慧的建筑格调，美轮美奂、多姿多彩的冰雪文化，雅俗共赏、魅力非凡的音乐元素，中外荟萃、特色独具的风味美食……凡此种种让这座历史虽然不长，但却极具荣光与力量的国家历史文化名城频频火爆出圈。

有谁想较全面地了解哈尔滨这座众说纷纭的城市吗？

这样的人肯定是有的。

也许，还不少吧？

那么，哈尔滨历史文化丛书对于以上群体应该是具有吸引力的。

丛书目前共七册——《风雨华章——国家历史文化名城哈尔滨》《城市符号——哈尔滨历史城区的人文风情》《流派纷呈——哈尔滨建筑风格纵览》《华彩乐章——音乐之城哈尔滨》《冰情雪韵——哈尔滨冰雪文化》《艺彩风华——文艺名人在哈尔滨》《百年味道——哈尔滨饮食文化寻踪》。

七册书图文并茂，收印了许多珍藏的历史照片，可以说是关于哈尔滨的较全面的小百科书，既能满足了解愿望，又具有欣赏价值、收藏价值。

作为哈尔滨人，我甚为这一套丛书的出版而高兴。遵命作序，倍觉荣幸。

梁晓声

2025 年 6 月 8 日　北京

写在前面

众所周知，历史的丰富性不单是在于文献的表达，而且那些源自于民间的传说、传闻，甚至个人亲历的表述，也是对历史文献的一种有益的补充，在某种程度上，亦可视为对历史文献中的某些含混之处的勘正。对这种多元史料的多义性、丰富性、矛盾性的判断、研究、择取，不仅是作者要面临的难题，更是挑战。再加上历史资料占有的局限，虽然每一位作者都在追求表达的完美、完整，百分之百做到还原一座城市历史的全貌，没有遗珠之憾，可这毕竟是今人和后人永远不可能实现的梦想。毕竟汹涌澎湃的历史长河，带走了许多我们尚不掌握的、珍贵的史料。在这样的情势之下，难免挂一漏万。因此，在这里恭恭敬敬，请方家补正之。

前言

哈尔滨是一座承载着独特历史记忆与多元文化魅力的城市，其深厚底蕴不仅体现在建筑与风情中，而且凝聚于曾在此驻足、生活的众多文艺名家身上。这些文学艺术界的璀璨群星，以其卓越的才华与影响力，为哈尔滨的文化星空增添了不可磨灭的光辉，共同谱写了这座城市动人的人文乐章。

本书尝试从一个特定视角切入——聚焦那些曾与哈尔滨结下不解之缘的文艺名人，以期展现这座城市作为文化沃土的独特吸引力。在编纂过程中，编者着重关注以下几个方面。

在人物选择上，本书主要收录在文学与艺术领域具有广泛知名度，且与哈尔滨有实质性关联的名家。他们或出生于哈尔滨，或曾在哈尔滨学习、生活、工作，虽短暂停留于此，但留下了明确的文化印记。他们中既有享誉世界的巨匠，又有在专业领域成就卓著、贡献足以令世人瞩目的杰出人物。

为了清晰地呈现内容，全书进行了结构划分：第一部分为“文学篇”，涵盖小说、散文、报告文学、诗歌等领域的代表性人物；第二部分为“表演艺术篇”，涵盖戏剧、音乐、电影、相声等领域的知名艺术家；第三部分为“书画艺术篇”，涵盖绘画、雕塑、书法、摄影等视觉艺术领域的领军人物。本书将艺术篇细分为表演与书画两部分，主要是考虑到所涉人物众多，便于读者阅读。

关于人物排序，本书在原则上依据其与哈尔滨产生关联的时间先后顺序进行排列。同时，在确保主体框架清晰的前提下，为兼顾整体版面与装帧效果，个别顺序略有调整。

需要特别说明的是，囿于篇幅、时间及资料收集的局限，本书难以穷尽所有曾为哈尔滨文化增光添彩的文艺名家。许多同样值得铭记的前辈与大家，未能在此一一详述，深感遗憾，恳请读者谅解，并期冀未来有机会补遗。

本书能够顺利编纂，承蒙诸多前辈、同人的鼎力相助。他们或默默穿针引线，或慷慨予以资助、馈赠，或无偿提供珍贵图片与资料。对于古安村、张恂、李兰颂、韩斗、王梓端、和宏明、苏伟纲、杨伟东、宋兴文、胡继东、刘强敏、李洪波、黄兴发、代庆、王孝彬、晁方方、吴宁、陶鎏霞、黎纲峰、王聪慧、白文俊、李不酸、程平、王健、王可、张强、殷杰、姜本利、赵明、刘钻等的宝贵支持，在此一并致以最诚挚的谢忱。

目录

CONTENTS

文学篇

表演艺术篇

书画艺术篇

去到延安。假若你去時，那是好的，若不去時，比你不來信還難過。就將你從前和我講在北京所聞的故事倒熱。

若能見到就以後天天替代看書了，若不能見到，就這裡是連刊物的毛也沒有的。空白靈魂，什麼也沒有了。平常到這個，請你給快快一個回信。假若月底能不出發就能讀到了。若出發也有人替我收信。

祝好！

蕭紅。

十月廿四

文学篇

▲ 徐志摩题赠陆小曼签名照，哈尔滨市博物馆“文化名人手迹馆”收藏并提供

▲ 以徐志摩与陆小曼往来书信及日记为内容出版的《爱眉小扎》

徐志摩

徐志摩（1897—1931），原名徐章垿，字槱森，后改字志摩，浙江海宁人，诗人。参与组织新月社，主编《诗刊》《新月》等文学期刊。著有多部诗集、散文集，代表作《再别康桥》出自其诗集《猛虎集》。

1925 年 3 月 10 日，徐志摩从北京启程，经中东铁路前往哈尔滨，然后再转道苏联赴意大利，去与病中的泰戈尔会面。3 月 12 日，徐志摩抵达哈尔滨，做了短暂停留。在此，他“买糖，吃饭，写信”，并把他在道里区中国大街（今中央大街）中华懋业银行换货币，而后入钱铺、坐马车、进俄国饭店的整个经过及感受，统统告知在北京的陆小曼。

致陆小曼 一九二五年三月十二日

叫我写什么呢？咳！今天一早到哈，上半天忙着换钱，现在一个人坐着吃过两块糖，口里怪腻烦的，心里不狠好过。国境不曾出，已经是举目无亲的了，再下去益发凄惨，赶快写信吧，干闷着也不是道理。但是写什么呢？写感情是写不完的还是写事情的好。

日记大纲

……

星四 早到哈，韩待从甚盛。去懋业银行……换钱买糖，吃饭，写信。

……

说话一不通，原来机灵人，也变成了木松松。我本来就[不]机灵，这来去俄国真像呆徒了。今早上撞进一家糖果铺去，一位卖糖的姑娘黄头发白围裙，来得标致；我晓风里进来，本有些冻嘴，见了她爽性愣住了，愣了半天，不得要领，她都笑了。

不长胡子真吃亏，问我哪儿来的，我说北京大学，谁都拿我当学生看。今天早上在一家钱铺子里一群犹太人，围着我问话，当然只当我是个小孩，后来一见我护照上填着"大学教授"，他们一齐吃惊，改容相待，你说不有趣吗……中午我闯进一家俄国饭店去，一大群涂脂抹粉的俄国女人全抬起头看我，吓得我直往外退出门逃走。我从来不看女人的鞋帽，今天居然看了半天，有一顶红的真俏皮。寻书铺，不得。只好寄一本糖书去，糖可真坏，留着那本书吧。这信迟四天可以到京，此后就远了。好好的自己保重吧，小曼，我的心神摇摇的仿佛不曾离京，今晚可以见你们似的，再会吧！

摩

三月十二日

▼ 哈尔滨中央大街旧影

▲ 胡适

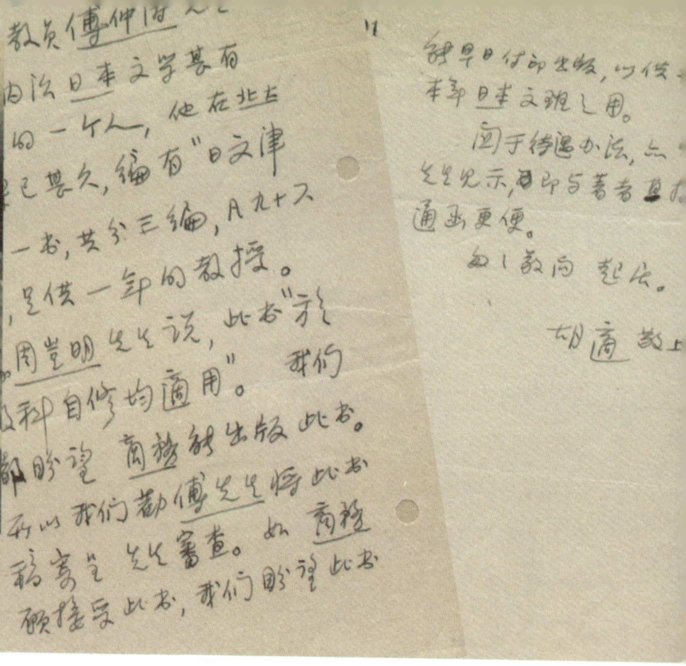

▲ 胡适致王云五书札，哈尔滨市博物馆“文化名人手迹馆”收藏并提供

胡适

胡适（1891—1962），原名胡洪骍，字适之，安徽绩溪人，学者。曾任北京大学校长，现代中国自由主义代表人物，著有《中国哲学史大纲》（上卷）、《白话文学史》（上卷）、《胡适文存》等。

1926年7月，胡适取道苏联前往英国参加中英庚款咨询委员会全体会议，途经哈尔滨。在这里，这位身为新文化运动领袖之一的著名学者有了一个“绝大的发现”，即“东西文明的交界点”，因为哈尔滨的道里不准用人力车，“只见电车与汽车”，而道外的街道上则随处都是人力车，道里与道外的区别在胡适看来就是“东方文明与西方文明的交界点”。他在《漫游的感想》中这样写道：

我离了北京，不上几天，到了哈尔滨。在此地我得了一个绝大的发现：我发现了东西文明的交界点。

……当初俄国人经营哈尔滨的时候，早就预备要把此地辟作一个二百万居民的大城，所以一切文明设备，应有尽有；几十年来，哈尔滨就成了北中国的上海……

……在几十年中，使附近的一个村庄逐渐发展，也变成了一个繁盛的大城。这是“道外”。

“道里”现在收归中国管理了……其中的一种遗风就是不准用人力车（东洋车）。“道外”的街道上都是人力车。一到了“道里”，只见电车与汽车，不见一部人力车。道外的东洋车可以拉到道里，但不准再拉客，只可拉空车回去。

▲ 人力车遍布的道外正阳街旧影

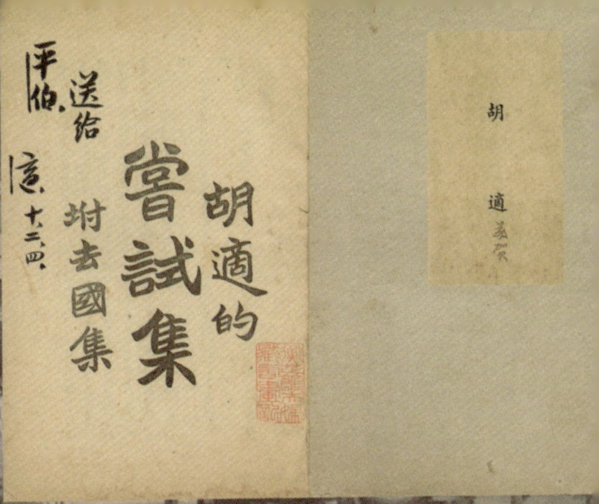

▲ 胡适的《尝试集》是中国现代文学史上首部白话诗集，开新文化运动之风气。此册为胡适题赠俞平伯，现藏于哈尔滨市博物馆“文化名人手迹馆”

我到了哈尔滨，看了道里与道外的区别，忍不住叹口气，自己想道：这不是东方文明与西方文明的交界点吗？东西洋文明的界线只是人力车文明与摩托车文明的界线——这是我的一大发现。

……

▼ 胡适著的《学术讲演录——墨家哲学》，胡适签赠钱玄同，哈尔滨市博物馆“文化名人手迹馆”藏品；《上海画报》刊登的“胡适之博士最近摄影”及《胡适之轶事》，介绍刚从欧洲归来不久的胡适

胡適之軼事（依依）
□改名由來　胡適博士、原名洪騂、取犁牛之子騂且角之意，字適之、別署鐵兒、小品文字、有時亦書蝶兒、蓋以胡蝶相連屬也、胡爲皖南人、先世經商於滬、乃就萬竹小學讀、畢業入吳淞中國公學、中間以事與校長迕、全體退學、別組新中國公

以敬、惟以幼時失怙故、每興無父之悲、猶憶某年胡與張丹翁及愚三人、就滬上茶樓覓茗、（十餘年前、滬上多茶肆、福州路之奇芳等茶樓、尤爲學生聚集之所、今則已無此風矣、）方縱論間、一中年人口喃喃而索助、咸置不理、中年人乃悄悄去、長歎曰、「謂他人父、亦莫我顧」、愚乃聆此一語、異之、胡急授以小銀圓一、而淚已盈眦矣、胡

▲ 哈尔滨火车站旧影

◀ 张西曼

张西曼

张西曼（1895—1949），又名张百禄，湖南长沙人，知名学者、翻译家，是最早在哈尔滨传播马列主义的中国优秀知识分子。

1914 年，张西曼从俄国回国后抵达哈尔滨，在滨江道尹公署、铁路交涉公署等处工作，开始了他研究马列主义和传播马列主义的生涯。在滨江道尹公署，张西曼结识了进步青年邓洁民，邓洁民会俄语，也曾在滨江道尹公署工作过。1917 年，邓洁民从日本留学回国后，想在哈尔滨创办一所宣传进步理念的学校——东华学校，张西曼极力赞成，并全力支持。1918 年，东华学校成立。

东华学校成立后，张西曼受邓洁民的邀请，留在该校任教。他利用向学生授课的机会，介绍列宁的著作，宣传俄国十月革命，讲述到俄国考察的所见所闻。张西曼在哈尔滨结识了不少俄国朋友，其中不乏俄国共产党人。他从俄国朋友那里搜集到不少俄国革命的最新信息和革命书刊，并介绍给东华学校全体师生。在这一时期，他还翻译了《俄国共产党党纲》。据张西曼女儿张小曼回忆："我父亲张西曼在东华学校期间进行俄语教学，他用切身经历讲述十月革命给苏俄带来的巨大变化，宣读他用中文翻译的《俄国共产党党纲》，他把该校努力创办成一个革命的据点，把哈尔滨作为他从俄罗斯归国后，第一个传播马列主义的城市。"

东华学校吸引了许多先进知识分子来校任教，他们宣传新思想，传播新文化，开展革命活动。东华学校成为传播马列主义的重要基地。东华学校后来成为中国早期马克思主义者在哈尔滨的联络站、中转站，这也是因

▲ 哈尔滨火车站上坡霍尔瓦特大街（今红军街）旧影

为张西曼在前期做了重要的铺垫工作。

1919 年 7 月，受北京大学校长蔡元培邀请，张西曼离开哈尔滨，到北京大学任俄文系教授，创立了社会主义研究会。1949 年 4 月，张西曼参加了民主东北参观团去东北解放区，再次来到阔别 30 年的哈尔滨。1949 年 7 月，张西曼病逝。其立于万安公墓的墓碑由周恩来亲笔题写，碑文由郭沫若撰写，墓志由田汉撰文、李济深书写。

张西曼的马列主义理论宣传活动，使得哈尔滨中东铁路工人的觉悟迅速提高，对哈尔滨的工人运动、学生运动起到了推动作用，也为哈尔滨这座城市增添了新气象。

▼ 张西曼著的《历史回忆》

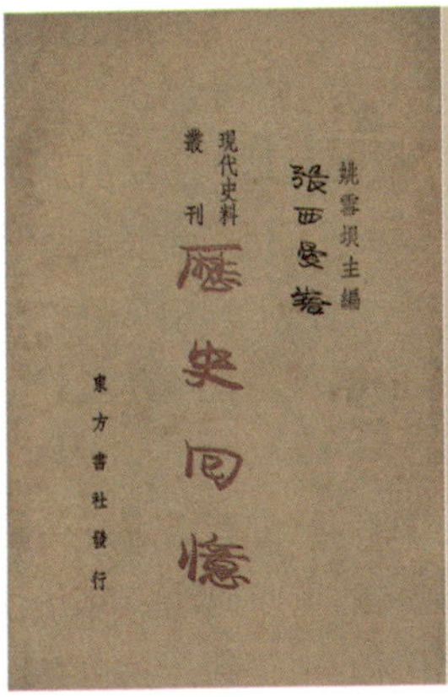

▼ 张西曼致中国全国文艺协会书札，哈尔滨市博物馆“文化名人手迹馆”收藏并提供

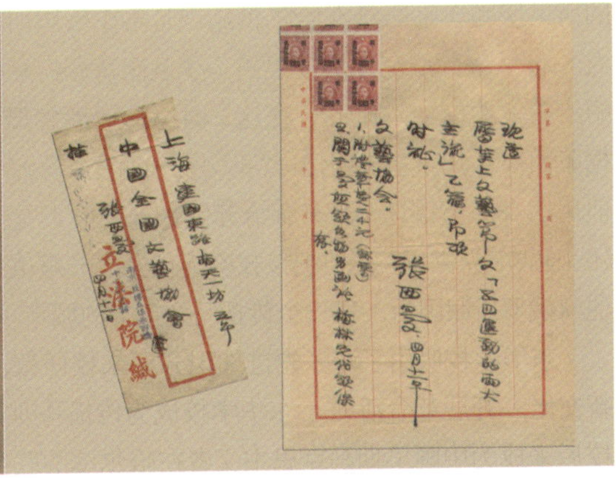

▲ 冯至与夫人合影，韩斗（北京收藏家）提供

■ 冯至

冯至（1905—1993），原名冯承植，字君培，直隶涿州（今属河北）人，诗人、学者，早年就学于北京大学，曾参与创办沉钟社。其诗集《昨日之歌》《十四行集》与译作集《海涅诗选》影响很大。鲁迅先生在《中国新文学大系》的序中称赞他是“中国最为杰出的抒情诗人”。

1927年夏，冯至从北京大学德文系毕业，初秋便登上北上哈尔滨的列车，到东省特别区第一中学（今哈尔滨市第一中学前身）教国文。每当散步至松花江边，他都会无比怀念曾经朝夕相处的朋友们。在看不下去书的时候，他就约朋友到小酒馆喝酒，谈论京津的友人。他有时在月夜里雇一只小船划到松花江江心，向空茫的四周发泄自己的郁愤。甚至在冰最厚、雪最大的冬日夜晚，他也曾独自立在寒风刺骨的街心，反省自己是否沉沦。

此时，他已出版了自己的第一部诗集《昨日之歌》。哈尔滨令冯至有了独特的心路历程。于是，他便利用1928年新年放假三天的空闲时间，把这期间的不同感受写进长诗《北游》中。

▲ 哈尔滨市第一中学旧影

……

松花江上停泊着几只小艇，

松花江北的北边，该是什么景象？

向北望，是西伯利亚大陆，

风雪的故乡！

……

松花江的两岸已经是一片苍茫，

分明是早晨的雪，却又像是夜月的光，

我望不见岸北的楼台，

也望不清江上的桥梁，

空望着这还未结冰的江水，

“这到底是什么地方？”

……

▼ 冯至诗稿，韩斗收藏并提供

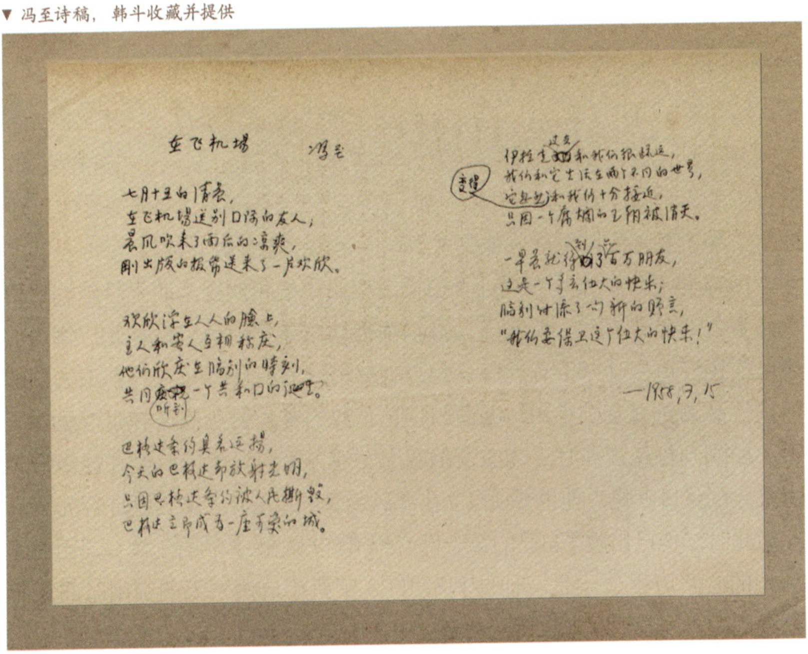

在飞机场　　冯至

七月十五的清晨，
在飞机场送别伊拉克的友人；
晨风吹来了雨后的凉爽，
刚出版的报纸送来了一片欢欣。

欢欣浮在人人的脸上，
主人和客人互相称庆，
他们欣庆在临别的时刻，
共同[illegible]（听到）一个共和国的诞生。

巴格达专制的臭名远扬，
今天的巴格达却放射光明，
只因巴格达帝国的被人民撕毁，
巴格达立即成为一座可爱的城。

伊拉克（过去）和我们很疏远，
我们和它生活在两个不同的世界，
它如今（变得）和我们十分接近，
只因一个腐烂的王朝被消灭。

一早我就得[illegible]了百万朋友，
这是一个多么伟大的快乐；
临别时添了一句新的赠言，
“我们要保卫这个伟大的快乐！”

——1958，7，15

▲ 合影系江苏省东台市博物馆藏品（此照放大图中前排左起第六人为戈公振），为国家一级文物，原件由戈公振侄子——著名翻译家、苏联文学专家戈宝权捐赠，东台市博物馆提供

■ 戈公振

戈公振（1890—1935），名绍发，号公振，江苏东台人，近现代报人、记者、新闻学者。先后在《东台日报》和上海《时报》《申报》工作，曾至欧美各国考察新闻事业。曾在复旦大学等校讲授新闻学课程。

1929 年 5 月，戈公振随上海日报公会组织的东北视察团先后赴北平和东北等地参观访问。5 月 19 日，视察团抵达哈尔滨，入住马迭尔旅馆（今马迭尔宾馆）。5 月 20 日上午，戈公振随视察团参观访问了位于南岗的东省特别区文物研究会。中午，东省特别区行政长官公署在马迭尔旅馆设宴招待戈公振一行人。席散后又在影戏院放映教育影片。下午，戈公振与哈尔滨青年会代表在马迭尔旅馆见了面，相谈甚欢。翌日，戈公振一行人乘列车离开哈尔滨前往沈阳。

此次东北之行，使戈公振对东北的人情世故、风俗习惯、街道路况等都有了较深入的了解与感受。

漫遊世界歸來之新聞學專家戈公振先生最近攝影

□伶界花國兩大王攜手記

伶界大王梅蘭芳、花國大王富春樓六娘、北之聞人也、然二人除於台之上下、時時殊少攜手之機會、日前富方以友介識梅之片（少卿）、復由王介、識姚玉芙、旋爲下之妻）所知、大怒、王痛受庭訓、不敢復面姚玉芙乃日與富六游、梅蘭行前二夕、戲於共舞台、二時戲畢、即由姚玉芙邀往富六私邸夜宴、賓主共三人、夜深方散、事、以爲此實伶界花國之珍聞、遂之記者右、以備他日爲梅大王修史者之參考焉、

□電話局長就職趣聞 （振振自北平寄）

北平電話局、收入頗豐、各方視爲美差、局長一席、逐鹿者多、自直皖戰後、政局屢變、而電話局局長、亦如弈棋然、然更迭之速、從未有如近日之甚者、計自十七年六月起、至今僅半載、已四易局長矣、初爲周宗澤、次錫木邦、再次爲何煖、最近爲王彭年、日前王彭年到平赴局就職、典禮甚嚴、并預備酒點西餐、歡迎來賓道賀、頗爲近日官場中特色、乃賀客光臨之第一人、偏身穿孝服、招待員頗覺訝然、似怪其太不知趣、何不自量、而急急爭先恐後、欲恭敬而反褻瀆也、又局中秘書第一次辦事、即係書兩副輓聯、蓋急待送某要人、刻不容緩、天下事往往如是、無獨有偶、亦可謂會逢其適矣、

□天香 （丹翁）

爲嬌女嚴琦麗海上登場作

去歲吳中今春海上紅兒固是紅了慢數坤伶但論閨秀已各讓兒才貌更覲揭出者品字賢豪莫詡有女如斯怎怪我叩難拚要 爭迎攀金匡少等閒教本師知道正覺舞臺臺柱育遺家寶兒也休嫌老子儘管蓮風狂惹人笑夜夜熱歌聲聲叫好

□印度大詩哲泰谷爾先生及詩人徐志摩先生合影

此影爲客冬徐先生遊印度時所攝、故亦著印人之服、且在泰谷爾先生家中所攝、故彌足珍貴也、梅生誌

□悼詩人徐志摩先生 （阿靈）

▲新詩人徐志摩先生、於十九日乘中國航空公司之濟南號飛機由滬飛平、不幸在濟南黨家莊附近失事、機師二人及先生同時遇難、此訊傳來後、知友同聲嘆惜、不謂此才華蓋世之詩人、竟罹此莫可挽救之慘劫也、

▲先生爲浙之硤石人、留學英國劍橋大學、歸國後、歷任平滬各大學教授、所作詩文、散見報章雜誌、其傑作如「志摩的詩」「翡冷翠的一夜」「自剖」等俱膾炙人口、兩年前、爲本報撰「輪盤」小說一篇、其清新之作風、美麗之詞句、讀者靡不稱賞焉、

▲先生雖爲文學家、然性甚活潑、交友多至不可勝數、又喜京戲、曩年上海舉行慰勞北伐將士游藝會時、徐夫人陸小曼女士、曾客串玉堂春、自飾崇公道、當時本報曾載其劇照、并爲文記之、今一轉瞬間、已慘遭非命、能毋令人興人琴之感歟、

▲先生年僅三十六歲、嗟呼、三十六歲、固一不祥名詞也、英詩人拜倫 Byron 沒年亦三十六、先生生平所行、殆與拜倫彷彿、其風流跌宕、亦不讓拜倫專美、獨拜倫以援希臘而投筆從軍、享盛

□戈公振先生與北平攝影家在北平來今雨軒合影

坐 譚錦聯 戈公振 薩空了 立 蔣漢澄 譚正曦 魏守忠 李堯生

▲《上海画报》1929年2月21日、1931年11月27日所载的与戈公振相关的内容

◀ 戈公振代表作《新闻学撮要》签名本

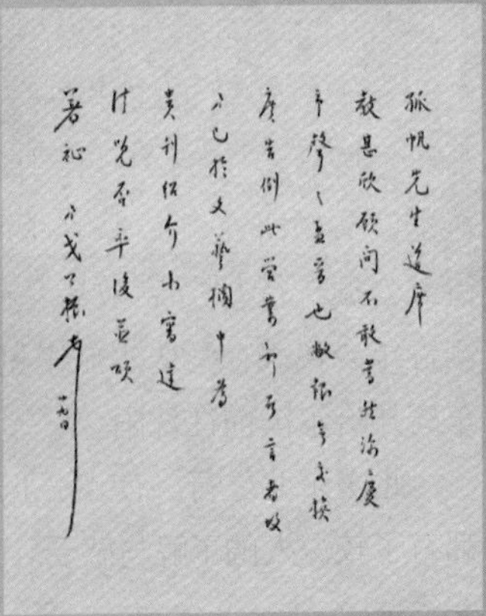

▶ 戈公振致李孤帆书札，告“敝报无交换广告例，此营业部所言者，故弟已于文艺栏中为贵刊绍介”，哈尔滨市博物馆“文化名人手迹馆”提供

▲ 朱自清

▲ 位于哈尔滨南岗火车站附近的格兰德旅馆旧影，该旅馆是当时最著名的旅馆，现已无存

朱自清

朱自清（1898—1948），原名朱自华，字佩弦，江苏扬州人，原籍浙江绍兴，散文家、诗人、古典文学学者。毕业于北京大学，曾游学英国，历任清华大学、昆明西南联合大学等校教授。著有《背影》《踪迹》《欧游杂记》《你我》等。

1931 年 8 月，朱自清按例休假一年，赴英国游学，考察西方人文艺术，而后游历欧洲，长达两个月。当时从中国赴欧洲，有陆路和海路两种选择，朱自清选择走陆路，在哈尔滨短暂停留后继续坐火车从满洲里出境，穿越西伯利亚到达莫斯科，再到柏林、巴黎等地，最后抵达伦敦。

这次访英游欧的经历是朱自清重要的文化经历。回国后，他发表多篇游记，结集出版《欧游杂记》《伦敦杂记》。其中在哈尔滨短暂停留的感受也被他写进致友人叶圣陶的信中，并收录在《欧游杂记》中，从而使我们得见哈尔滨当时的繁华景象。

圣陶兄：

我等八月二十二日由北平动身，二十四日到哈尔滨。这至少是个有趣的地方，请听我说哈尔滨的印象。

这里分道里、道外、南岗、马家沟四部分。马家沟是新辟的市区，姑不论。南岗是住宅区，据说建筑别有风味；可惜我们去时，在没月亮的晚上。道外是中国式的市街，我们只走过十分钟。我所知的哈尔滨，是哈尔滨的道里，我们住的地方。

◀ 朱自清游览松花江畔景色，代庆提供

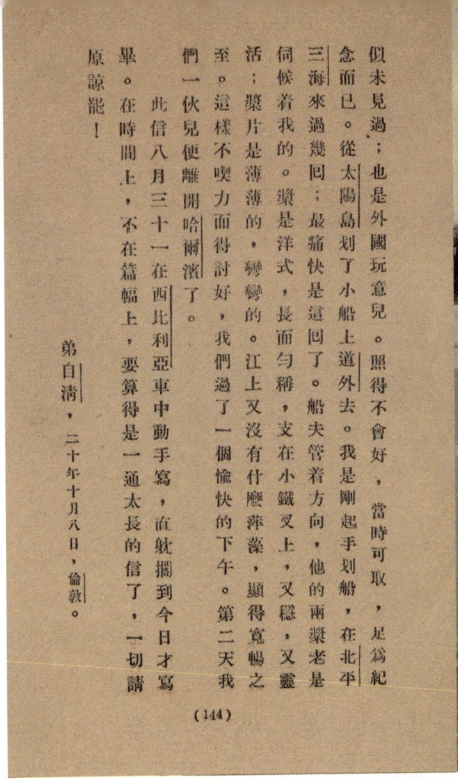

似未見過；也是外國玩意兒。照得不會好，當時可取，足爲紀念而已。從太陽島划了小船上道外去。我是剛起手划船，在北平三海來過幾回；最痛快是這回了。船夫管着方向，他的兩槳老是伺候着我的。槳是洋式，長而勻稱，支在小鐵叉上，又穩，又靈活；槳片是薄薄的，彎彎的。江上又沒有什麼萍藻，顯得寬暢之至。這樣不喫力而得討好，我們過了一個愉快的下午。第二天我們一伙兒便離開哈爾濱了。

　　此信八月三十一在西比利亞車中動手寫，直耽擱到今日才寫畢。在時間上，不在篇幅上，要算得是一通太長的信了，一切請原諒罷！

弟自清，二十年十月八日，倫敦。

(144)

▲ 文字为《欧游杂记》中收录朱自清向叶圣陶描述停留哈尔滨时情形的通信；建筑从上至下分别为圣尼古拉大教堂旧影、索菲亚教堂

道里纯粹不是中国味儿。街上满眼是俄国人，走着的，坐着的；女人比哪儿似乎都要多些。据说道里俄国人也只十几万；中国人有三十几万，但俄国人大约喜欢出街，所以便觉满街都是了。你黄昏后在中国大街上走（或在南岗秋林洋行前面走），瞧那拥拥挤挤的热闹劲儿。上海大马路等处入夜也闹攘攘的，但乱七八糟地各有目的，这儿却几乎满是逛街的。这种忙里闲的光景，别处是没有的。

▶ 此册《欧游杂记》为朱自清题赠好友俞平伯的版本，现陈列于哈尔滨市博物馆“文化名人手迹馆”

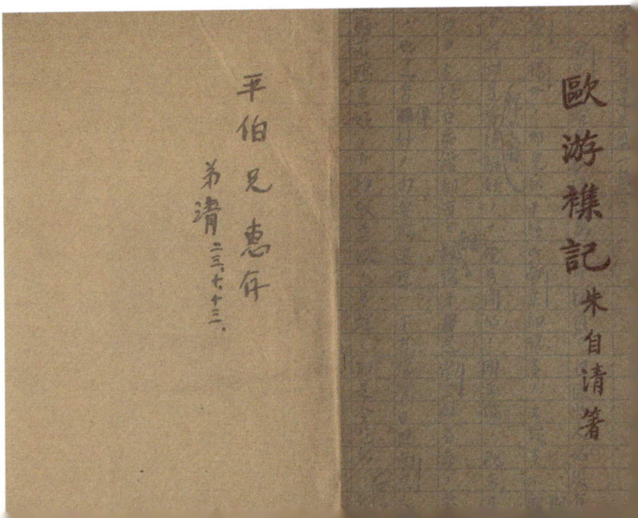

▲ 1934 年萧军、萧红离开哈尔滨前所摄，此照为萧红旧藏相册中物，原片现藏于北京鲁迅博物馆；信封为萧红寄黄源（字河清）转萧军

▲ 萧红著《生死场》初版本，王梓端（哈尔滨收藏家）收藏并提供

萧红

萧红（1911—1942），原名张迺莹，黑龙江呼兰（今哈尔滨市呼兰区）人，作家。著有小说《生死场》，描写东北农民的悲惨生活和抗日斗争，文笔细腻大胆，抒情色彩浓烈。另著有小说《呼兰河传》《马伯乐》等。

1927 年，萧红从家乡呼兰来到哈尔滨，到东省特别区第一女子中学（今萧红中学）就读。在那里，萧红受到了“五四”新文学的熏陶。1928 年，为反对日本在东北修筑“满蒙新五路”，17 岁的萧红不畏反动军警镇压的枪声，参加哈尔滨的游行示威活动，她自告奋勇、冲锋在前。不久，她回到呼兰。又不久，她去往北平读书。

1931年10月，她再次来到哈尔滨，住进东兴顺旅馆。1932 年8月，哈尔滨发大水，萧红在萧军的协助下坐小船离开住了半年多的东兴顺旅馆，不久二人便租住在道里新城大街（今尚志大街）欧罗巴旅馆（今欧罗巴宾馆）。1932 年 11 月，萧红、萧军从欧罗巴旅馆搬出，住进中央大街旁商市街（今红霞街）25 号。1933 年 8 月，萧红参与创办的刊物《夜哨》面世。“夜哨”寓意为“夜里值岗”，以空前的战斗性感召和鼓舞了许多东北青年作家团结一道为苦难写作、为抗战发声，有力地配合了东北的抗日武装斗争。1933 年 10 月，萧红和萧军在友人的资助下自费出版《跋涉》，这部集中反映“伪满”统治下东北人民悲惨处境和不屈抗争的作品集，轰动了东北沦陷区文坛，二人由此被誉为“黑暗现实中两颗闪闪发亮的明星”。他们的革命行动引起敌伪的注意。1933 年年底，《夜哨》被禁。1934 年 6 月，萧红、萧军被迫离开哈尔滨去青岛，之后又前往上海。自此，萧红再也没有回过哈尔滨。

▲ 萧红、萧军曾住过的埠头区（今道里区）商市街25号院旧影，此照为萧红旧藏相册中物，原片现存于北京鲁迅博物馆

▲ 萧红、萧军摄于哈尔滨道里公园（今兆麟公园），此照为北京鲁迅博物馆特别提供，系萧红旧藏；萧红旁边墨迹为著名女作家丁玲为萧红特题，丁言昭（作家丁景唐之女）收藏并提供

在鲁迅的帮助下，已展露文学天赋的萧红、萧军各自推出了知名著作《生死场》与《八月的乡村》，开启了他们轰轰烈烈的文学之路。鲁迅尤为欣赏萧红的才华。在与斯诺的一次深度访谈中，他认为萧红“是当今中国最有前途的女作家，很可能成为丁玲的后继者”。诚然，萧红是中国文坛的才女，是中国文艺界的骄傲，更是哈尔滨的骄傲。只可惜，1942年1月，她病逝于香港。

▼ 萧红旧居主建筑之一，位于呼兰萧红故居纪念馆内

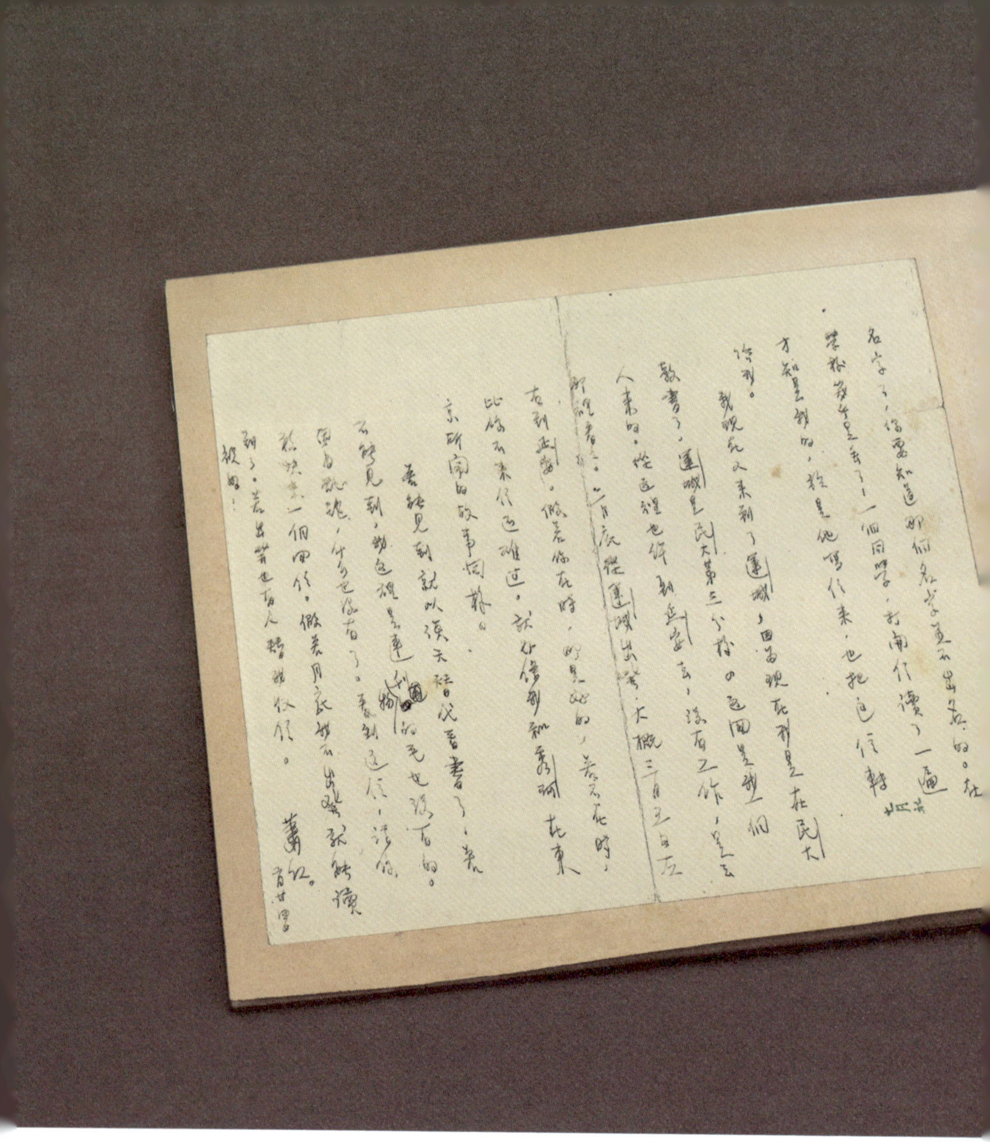
名字了，你要知道那個名字並不出名的。在
[illegible]先生是[illegible]了！一個同學，我們讀了一遍
才知是我的，就是他傳給來，也把這信轉
給我。
我現在又來到了重慶，因為現在我是在民大
教書了。重慶是民大第三分校的這個是我一個
人來的。從這裡也許到延安去，沒有工作，是去
那裡看看。二月底從重慶出發，大概三月五日左
右到延安。假若你在時，那是好的，若不在時，
[illegible]你不來信這裡也好，我好像到那裡研究在東
京所聽的故事情形。
若能見到就以後天給你寄書了，若
不能見到，那這裡是連[illegible]的毛也沒有的。
[illegible]說，什麼也沒有了。春到這裡，請你
能快來一個回信。假若見面也不出發就能續
到了。若出發也有人轉給你們。
祝好！
蕭紅。
[illegible]

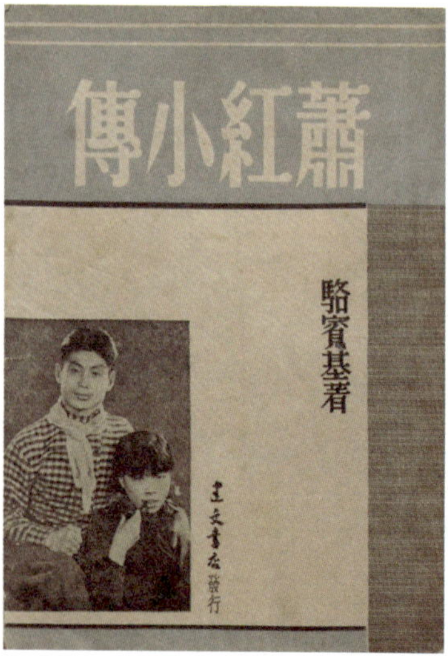

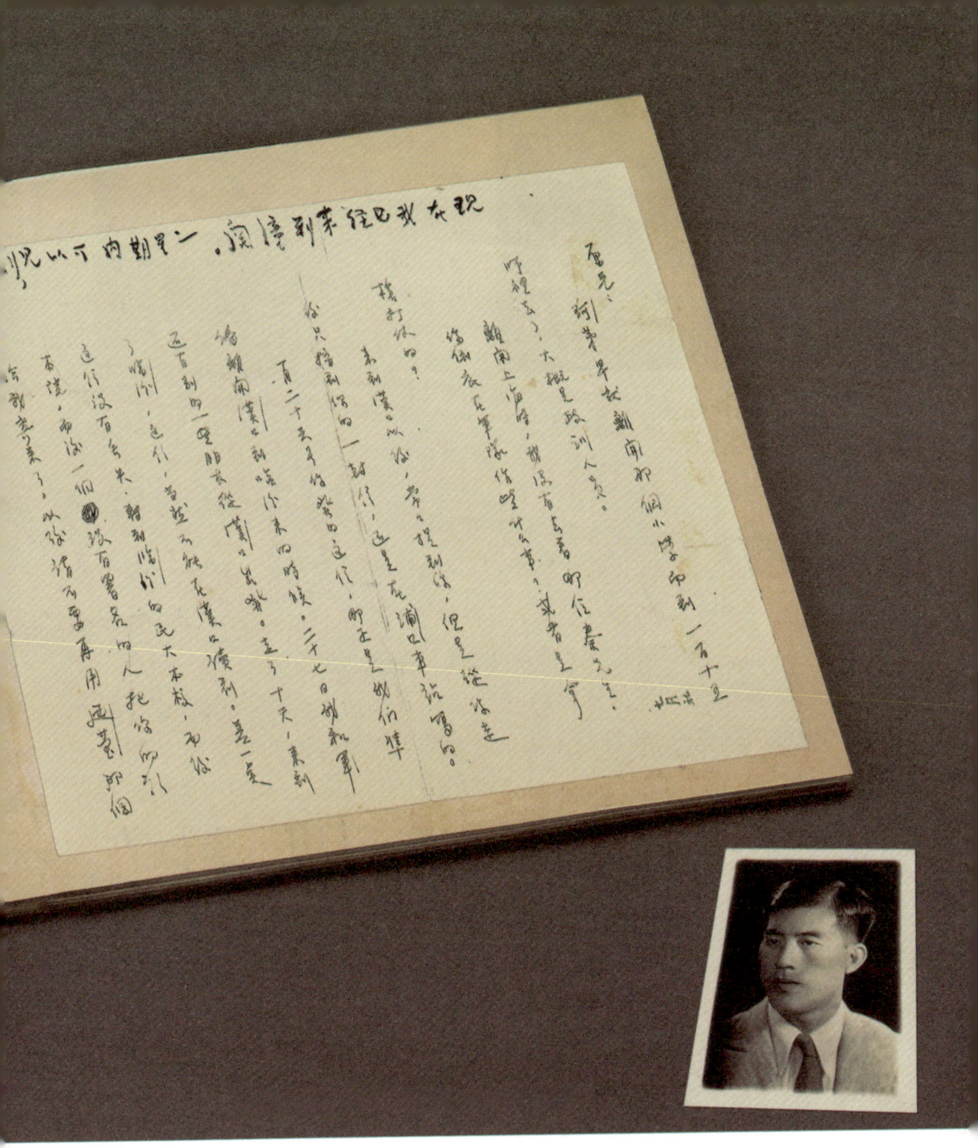

▲ 信札为萧红致高原，照片为高原摄于1937年；信札一通两页，使用《七月》半月刊专用信纸，系萧红于1938年2月24日由山西运城致哈尔滨时的中学同学高原。此信札的落款为萧红（面世的萧红信札的落款多为“荣子、悄吟、莹”，极少为“萧红”），信札的上方附有一行毛笔字：“现在我已经来到潼关。一星期内可以见到。” 此信札现陈列于哈尔滨市博物馆“文化名人手迹馆”

◀

骆宾基著《萧红小传》，上海建文书店1947年版，哈尔滨市博物馆“文化名人手迹馆”藏品

《跋涉》初印本，哈尔滨五画印刷社1933年10月印行，此书为萧红（悄吟）、萧军（三郎）第一本印行的小说散文集，系自费，也是二人唯一的合作书籍。因印行不久即被当局查封，目前浮到市面上的《跋涉》初印本的数量仅为个位数。王梓端收藏并提供

▲ 萧军的两张照片分别为 1932 年、1947 年前后摄于哈尔滨，萧大忠（萧军之孙）提供

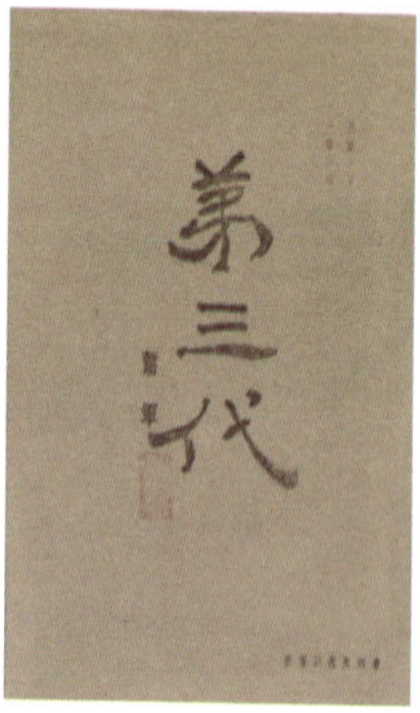

▲ 萧军的长篇小说《第三代》，鲁迅文化出版社 1947 年版

萧军

萧军（1907—1988），原名刘鸿霖，笔名三郎、田军等，辽宁义县人，作家。出版《跋涉》（与萧红合集）。在鲁迅的指导下从事文学活动，出版《八月的乡村》，描写东北人民革命军的抗日斗争。

九一八事变后，萧军秘密参与组建抗日义勇军，因叛徒告密而失败，遂潜入哈尔滨，在极端困难的处境中开始了他的文学事业。1932 年夏，他结识了萧红，自此，两人的名字密切相连。他们相继租住在欧罗巴旅馆、商市街民宅，开始了比翼双飞的文学生涯。几乎同时，他们结识了志同道合的金剑啸、罗烽、白朗、舒群等进步作家，并往来密切。因环境严酷，1934 年 6 月，萧军和萧红被迫离开哈尔滨。在离开前一晚，金剑啸、罗烽、白朗、侯小古等友人在道里西十五道街的“天马广告社”为二人饯行。

十几年后，1946 年 9 月，萧军重返哈尔滨。据《萧军东北日记》记载，到哈尔滨当日，与舒群、罗烽、白朗、金人见面，后来去看了曾与萧红生活过的商市街“故居”，又到与萧红曾经常去的道里公园转了又转。1947 年，萧军在哈尔滨创办了鲁迅文化出版社，并兼任东北文协的研究部部长，后又着手创办了《文化报》，并任主编。1948 年 12 月，他离开工作、生活了两年的哈尔滨，前往沈阳。

哈尔滨在萧军的生命旅程中占有重要位置。为了参加纪念金剑啸、萧红的活动，萧军在 1979 年 8 月、1981 年 6 月专程来到哈尔滨，并在 1981 年 6 月深度探访了萧红故居。

▼ 1979 年 8 月在松花江畔，萧军与夫人王德芬、女儿萧耘合影，萧大忠提供

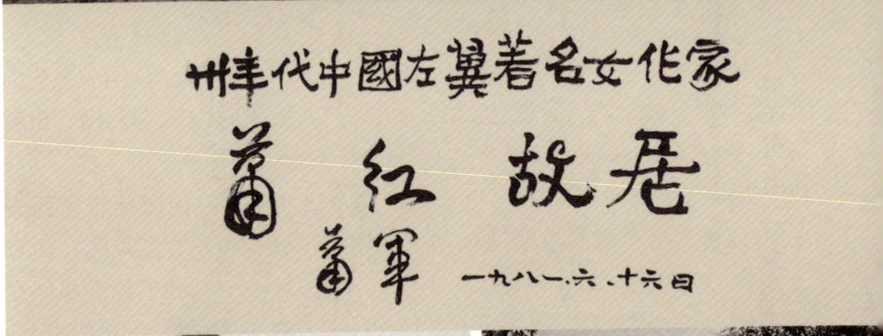

▲ 1981 年 6 月，萧军在关沫南（时任黑龙江省作家协会名誉主席）、张抗（萧红侄子）的陪同下参观萧红故居，四张照片由刘永祥（原黑龙江新闻图片社副社长）摄影并提供

中间题词为 1981 年 6 月 16 日萧军在呼兰萧红故居书写，萧红故居纪念馆提供

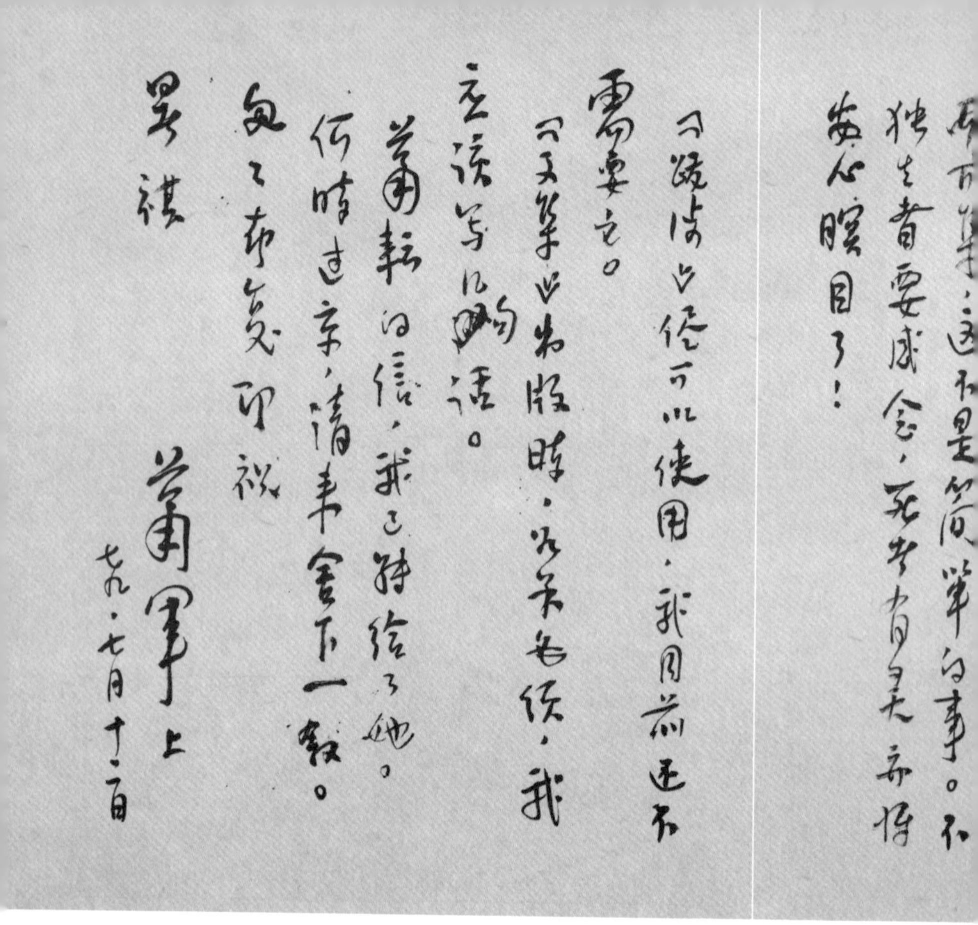

不可笔，这不是简单的事。不
独生者要感念，死者有灵亦得
安心瞑目了！

习题诗已经可以使用，我目前还不
需要它。
《文集》出版时，必寄奉您，我
应该写几句话。
萧耘的信，我已转给了她。
你何时过京，请来舍下一叙。
匆匆布复 即祝
暑祺

萧军上
七九·七月十二日

▲ 1979 年 7 月，萧军致王观泉（黑龙江省社会科学院研究员）书札，信中提到对哈尔滨文艺界同志、省出版部门“如此热情地关心这位短命女作家的作品”感动不已。信中还谈及《跋涉》。哈尔滨市博物馆“文化名人手迹馆”收藏并提供

▼ 1979 年 8 月，萧军在黑龙江省展览馆参观后，观众夹道欢送。萧大忠提供

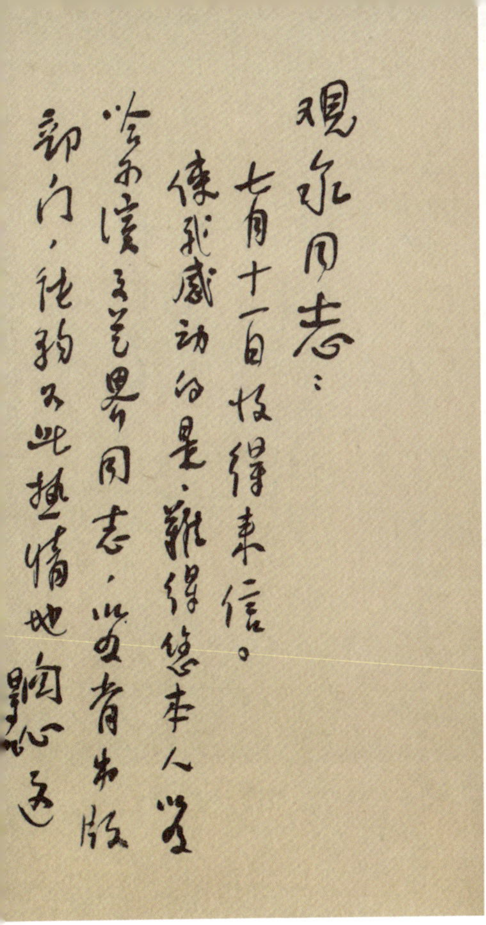
观泉同志：
七月十一日收得来信。
使我感动的是，难得您本人以
哈尔滨文艺界同志，以及青年出版
部门，能够以此热情地關心这

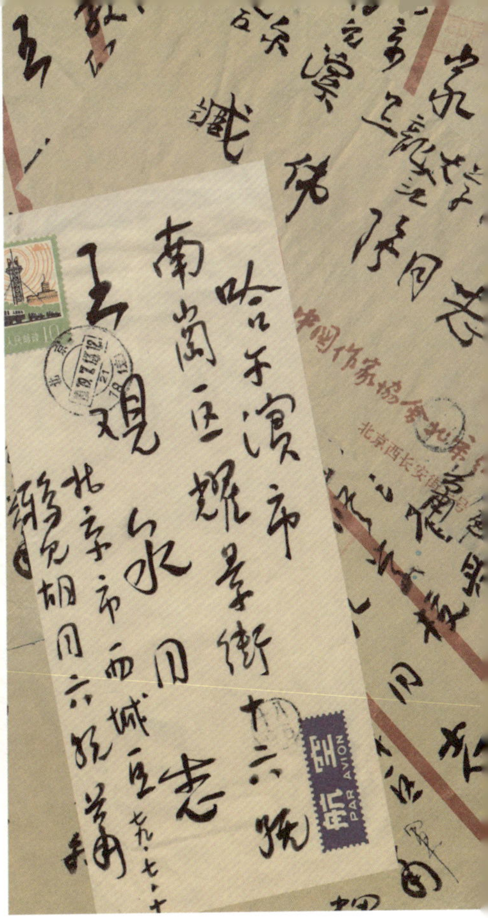

▲ 萧军致哈尔滨友人信封集锦

▼ 萧军为哈尔滨文学院院刊所提刊名，哈尔滨市博物馆“文化名人手迹馆”藏品

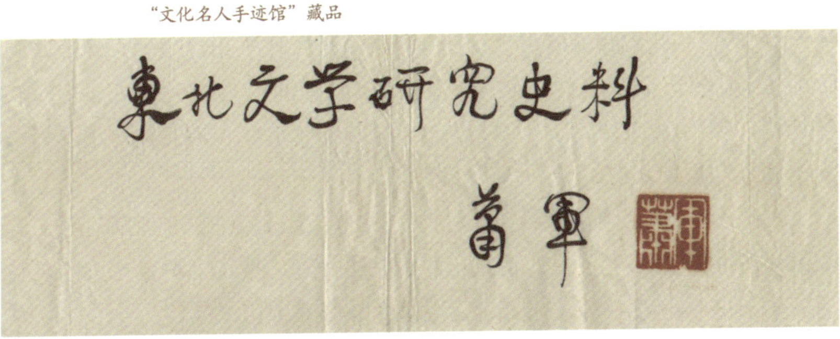

▲ 1946 年塞克摄于哈尔滨，陈英（塞克之子）提供

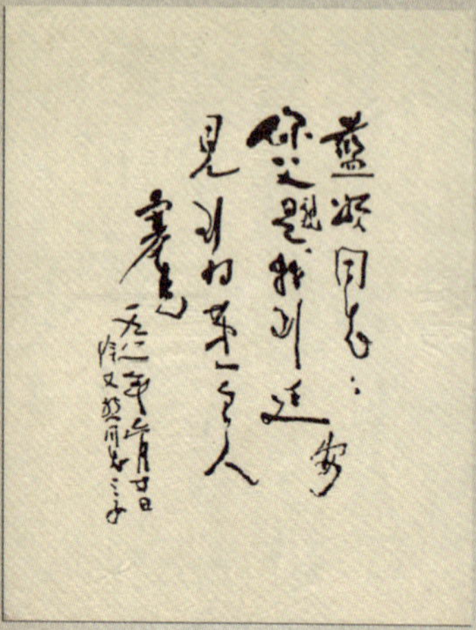

▲ 塞克题致李兰颂（《哈尔滨日报》记者），1981 年写于哈尔滨

■ 塞克

塞克（1906—1988），本名陈秉钧，后改名为陈凝秋，河北霸县（今霸州）人，剧作家、诗人、词作家。1934 年在上海写抗日救亡歌曲和剧本时，始用笔名塞克（演戏时仍用陈凝秋），此后以塞克为名。他创作的话剧《流民三千万》之同名主题歌经贺绿汀、冼星海谱曲，被视为我国第一首抗战歌曲。他的词作多由冼星海谱曲，如《二月里来》，传唱甚广。

1923 年春，因不满父亲封建家长制的管教，塞克独闯哈尔滨，报考了警察训练所，当上警察。他自幼就酷爱读书，文学修养甚高，常给《晨光报》（即《哈尔滨晨光》报）投稿，反响甚好。于是，在 1924 年年底，《晨光报》聘他任副刊主编。在此期间，他阅读了许多中外文学作品，如泰戈尔的诗集、鲁迅的《彷徨》《呐喊》《狂人日记》等，文学底蕴与日俱增。

1926 年，塞克因在《晨光报》上发表进步文章被捕，他被关在道外监狱三个多月。1927 年 8 月，他从哈尔滨去了上海，考入上海艺术大学，学习美术与文学。在学校的一次文艺活动中，他因成功地塑造了《父归》中

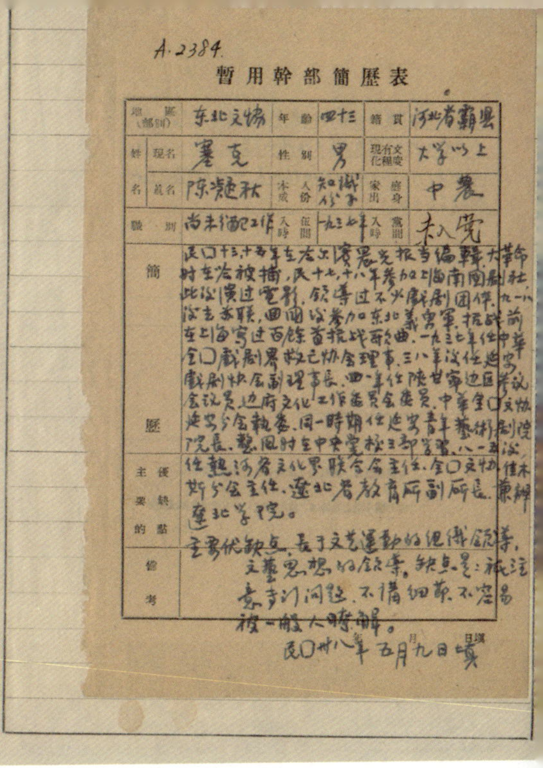
A·2384.

暂用幹部簡歷表

地區(部別)	东北文协	年齡	四十三	籍貫	河北省霸县
姓名 現名	塞克	性別	男	現有文化程度	大学以上
姓名 原名	陈凝秋	本人成份	知识份子	家庭出身	中农
職別	尚未分配工作	入伍時間	一九三七年	入黨時間	未入党
簡歷	民国十三、十四年在哈尔滨晨光报当编辑，大革命时在哈被捕，民十七、十八年参加上海南国剧社，此后演过电影，领导过不少戏剧团体。九一八后去苏联，回国后参加东北义勇军。抗战前在上海写过百余首抗战歌曲。一九三七年任中华全国戏剧界救亡协会理事，三八年后任延安戏剧协会副理事长，四一年任陕甘宁边区参议会议员、边府文化工作委员会委员，中华全国文协延安分会执委，同一时期任延安青年艺术剧院院长。整风时在中央党校三部学习。八一五后任热河省文化界联合会主任、全国文协佳木斯分会主任、辽北省教育厅副厅长、[illegible]辽北学院。				
主要的優缺點	主要优缺点：长于文艺运动的组织领导，文艺思想的领导。缺点是：祇注意大的问题，不備细节，不容易被一般人瞭解。				
備考					

民国卅八年五月九日填

▲ 塞克亲笔填写简历，韩斗收藏并提供

父亲一角，引起轰动，田汉和徐志摩予以高度评价。因读了高尔基的文学作品，塞克萌生了去苏联的念头，于1928年冬离开上海回到哈尔滨。但因找不到去苏联的方式，他只好在同记商场当文书，不久便返回上海，继续演戏。

1929年夏，他再一次离开上海回到哈尔滨，但还是找不到去苏联的机会。不久，他又前往满洲里，仍没有机会出国，无奈，又回到哈尔滨，入职道里巴拉斯电影院（即后来的兆麟电影院），为电影院画广告。在此期间，他的诗集《紫色的歌》在哈尔滨出版。1931年初冬，他前往绥芬河，终于经东宁进入苏联，孰料竟因无合法的入境手续，被苏联边防军当作“国际间谍”关进监狱。后查无实据，才放他出狱。他与新结识的沙蒙（后为电影《上甘岭》导演）一道回到哈尔滨，随即辗转多地再赴上海。

抗战胜利后的1946年春，塞克随东北干部队从延安挺进东北，重返哈尔滨。但不久，塞克就因形势紧张而随战斗部队撤到佳木斯，出任全国

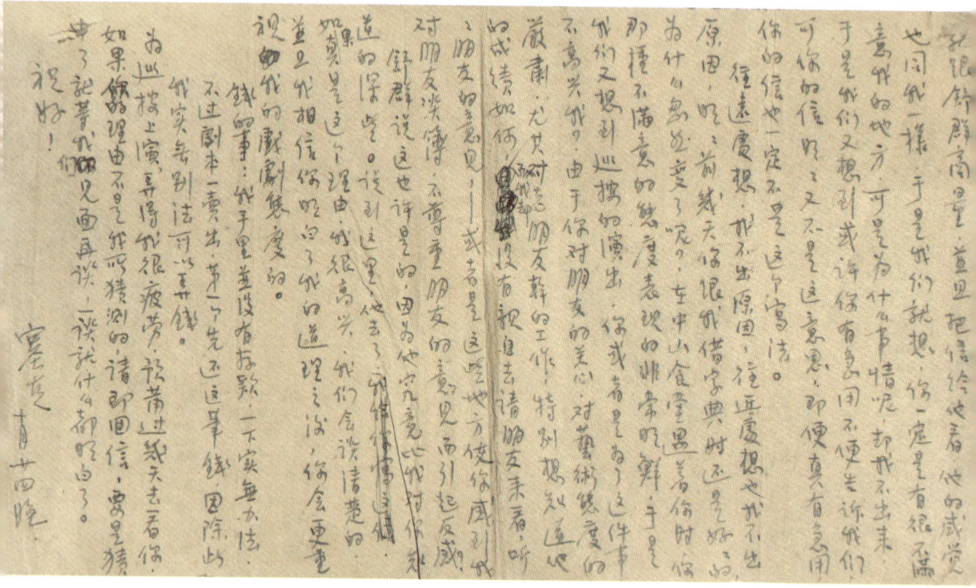

我跟舒群商量，并且把信给他看，他的感觉
也同我一样，于是我们就想：你一定是有很痛
意我的地方，可是为什么事情呢，却找不出来。
于是我们又想到或许你有急用不便告诉我们，
可你的信明明又不是这意思，即便真有急用
你的信也一定不是这个写法。
往远处想，找不出原因，往近处想也找不出
原因，明明前几天你跟我借字典时还是好好的，
为什么忽然变了呢？在中山食堂遇着你时你
那种不满意的态度表现的非常明显，于是
我们又想到巡按的演出，你或者是为了这件事
不高兴我？由于你对朋友的关心，对艺术态度的
严肃，尤其对志同道合的朋友辞的工作，特别想知道他
的成绩如何，没有亲自去请朋友来看，所
以朋友的意见——或者是这些地方使你感到我
对朋友淡薄，不尊重朋友的意见而引起反感！
舒群说这也许是的，因为他究竟比我对你知
道的深些。说到这里，他去了，
如果是这个理由，我很高兴，我们会谈清楚的。
并且我相信你明明白白我的道理之后，你会更重
视如我的戏剧态度的。
钱的事：我手里并没有存款，一下实无办法，
不过剧本一卖出，第一个先还这笔钱，因除此
我实无别法可以弄钱。
为巡按上演，弄得我很疲劳，记着过几天去看你。
如果你有理由不是我所猜测的，请即回信，要是猜
中了，就请我们见面再谈，一谈就什么都明白了。
祝好！
塞克
十一 十四晚

▲ 20 世纪 40 年代塞克致萧军书札，和宏明（北京收藏家）收藏并提供

▲ 1981 年 6 月 14 日，在哈尔滨道外仁里街道办事处，梁山丁（二排左一）、塞克（二排左二）、丁言昭（二排左三）、萧军（二排左四）、平石淑子（前排右一）、王昭（前排右二，塞克夫人）等人合影，丁言昭提供

▲ 1981 年 6 月 16 日，在呼兰，塞克（前排左一）与萧军（前排左二）、平石淑子（前排左三）、丁言昭（前排左四）等人合影，丁言昭提供

文联佳木斯分会主任。

1947 年，形势好转，塞克回哈尔滨就任东北文联常委、东北戏剧工作委员会主任。1948 年，他离开哈尔滨前往沈阳，翌年出任东北鲁迅艺术学院院长。1950 年抗美援朝开始后，东北鲁迅艺术学院从沈阳迁到哈尔滨，身为院长，他再次回到哈尔滨。1951 年，他出任新组建的东北人民艺术剧院院长。

他最后一次回到哈尔滨是在 1981 年。1981 年春夏之交，他应邀赴哈尔滨参加黑龙江省文联举办的萧红七十诞辰学术讨论会，与萧军、骆宾基、舒群等老友重聚，共同缅怀著名女作家萧红。

▲ 金剑啸

■ 金剑啸

金剑啸（1910—1936），满族，本名金承载，笔名剑啸、巴来，辽宁沈阳人，哈尔滨沦陷时期著名的革命文艺运动组织者、活动家，革命烈士。

金剑啸出生在沈阳，后随父亲迁到哈尔滨。他自幼爱好文艺，喜读革命文学，1926 年考入滨江医学专门学校（哈尔滨医科大学前身）学医，1930 年考入上海新华艺术专科学校。在学绘画的同时，他参加了革命文艺宣传活动，1931 年春加入中国共产党，8 月便从上海回到哈尔滨。

根据中共哈尔滨市委书记杨靖宇的指示，金剑啸负责哈尔滨文艺界的“反日同盟会”工作，后又与罗烽等人负责北满的革命文艺工作。九一八事变后，特别是哈尔滨沦陷后，金剑啸更是全力投入抗日救国的斗争中。他不仅出色地完成了党交给的任务，还团结了萧军、萧红等一大批左翼文艺青年，组织反满抗日的文化活动，使哈尔滨的革命文艺工作迅速、蓬勃地开展起来。

1934 年春，为了更好地开展党的工作，金剑啸在道里西十五道街开设了“天马广告社”，一边承揽各种绘画广告，一边从事相应的革命活动。1935 年 4 月，他又倡议友人创办了“哈尔滨口琴社”，通过举办文艺活动揭露日伪的罪恶。1936 年春，金剑啸在《大北新报画刊》发表《哑巴》一诗，鞭挞了日伪反动当局的暴行。1936 年 6 月 9 日，他又刊登了“高尔基突然病危”的电讯，因此于 6 月 13 日被捕，后被押解到齐齐哈尔，8 月 15 日英勇就义，年仅 26 岁。

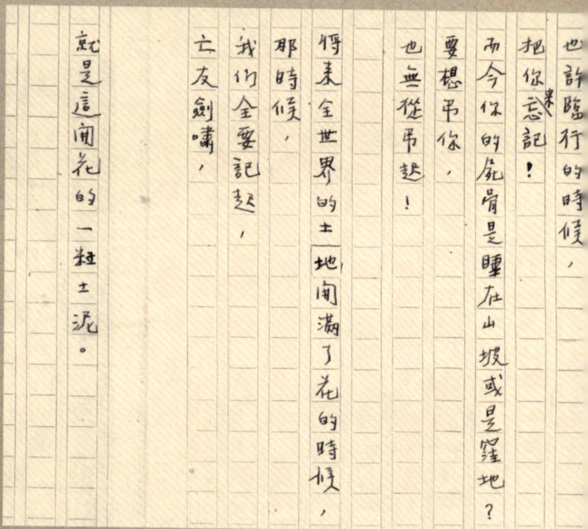
也許臨行的時候，
把你忘記！
而今你的尸骨是睡在山坡或是窪地？
要想弔你，
也無從弔起！
將來全世界的土地開滿了花的時候，
那時候，
我們全要記起，
亡友劍嘯，
就是這開花的一粒土泥。

▲ 大画像为金剑啸所绘萧军肖像画，左下角小画为冯咏秋所绘萧红像，此两张画像原件及两张翻拍照片，均为萧红旧藏（相角即萧红亲手套入，她有意识地将两片粘贴在一起），粘贴在一部满是萧红、萧军及萧红亲友照片的玫瑰花影集中，现存于北京鲁迅博物馆
萧红悼“亡友剑啸”诗《一粒土泥》手稿一页，北京鲁迅博物馆收藏并提供

◀
金剑啸在道里西十五道街创办的“天马广告社”旧址，现为哈尔滨市党史纪念馆

▼ 1981年6月16日，呼兰河桥上，由后至前，金剑啸女婿李栋（又名里栋）、女儿金伦与萧军、平石淑子、丁言昭、萧耘合影，丁言昭提供

▼ 日本著名萧红研究学者平石淑子于2017年8月到黑龙江大学做客，见左图合影，感慨题词

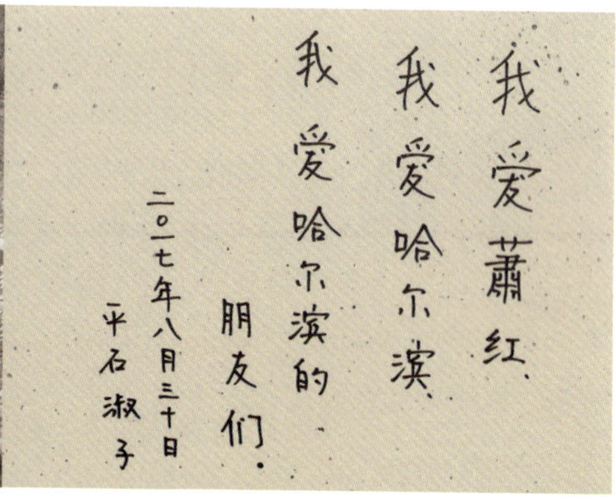
我爱萧红、
我爱哈尔滨、
我爱哈尔滨的朋友们。
二〇一七年八月三十日
平石淑子

大北新報畫刊　Monday

一九三〇年在哈求學時代之悄吟女士肖影（芝贈）

苦痛（續）（黎）

零碎集（一）　蘊璞

三日不近女色，可以增壽半年。世界上若無女性，可以永久和平。

金錢為萬惡之源。然而錢入君子之手，可以成全他作一個善人；一入小人之手，則適足以濟其惡行。錢非惡物，要在能用之得當耳。

頭戴洋帽，脚登洋履，我們人早給外國人管頭管脚了。

住在現在社會上立脚，第一要有錢，第二要有名，女人要像蒼蠅，只要你有錢，只要你有名，他就無有不來。

印度人以黑為美，西洋人以白為美，可見美之一事，固無一定的標準。

病而諱醫，等於自殺。學而不思，等於不學。（未完）

風帆遥近浣衣人（三餘）

秋雲閣戲言

哈爾濱名畫家趙佩鋕氏山水畫之一（化青）

中國濟南齊魯大學校舍（斐贈）

達廬筆記（達廬主人）

▲ 报纸为1934年8月20日印行的《大北新报画刊》，刊有悄吟女士（萧红）在哈尔滨求学时肖像照一帧。此时，萧红与萧军已离开哈尔滨抵达青岛。王士军收藏并提供

▲ 1933 年，在哈尔滨道里公园，由左至右为萧红、萧军、金人、舒群、黄之明、裴馨园、樵夫。北京鲁迅博物馆提供

金人

金人（1910—1971），原名张少岩，后更名张君悌，笔名金人、田丰，河北南宫人，翻译家。译有苏联作家肖洛霍夫的著名长篇小说《静静的顿河》。

金人于 1927 年来到哈尔滨，任东省特别区地方法院雇员。在工作之余，金人向白俄教员学习俄语，1928 年任《大北新报》编辑，1930 年任东省特别区地方法院检察处俄文练习翻译，后任东省特别区检察厅俄文翻译。1930 年，他进入东省特别区法学院法学系，在工作之余攻读法学。在此期间，他阅读了诸多新文学作品，并开始写短文。

九一八事变后，金人开始在哈尔滨《国际协报》等报刊上发表杂文、小说和诗歌，不久，结识了罗烽、金剑啸、姜椿芳、舒群、萧红、萧军等青年作家。1935 年经萧军介绍，他所翻译的苏联作家左勤克的短篇小说《退伍》在上海《译文》杂志发表，随即，他与主编鲁迅建立了通信联系。1935 年，从 1 月 29 日开始，到 8 月 24 日，鲁迅在给萧军和萧红的信中曾多次提到金人的名字。如在 1935 年 3 月 13 日致二萧的信中，鲁迅写道："金人的译文看过了，文笔很不差，一篇寄给了良友，一篇想交给《译文》。"

1937 年，金人离开哈尔滨去上海，先后在上海中华女中、培成女中任教。在这一时期，他将主要精力投入翻译工作，并于抗战期间译完《静静的顿河》。1947 年，金人来到哈尔滨，出任东北文协研究部副部长、出版部长，在中华人民共和国成立后被调往北京任出版总署编译局副局长。自 1951 年起，金人先后在时代出版社、人民文学出版社做编译工作。1971 年病逝。

▲ 左侧戴礼帽、着大衣的男子，即金人，1933 年前后摄于哈尔滨，萧红旧藏，北京鲁迅博物馆友情提供

▲ 1937 年，在上海鲁迅墓前，由左至右依次为金人、袁时洁、萧红、张秀柯（萧红胞弟）、萧军，北京鲁迅博物馆友情提供

▲ 1946 年 10 月，在哈尔滨，后排左起为舒群、罗烽、萧军、金人；前排左起为萧鸣、白朗（怀抱萧耘）、王德芬（怀抱萧小红）、萧歌，萧大忠提供

▲ 金人翻译的《静静的顿河》，上海光明出版社 1941 年版，黑龙江大学博物馆藏品

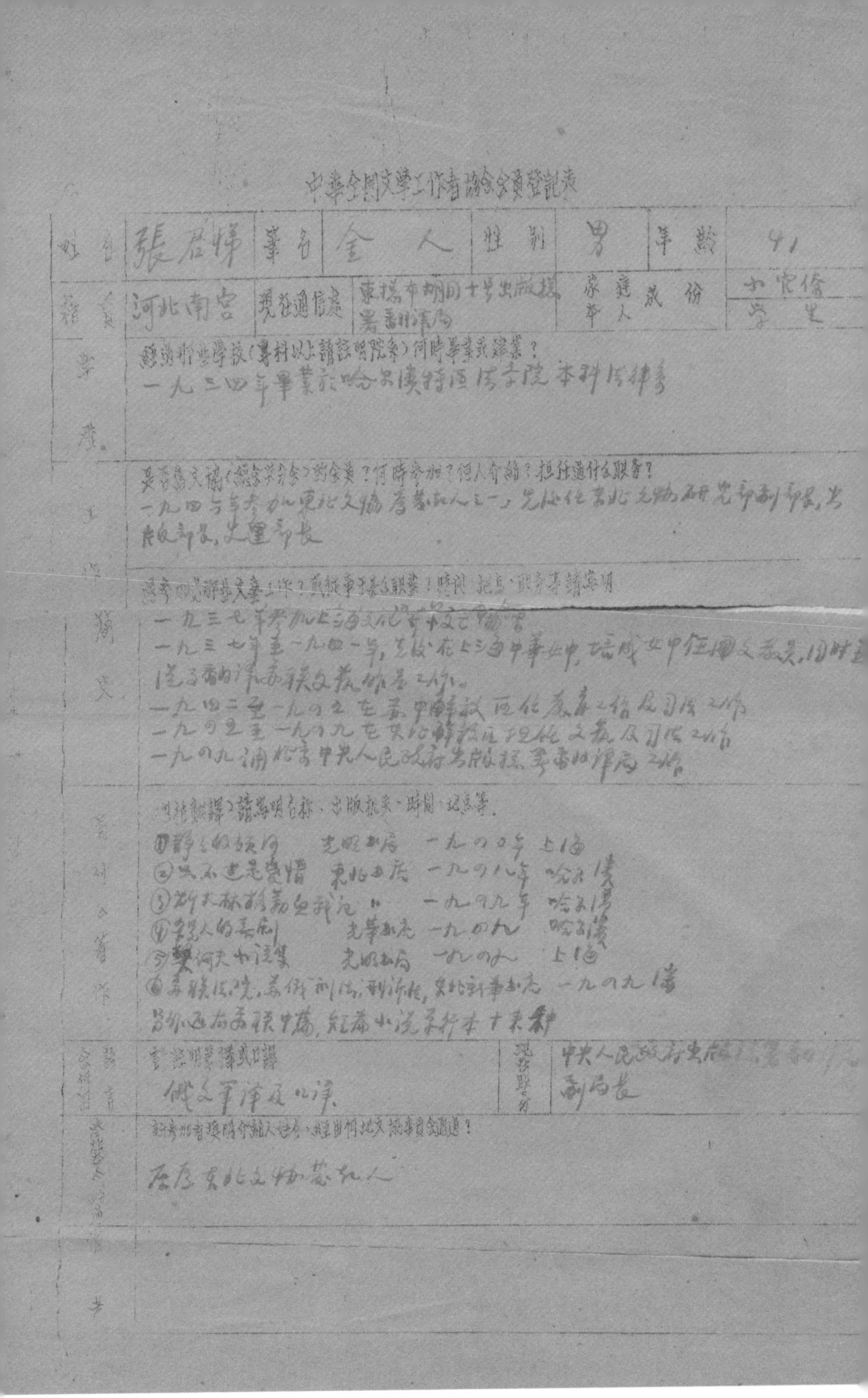
中華全國文學工作者協會會員登記表

姓名	張君悌	筆名	金人	性別	男	年齡	41
籍貫	河北南宮	現在通信處	東總布胡同十號出版總署翻譯局	家庭成份 / 本人成份		小官僚 / 學生	

學歷：總曾在何學校（專科以上請註明院系）何時畢業或肄業？
一九二四年畢業於哈爾濱特區法學院本科法律系

工作經歷：是否為文協（總分會）的會員？何時參加？何人介紹？擔任過什麼職務？
一九四六年參加東北文協為發起人之一，先後任東北文協研究部副部長，出版部長，文運部長

總參加過那些文藝工作？負擔過什麼職務？時間、地點、職務等請寫明
一九三七年參加上海文化界救亡協會
一九三七年至一九四一年，先後在上海中華女中，培成女中任國文教員，同時並從事翻譯蘇聯文藝作品工作。
一九四二至一九四五在[illegible]任[illegible]工作及翻譯工作
一九四五至一九四九在東北解放區担任文教及翻譯工作
一九四九調北京中央人民政府出版總署翻譯局工作

作品（著譯）請寫明名稱、出版機關、時間、地點等.
①靜靜的頓河　光明書局　一九四〇年　上海
②這不過是愛情　東北書店　一九四八年　哈爾濱
③斯大林格勒血戰記　〃　一九四九年　哈爾濱
④驚人的喜劇　光華書店　一九四九　哈爾濱
⑤契訶夫小說集　光明書局　一九四九　上海
⑥蘇聯法院，蘇俄刑法，刑訴法，東北新華書店　一九四九　瀋陽
另外還有蘇聯中篇，短篇小說單行本十幾種

專長：專長註明筆譯或口譯
俄文筆譯及口譯
現任職務：中央人民政府出版總署翻譯局副局長

介紹人：新參加者填明介紹人姓名、經過何地文協會員會通過？
原為東北文協發起人

▲ 金人手迹，哈尔滨市博物馆“文化名人手迹馆”藏品

▲ 孔罗荪在哈尔滨时所摄

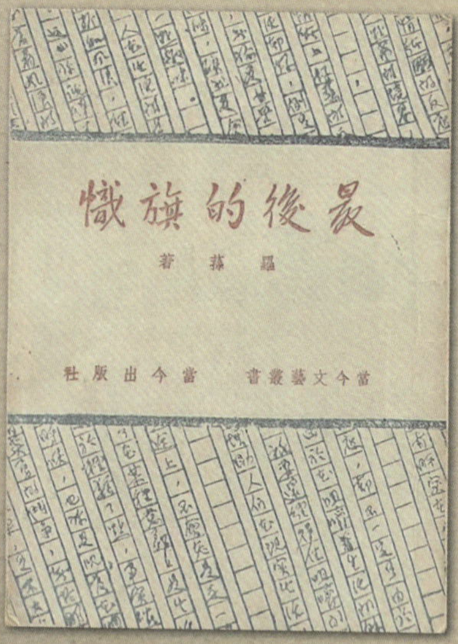

▲ 孔罗荪著的《最后的旗帜》，重庆当今出版社出版，黑龙江邮政博物馆藏品

■ 孔罗荪

孔罗荪（1912—1996），原名孔繁衍，笔名罗荪，上海人，文艺理论家。曾任哈尔滨《国际协报》文学副刊《蓓蕾》、汉口《大光报》文学副刊《紫线》、重庆《文学月报》等刊物主编。著有杂文集《野火》、文学评论集《文艺漫笔》等。

1928 年，孔罗荪跟随父亲从北京来到哈尔滨，考入哈尔滨邮政局。从小就喜欢文学的孔罗荪一边工作，一边给哈尔滨《国际协报》投稿。后《国际协报》创办了文学副刊《蓓蕾》，他任主编，同时组建了蓓蕾文学社。1931 年盛夏，针对长江流域蒙受特大洪灾，哈尔滨妇女界发起募捐活动，孔罗荪当时以《蓓蕾》周刊记者的身份进行采访，结识了义卖鲜花的东省特别区第一女子中学毕业生周玉屏。不久，九一八事变爆发。从创刊到九一八事变后停刊，在两年多的时间里，《蓓蕾》周刊对东北现代文学的兴起和东北作家群的形成起到了积极的作用。

孔罗荪在《最后的旗帜》中写道："一九三二年夏天，在哈尔滨。有一天的清晨，滨江关楼尖上的晨曦不见了，而且飘起了一面代表着人类耻辱的旗子。这是终于来临了的事实，敌人首先派人接收了海关。这张最后的旗帜，只剩下在谣言中度日子的邮政局了。"日寇占领哈尔滨后不久，便要接管邮政局。由于东北邮工不愿做亡国奴，纷纷抛家舍业，千里流亡，东北邮政一度全网瘫痪，日伪慌乱，边抓旧人，边招新人，一时风声

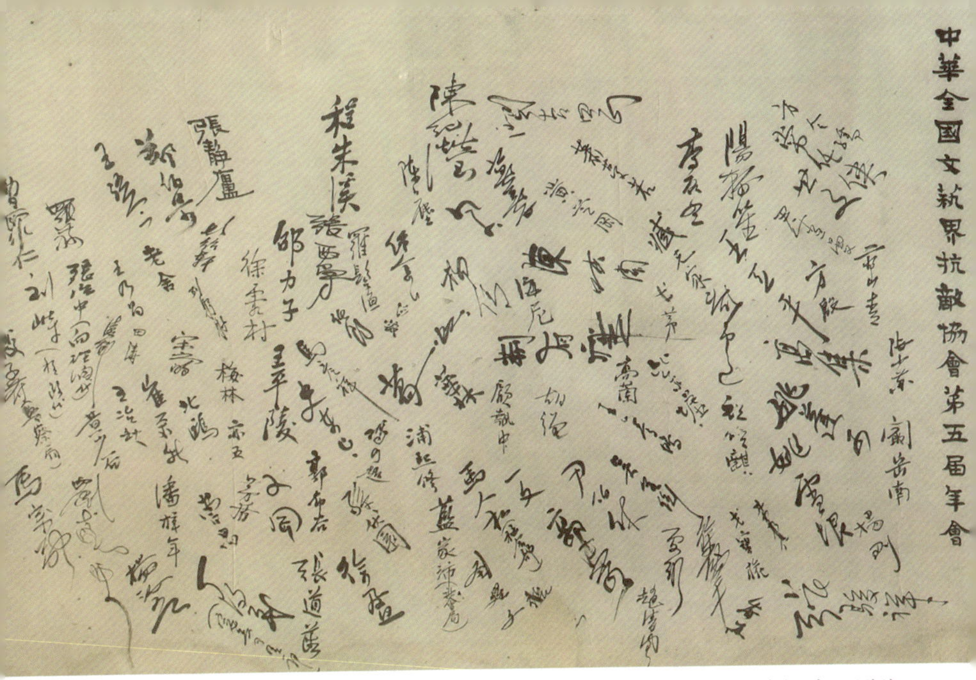

▲ “中华全国文艺界抗敌协会第五届年会”（1943 年，老舍题写）签到单的左上方，赫然留有孔罗荪的签名“罗荪”。此“集体签名”现藏哈尔滨市博物馆“文化名人手迹馆”

鹤唳。孔罗荪携新婚夫人周玉屏与邮政局的同事们一起离开哈尔滨，辗转前往上海。

尽管远离东北，孔罗荪仍不忘国耻，依旧惦念松花江畔的父老乡亲，无论是在上海，还是在武汉，他都积极投身于抗日救亡运动中。中华全国文艺界抗敌协会在武汉成立后，他先后担任了文协理事、《文学月报》主编等职，对促进抗战时期大后方文艺运动的健康发展起到了重要作用。他通过他的主编身份，团结了一大批进步作家，当年，流亡到汉口的萧红曾一度借住在他家。

1981 年夏，哈尔滨举办萧红七十诞辰纪念活动，作为萧红曾经的挚友，时任《文艺报》主编的孔罗荪虽然因工作繁忙未能莅会，但是全力以赴、鼎力相助，日本萧红研究学者平石淑子到哈尔滨参会，便承蒙他的助力。1983 年 8 月，孔罗荪偕夫人周玉屏应邀来哈尔滨参加在黑龙江大学举办的“庆祝萧军从事文学事业五十周年学术会议”。

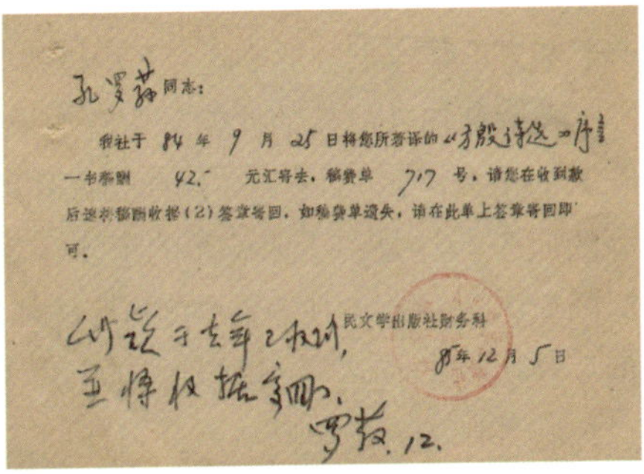
孔罗荪同志：

我社于 84 年 9 月 25 日将您所著译的 一书稿酬 42.- 元汇寄去，稿费单 717 号，请您在收到款后连同稿酬收据（2）签章寄回，如稿费单遗失，请在此单上签章寄回即可。

民文学出版社财务科

85 年 12 月 5 日

▶ 孔罗荪 1985 年稿酬领取收据单手迹，韩斗藏品

▲ 从左至右，刚刚出狱的罗烽与白朗、白梅（白朗的妹妹），1935 年摄于哈尔滨。不久，罗烽、白朗双双逃出哈尔滨。日后，罗烽在照片背面亲笔写道：“白梅、刘莉、罗迅，1935，6. 在哈尔滨。从此逃离哈。”

■ 罗烽、白朗

罗烽（1909—1991），原名傅乃琦，辽宁沈阳人，小说家、诗人。东北沦陷后流亡上海，发表多部作品，有《罗烽文集》（含诗词）存世。

白朗（1912—1994），原名刘东兰，辽宁沈阳人，小说家、散文家。曾与丈夫罗烽一起流亡上海，发表多部作品，代表作有《伊瓦鲁河畔》《为了幸福的明天》等。

1928 年，年仅 18 岁的罗烽进入呼海铁路局传习所进修，并以笔名“洛虹”开始在哈尔滨《晨光报》副刊《江边》上发表诗歌。1929 年，罗烽加入中国共产党，秋天与白朗成婚。九一八事变后，在罗烽的引荐下，白朗在哈尔滨正式加入“反日同盟会”。1932 年，罗烽接受杨靖宇的指令，与中共党员金剑啸在哈尔滨秘密出版反满抗日的《民众报》，白朗全力配合。1933 年，白朗入职哈尔滨《国际协报》，后来《国际协报》副刊《文艺》问世，她与罗烽成为主笔。为了避免敌伪注意，他们经常更换笔名，隐晦地宣传抗日思想、进步理念。罗烽常用的笔名有洛虹、彭勃、罗迅、克宁等，白朗常用的笔名有刘莉、戈白、莉、杜微等。

罗烽与金剑啸、白朗、萧红、萧军、金人等进步青年团结在党的周围，他们不仅参与《夜哨》《文艺》的组稿、撰稿，还组建“星星剧团”，秘密开展抗日宣传活动，由此开启了东北抗日文学的先河，形成了“东北作家群”之雏形。

1934 年春，哈尔滨的党团组织遭到破坏。6 月，萧军、萧红离开哈尔滨。此后不久，罗烽被驻哈尔滨南岗日本领事馆特高系以共产党嫌疑犯罪名逮捕。面对着严刑拷打，罗烽始终不招认。罗烽被捕后，白朗仍住在南岗大直街的家里（她一直被日伪监视），并继续编辑《文艺》，直至 1935 年 1 月《文艺》终结。1935 年 5 月，因证据不足，罗烽被释放。不久，罗烽、白朗双双离开了危机四伏的哈尔滨，前往上海。

抗日战争胜利后的 1946 年，罗烽与白朗回到了东北。罗烽历任中共中央东北局宣传文委常委、东北文协代主席、哈尔滨中苏友好协会副会长等职，为哈尔滨的新文艺活动做了大量的组织与领导工作。白朗则被选为哈尔滨临时参议会参议员，担任《东北日报》副刊部部长、《东北文艺》月刊副主编、东北文艺家协会出版部副部长。

1981 年夏，哈尔滨举办纪念萧红七十周年诞辰的活动，萧军、梁山丁出面邀请他们夫妇参加，他们都表示希望重访哈尔滨，但终因身体原因而未成行。

▼《文艺》刊头照片后题字“国际协报‘文艺’周刊，白朗编”，系罗烽亲笔所写

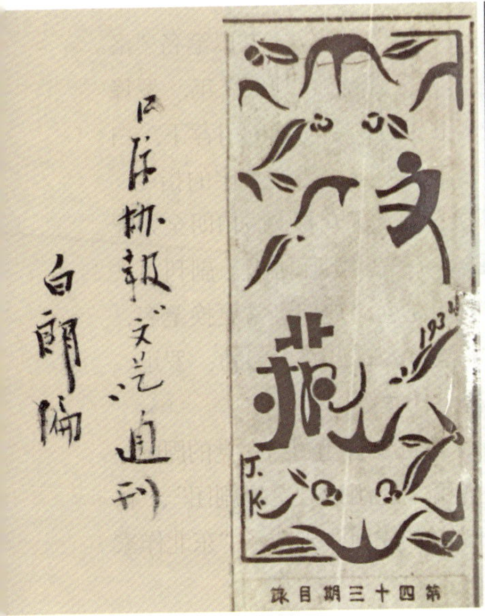

▼ 经剪裁的白朗头像叠加照亦是萧红旧藏，萧红亲手将好友的另一张小照片进行剪裁，先是将其直接粘贴在一张较大尺幅的肖像照上，然后又将照片粘在满是萧红、萧军及其亲友照片的玫瑰花相册里，北京鲁迅博物馆特别提供

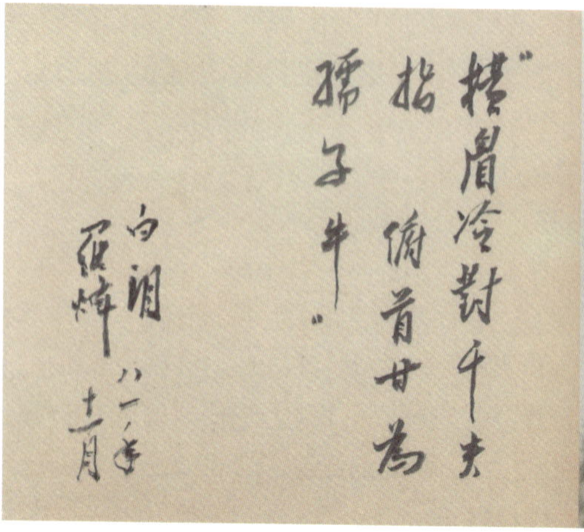

▲ 罗烽手迹，以罗烽、白朗夫妇二人名义书写，现藏于哈尔滨市博物馆“文化名人手迹馆”

▲ 1947 年罗烽、白朗摄于哈尔滨，姜本利（哈尔滨收藏家）提供

▼ 时任东北人民政府文化部副部长的罗烽与部长刘芝明联名写给沈阳市公安局负责人的公函。胡继东（哈尔滨收藏家）收藏并提供

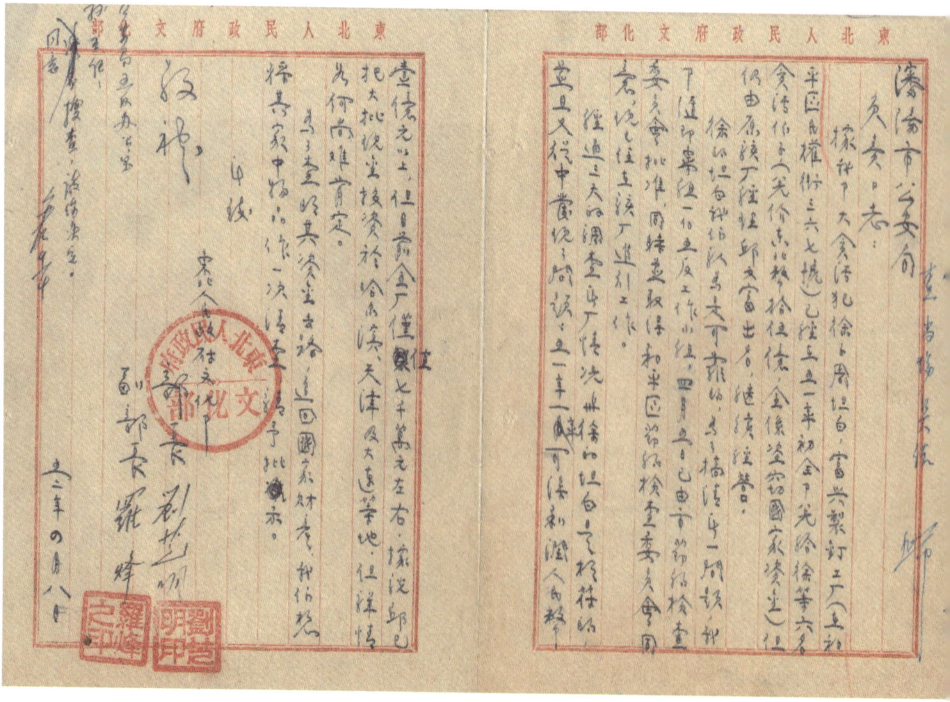
東北人民政府文化部

瀋陽市公安局

東北人民政府文化部

東北人民政府文化部批文

劉芝明印

羅烽之印

▸
蹲者为杨朔，坐者为罗烽，立者为张晓南。此照为罗烽旧藏，现藏于黑龙江文学馆

■ 杨朔

杨朔（1913—1963），山东蓬莱人，散文家。其散文创作具有强烈的时代色彩，富有诗意。代表作有《荔枝蜜》《香山红叶》《茶花赋》等。

杨朔是山东人。1929年，他随舅父来到哈尔滨，随即在英商太古洋行充任练习生，同时在一所学校攻读英语，研习古典诗文。他常在《国际协报》《哈尔滨五日画报》等刊物上发表旧体诗，宣泄爱国思想与反抗精神。不久，他结识了萧军、萧红、罗烽、白朗、孔罗荪、方未艾等文艺青年，他的思想与境界得以升华。

杨朔在哈尔滨1932年发大水期间写出《水国吟》，方未艾将其发表在《东三省商报》副刊上。随后，他到南岗和极乐寺一带难民聚集地采访，写的文章更充溢着忧国忧民的爱国色彩，方未艾又把文章发在《工人事业》报上。

进入1936年，杨朔与金伯阳、方未艾等中共地下党员往来愈加密切，他在道里石头道街太古洋行附近的住所，常有中共地下党员出入。入冬，他发现自己已被日本宪兵队特务盯上，只好在1937年年初火速离开哈尔滨，前往上海，由此走上宣传抗日救亡之路，继而成为散文大家。

▲ 1948 年梁山丁在哈尔滨

▲《丰年》，1942 年新民印书馆刊行，胡继东提供

■ 梁山丁

梁山丁（1914—1997），原名梁梦庚，后名邓立，辽宁开原人，作家。在东北沦陷时期，因以笔名山丁发表作品而为广大读者所知晓，是“东北作家群”代表人物之一。

梁山丁自幼便酷爱文学，从 1933 年起就开始给《大同报》副刊《夜哨》投稿。《夜哨》的编辑陈华为他介绍了身在哈尔滨的萧军。他们分处两地，但相互砥砺，共同用纸笔为《夜哨》撰稿。

1933 年冬，梁山丁应萧军所邀来到哈尔滨，与萧军、萧红见面，在萧军的引荐下，又与罗烽、白朗相识。梁山丁与萧军、萧红、罗烽一起到照相馆拍了一张有纪念意义的合影。1934 年 5 月，萧军到吉林扶余石城看望梁山丁，告知梁山丁他和萧红要离开哈尔滨了。二萧离开哈尔滨后不久，梁山丁就接到白朗写的信，告知其罗烽已被捕，以后可与金剑啸联系。1935 年春，梁山丁又到哈尔滨，找到了住在炮队街（今通江街）的金剑啸。他们虽首次见面，但一见如故。据后来梁山丁回忆金剑啸的文章介绍，这一夜他们都睡得很晚，他的脑海里塞满了新奇的云彩。可见梁山丁受金剑啸的影响与感染有多么深，因此梁山丁斗争的劲头更足了。他所倡导的乡土文学向当时日伪主张的移植文学发起了挑战——其代表作《绿色的谷》在 1943 年得以出版，但因内容有反满抗日情绪，而被当局查封，梁

1933 年，在哈尔滨，左起为梁山丁、罗烽、萧军、萧红，此照为萧红遗物，现存于北京鲁迅博物馆

1980 年，在北京，左起为梁山丁、舒群、萧军、罗烽，距前一张合影过去几近半个世纪，多了舒群，少了萧红。萧大忠提供

山丁不得不逃亡到关内。1948 年，梁山丁离开辽西来到哈尔滨，被安排到东北文艺协会任秘书工作。此际，哈尔滨解放已近两年，梁山丁遂满腔热情地前往三十六棚铁路工厂体验生活，并任《生活报》编辑兼记者。1948 年 11 月，沈阳解放，梁山丁随《生活报》离开哈尔滨前往沈阳。

1979 年 8 月，梁山丁陪老友萧军来哈尔滨，到呼兰访萧红故居，旋即又到东北烈士纪念馆参加金剑啸殉国 43 周年纪念活动。此后，梁山丁还多次来到哈尔滨，参加“萧红七十诞辰纪念会”“萧红忌辰四十周年纪念会”“庆祝萧军从事文学事业五十周年学术会议”及东北沦陷时期文学研讨会等活动。

▲1981年6月，萧红七十周年诞辰纪念会，哈尔滨，梁山丁（三排右七）、骆宾基（一排右四）、平石淑子（一排右五）、舒群（一排右六）、塞克（一排左七）、葛浩文（一排左五，美国学者）、萧军（一排左四）、关沫南（一排左一）、陈隄（二排左一）、萧耘（二排左二）、丁言昭（二排右七）等人合影，此照现藏于哈尔滨市博物馆"文化名人手迹馆"

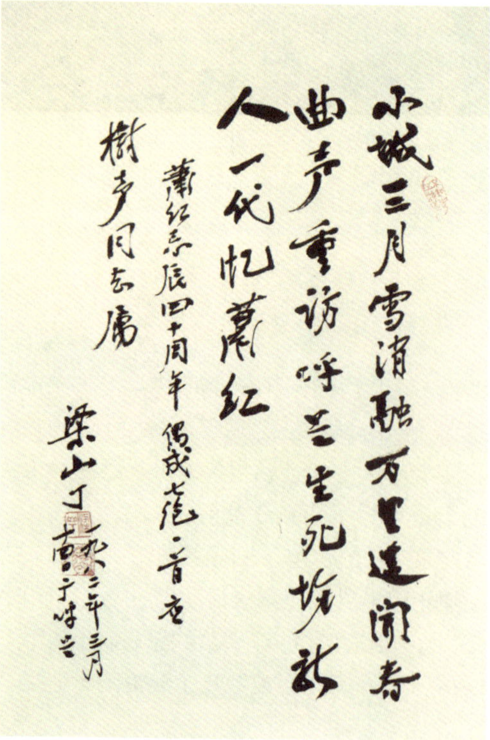

◀

梁山丁在萧红故居应刘树声所邀题写，现藏于哈尔滨市博物馆"文化名人手迹馆"

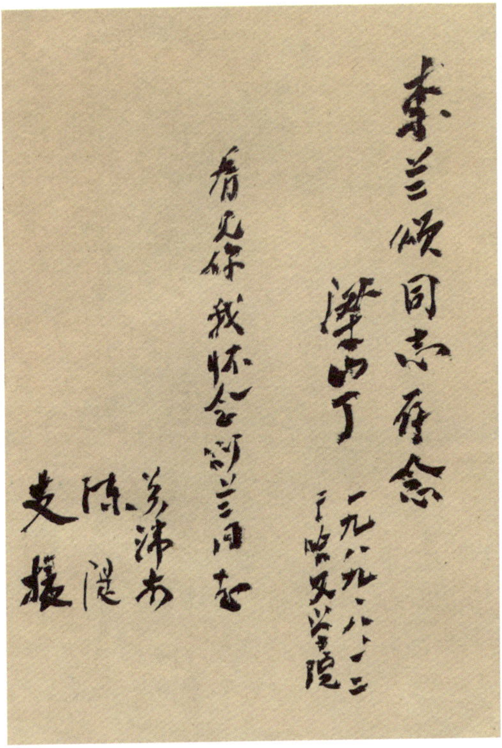

李兰颂同志存念

梁山丁

一九八九、八、一二

于哈文学院

看见你 我怀念

关沫南

陈隄

支援

梁山丁致李兰颂

▲ 1935 年方未艾、王采南夫妇摄于哈尔滨，温家琦、孙维韬提供

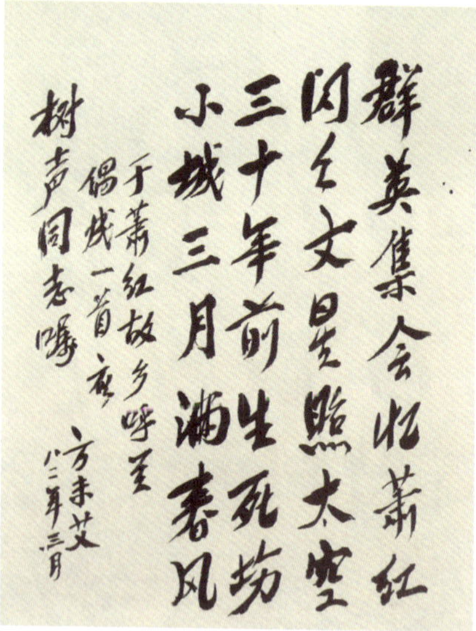

▲ 方未艾在萧红忌辰四十周年题诗，现藏于哈尔滨市博物馆“文化名人手迹馆”

方未艾

方未艾（1906—2003），原名方靖远，又名方曦，辽宁台安县人，作家。他虽然在“东北作家群”的地位不很显赫，平素又很低调，但因文学修养甚高，身兼多家报社编辑，与众多文学青年交往频繁，亦别有影响。

1930 年，方未艾与萧军在东北陆军讲武堂结业。九一八事变后，他们由沈阳辗转来到哈尔滨，积极参加抗日行动。方未艾所作《九一八之夜》投给哈尔滨《东三省商报》，即刻刊出。1932 年 2 月 5 日，日本侵略军侵占哈尔滨，方未艾与萧军在极端危险的情况下，仍旧不时赶写抗日文章，以期发表。不久，《东三省商报》和《国际协报》副刊的编辑找到他们，请萧军到《国际协报》副刊任编辑，方未艾则到《东三省商报》副刊《原野》任编辑。

1932 年 6 月，方未艾收到一篇题为《春曲》的诗稿，作者笔名悄吟，并附有短笺，署名张迺莹，短笺中述说她是被困在旅馆里的一名流亡女学生，希望通过发表她的诗作，让人们听到她的心声。几天后，方未艾到《国际协报》找萧军，看到萧军正看一封求援信，落款也是张迺莹，地址是东兴顺旅馆二楼十八号。大家都同意去东兴顺旅馆探探虚实，萧军自告奋勇，前去探望，他见到了张迺莹。

后来方未艾与萧军鼓励张迺莹写作，张迺莹动笔写出一篇《王阿嫂的死》（署名悄吟），方未艾当即决定发表。自此，日后的大才女萧红（张迺莹）横空出世。

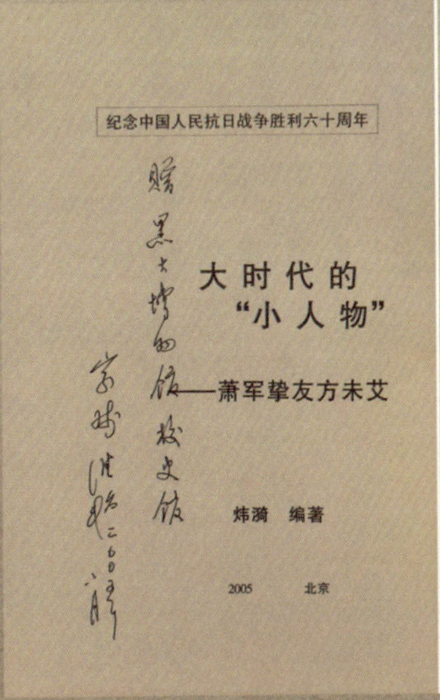
纪念中国人民抗日战争胜利六十周年

大时代的
“小人物”
——萧军挚友方未艾

炜漪 编著

2005 北京

▲《大时代的“小人物”——萧军挚友方未艾》，作者温家琦、孙维韬（两人合署“炜漪”）2005年题赠黑龙江大学校史馆

▲方未艾晚年照片，温家琦、孙维韬提供

与此同时，方未艾的身边出现了一大批爱好文学的爱国青年。1932年10月，方未艾经黄吟秋、金伯阳介绍，秘密加入中国共产党。一年后的1933年中秋节过后，方未艾被中共满洲省委派到苏联学习。再回到哈尔滨，则是两年后的1935年秋，他秘密回国，住在道外一家小客栈。一日，他去报社打探消息，正巧遇到金人，继而联系上杨朔。1936年年初，方未艾与苦苦等待他的王采南在哈尔滨完婚。1936年春，方未艾携妻离开哈尔滨，辗转多地继续进行对敌斗争。

1949年全国解放后，方未艾在兰州大学任教，他通过罗烽、白朗，与萧军取得了联系。1982年，方未艾作为沦陷时期哈尔滨革命文学道路的开拓者之一，回到了哈尔滨，参加萧红纪念活动。1983年8月，方未艾又应邀来到哈尔滨，参加在黑龙江大学举办的“庆祝萧军从事文学事业五十周年学术会议”。当时，萧军因病未到场，萧军女儿萧耘宣读了父亲的书面致辞。

▲ 20 世纪 30 年代姜椿芳在哈尔滨，韩斗提供

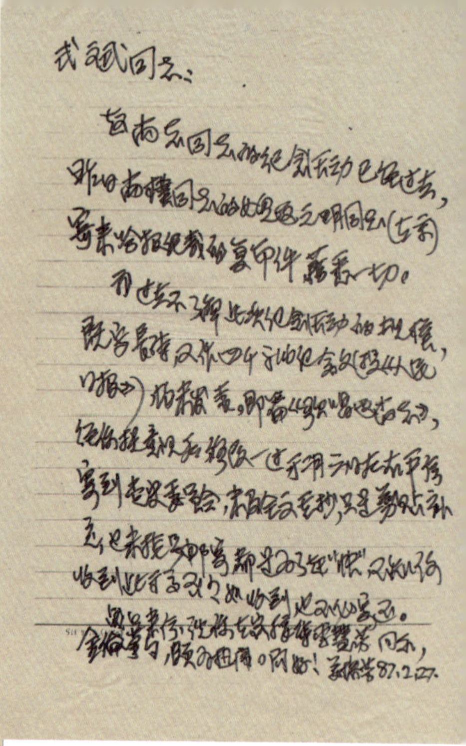

式斌同志：

姜椿芳 87.2.27.

▲ 姜椿芳 1987 年 2 月致中共哈尔滨党史委员会王式斌，韩斗提供

■ 姜椿芳

姜椿芳（1912—1987），江苏常州人，出版家、翻译家，首部《中国大百科全书》编纂者之一，后任中国大百科全书出版社总编辑，译有作品多部。

姜椿芳小学毕业后，随家人自江苏常州来到哈尔滨，住在道外北八道街。1928 年，他进入东省特别区第三中学读书，在课余时间师从俄侨教师学俄文。1929 年，他到中东铁路哈尔滨机务段工作，并自修俄文，1930 年便在哈尔滨光华通讯社做俄文翻译。其间，他在哈尔滨《国际协报》等报刊上开始发表小说、诗歌、散文等。

1931 年，姜椿芳加入共产主义青年团。1932 年，中共满洲省委机关从沈阳迁到哈尔滨，在党组织的帮助下，姜椿芳开阔了眼界，提高了思想觉悟。不久，姜椿芳加入党组织。后来，共青团哈尔滨市委在姜椿芳家成立（团市委机关也设于此），姜椿芳出任团市委宣传部部长。同年，姜椿芳到哈尔滨英亚电讯社（苏联塔斯电讯社化名）做俄语译员，通过英亚电讯社的工作执行秘密任务。

1933 年前后，他与金剑啸、罗烽、舒群、萧红、萧军等携手发声，一同宣传反满抗日思想，被誉为北满革命文艺的开拓者。1933 年年初，姜椿芳奉调中共满洲省委宣传部，主编《满洲红旗》（后改名《东北人民报》）。1935 年 5 月，经姜椿芳与金剑啸等人倡议，用音乐揭示日伪暴行的“哈尔滨口琴社”成立。1936 年 4 月，姜椿芳与金剑啸接办日本人所办的中文报纸《大北新报画刊》，利用此刊不受伪满当局检查的特殊条件，频发文章，婉转地宣传进步思想、抗日理念。1936 年 6 月 9 日，因《大北新报画刊》刊出高尔基病危等消息，引起《大北新报》社长山本的注意，13 日，金剑啸与姜椿芳相继被捕。两人被押在一起，受尽严刑拷打，但始终都没有暴露自己中共党员的身份。姜椿芳被关押了 35 天，后经营救出狱，在出狱的三天后便携妻女秘密离开哈尔滨前往南方。金剑啸则于 8 月 15 日在齐齐哈尔惨遭日伪杀害。

将近 50 年后的 1983 年 8 月，姜椿芳应邀回到哈尔滨，参加了在黑龙江大学举办的“庆祝萧军从事文学事业五十周年学术会议”，这是他最后一次回哈尔滨。

▼ 1983 年 8 月，“庆祝萧军从事文学事业五十周年学术会议”，姜椿芳（前排右六）与众人在黑龙江大学图书馆门前合影，黑龙江大学博物馆提供

▲ 1946 年舒群与同事们摄于哈尔滨，李霄明（舒群之子）提供

■ 舒群

舒群（1913—1989），满族，原名李书堂，又名李旭东，黑龙江哈尔滨人，作家，为“东北作家群”领军人物。1927 年，他考入东省特别区第一中学，后在东北商船学校读书。九一八事变后，他毅然辞去俄语翻译工作，参加了抗日义勇军，不久即加入中国共产党，被派到洮南任情报站站长。

九一八事变后，舒群用笔名“黑人”在《国际协报》《哈尔滨商报》等报刊上发表了多篇富有爱国思想色彩的诗歌和散文。他参加了“星星剧团”的演出，与罗烽、塞克、金剑啸、萧军、萧红、白朗等同道，通过表演及书写文字来反满抗日。舒群更是古道热肠，当萧军、萧红合著的《跋涉》出版经费没着落时，他拿出省吃俭用攒下的钱，解了萧军、萧红的燃眉之急。1934 年年初，在白色恐怖的笼罩下，因与组织失联，舒群被迫离开哈尔滨前往青岛，后流亡到上海，再辗转到延安。

舒群在延安担任鲁迅艺术学院文学系主任。抗战胜利后，他随大军挺进东北。他相继出任东北文艺工作团团长、中共东北局宣传部文委副主任、东北大学副校长。东北民主联军占领长春后，舒群担任东北文协副主席，奉命去长春接管日伪留下的电影厂——“满洲映画协会”，简称“满映”。1946 年 6 月，形势紧张，舒群与田方等人便一同运作，火速将所有的电影器材由长春运到哈尔滨，不久又转运到兴山（鹤岗），东北电影制片厂（长春电影制片厂前身，舒群为首任厂长）由此创建。东北电影制片厂拍摄的剿匪等纪录影片，激发了军民的斗志，从而为保障哈尔滨的形势安定，为解放战争的最后胜利，作出了重要贡献。

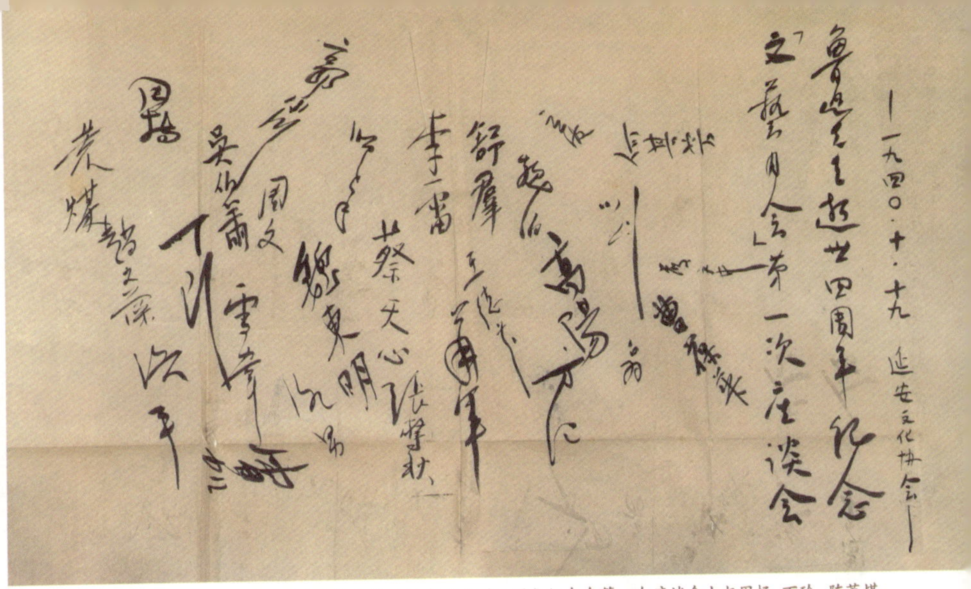

▲ 1940 年 10 月舒群在延安文化协会举办的鲁迅逝世四周年纪念会第一次座谈会上与周扬、丁玲、陈荒煤、萧军、刘白羽、周立波、郭小川等人一同签名，哈尔滨市博物馆“文化名人手迹馆”藏品

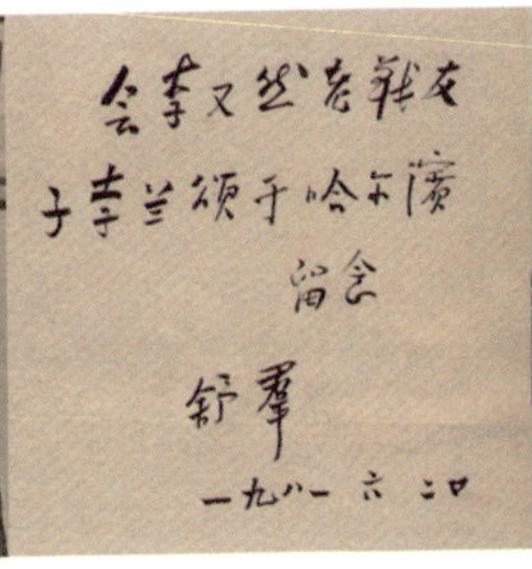

▲ 1981 年 6 月舒群在哈尔滨与老战友李又然之子李兰颂合影，上图手迹为舒群所写

▲ 1981 年 6 月舒群与丁言昭、李栋在松花江畔

1981 年 6 月，舒群与萧军、塞克、骆宾基由北京一同回到哈尔滨，满怀深情地参加萧红七十周年诞辰纪念活动。

▶
《知识》杂志（东北书店发行）创刊号，为舒群于 1946 年在哈尔滨创办，胡继东提供

▼ 舒群致友人书札，哈尔滨市博物馆“文化名人手迹馆”收藏并提供

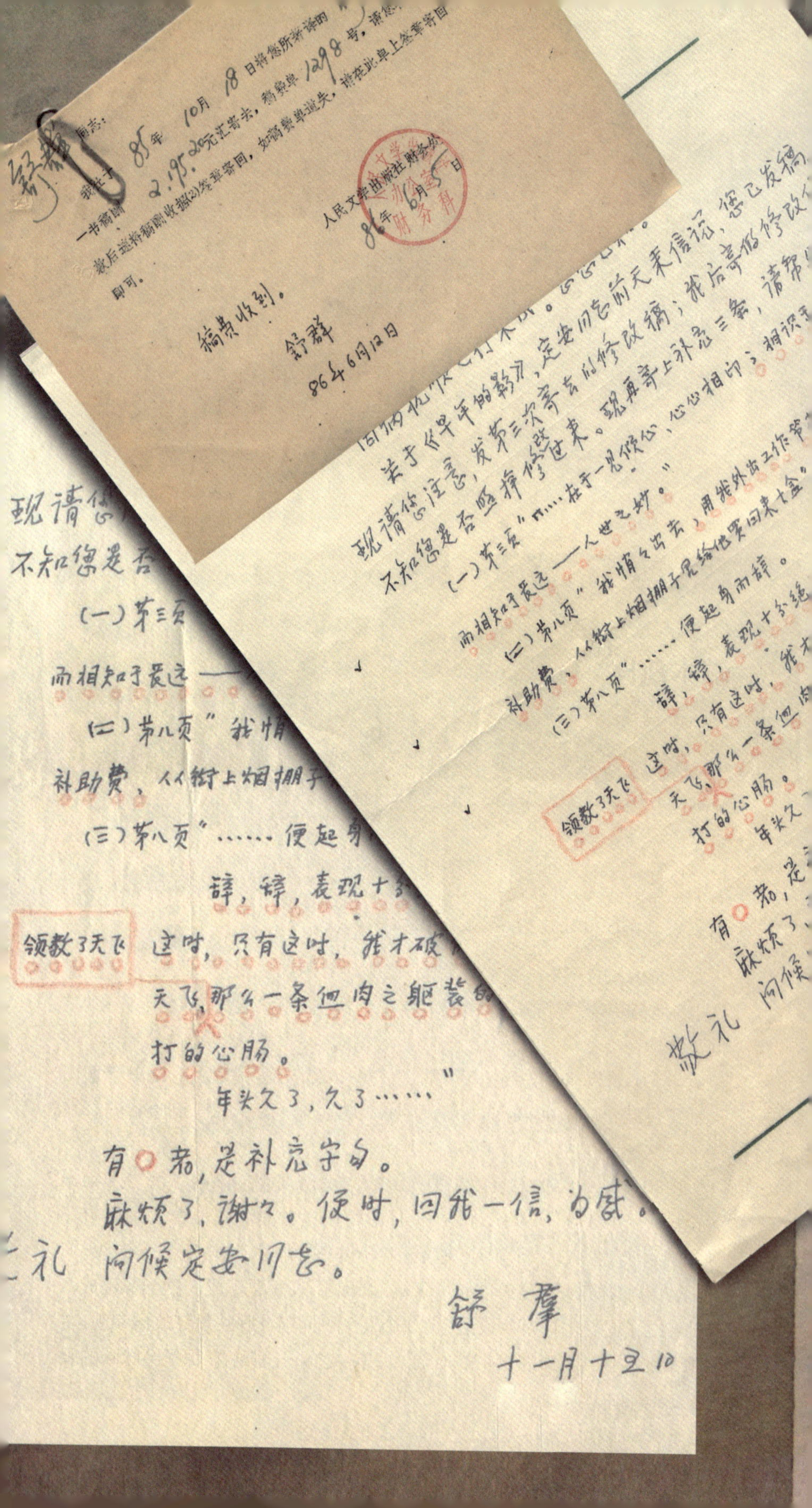

舒群同志：
我社于85年10月18日将您所著译的
一书稿酬 2,195.20元汇寄去，稿费单1298号，请您
收后速将稿酬收据签章寄回，如稿费单遗失，请在此单上签章寄回
即可。
人民文学出版社财务处
86年6月5日
稿费收到。
舒群
86年6月12日
关于《早年的影》，定安同志前天来信说，您已发稿
现请您注意，发第三次寄去的修改稿；我后寄的修改
不知您是否照样修改过来。现再寄上补充三条，请帮
(一)第三页"……在于一见倾心，心心相印；相识
而相知于长远——人世之妙。"
(二)第八页"我悄悄出去，用我外出工作
补助费，人人街上烟棚子里给他买回来十盒
(三)第八页"……便起身而辞。
辞，辞，表现十分绝
领教了天飞
这时，只有这时，我才破
天飞，那么一条血肉之躯装的
打的心肠。
年头久了，久了……"
有○者，是补充字句。
麻烦了，谢谢。便时，回我一信，为盛。
敬礼 问候定安同志。
舒群
十一月十三日

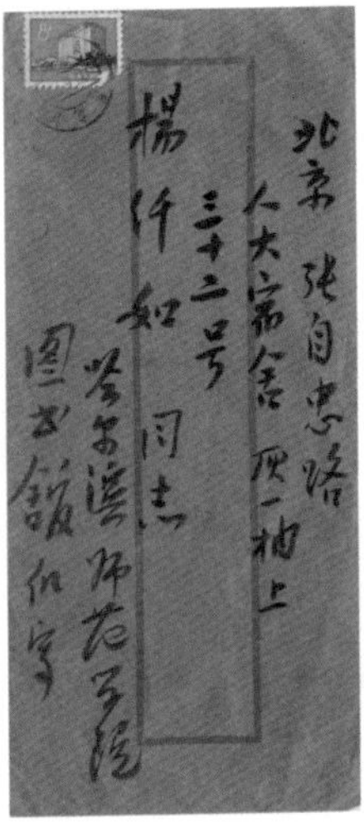

▲1977 年端木蕻良从哈尔滨寄出信札的地址为倪美生的通讯地址：哈尔滨师范学院图书馆倪寄

▲ 1976 年 8 月端木蕻良与妻子钟耀群、女儿钟蕻摄于哈尔滨铁路江上俱乐部，曹革成（端木蕻良侄子）提供

■ 端木蕻良

端木蕻良（1912—1996），满族，原名曹京平，辽宁昌图人，作家。曾任作家协会北京分会副主席。著有长篇小说《曹雪芹》及散文集、剧本等。

1937 年 8 月，他与萧红相识，1938 年 4 月与萧红确定恋爱关系，5 月在武汉与萧红结婚，直至 1942 年 1 月萧红在香港去世。在萧红的最后时刻，端木蕻良陪伴在她的身旁。根据曹革成《端木蕻良年谱》、倪美生《曹汉奇传》的介绍，端木蕻良曾多次来到哈尔滨。最早一次当为 1961 年 7 月，他与老舍、叶圣陶、曹禺等作家组成作家代表团，赴内蒙古参观访问，中途在哈尔滨停留，随后去哈尔滨师范学院（1980 年改称“哈尔滨师范大学”）看望在中文系任教授的二哥曹京实及二嫂倪美生。1976 年唐山大地震过后，应曹京实所邀，端木蕻良由妻女陪同从北京来到哈尔滨，在二哥家中一直住到 1977 年 9 月底方回北京。

1980 年 7 月，端木蕻良在夫人钟耀群的陪同下，来哈尔滨参加第一届全国《红楼梦》学术研讨会，8 月初离开哈尔滨前往长春。1986 年 6 月，端木蕻良在家人的陪同下出席在哈尔滨举办的第二届国际红学会议。其间，端木蕻良夫妇与萧红侄子张抗，曹汉奇长子曹革成、次子曹建成，冯咏秋之子冯羽，以及各报记者 20 余人，一同前往呼兰萧红故居参观。端木蕻良跳上当年萧红出生的火炕，请夫人拍下一张躺在那里笑眯眯的照片。这是端木蕻良最后一次来哈尔滨。

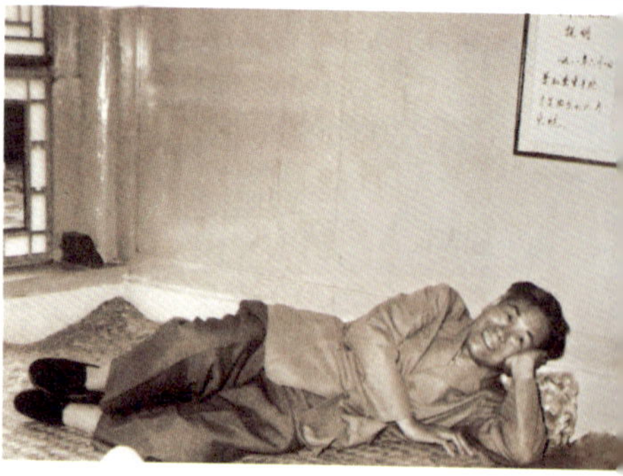

▲ 1986 年 6 月端木蕻良访呼兰萧红故居。左上照片，与陪同者合影；右上照片，见到萧红的画像，激动地冲上前；左下照片，为萧红故居题词；右下照片，见到萧红出生的火炕，兴奋地跳上去躺下。萧红纪念馆及曹革成、曹建成提供

►

端木蕻良手写书札、诗稿，均谈论哈尔滨或涉及哈尔滨，李兰颂收藏并提供

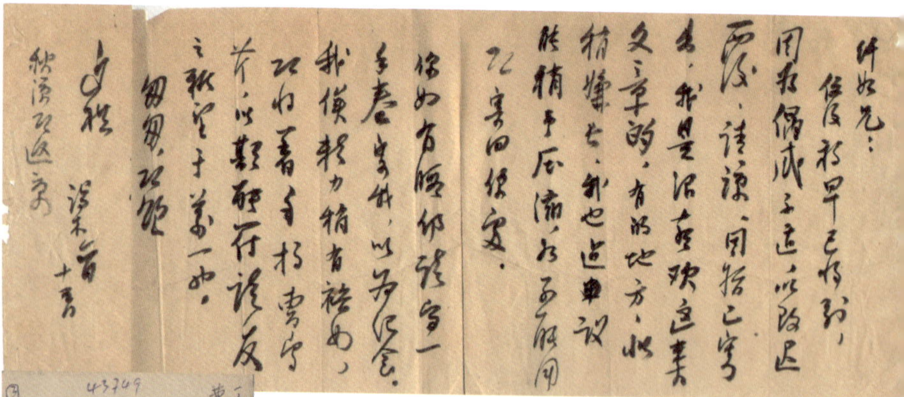

▲ 1977 年端木蕻良在哈尔滨住在二哥家时寄给北京友人的信

◄

1928 年端木蕻良在南开学校插班时留影，哈尔滨市博物馆“文化名人手迹馆”藏品

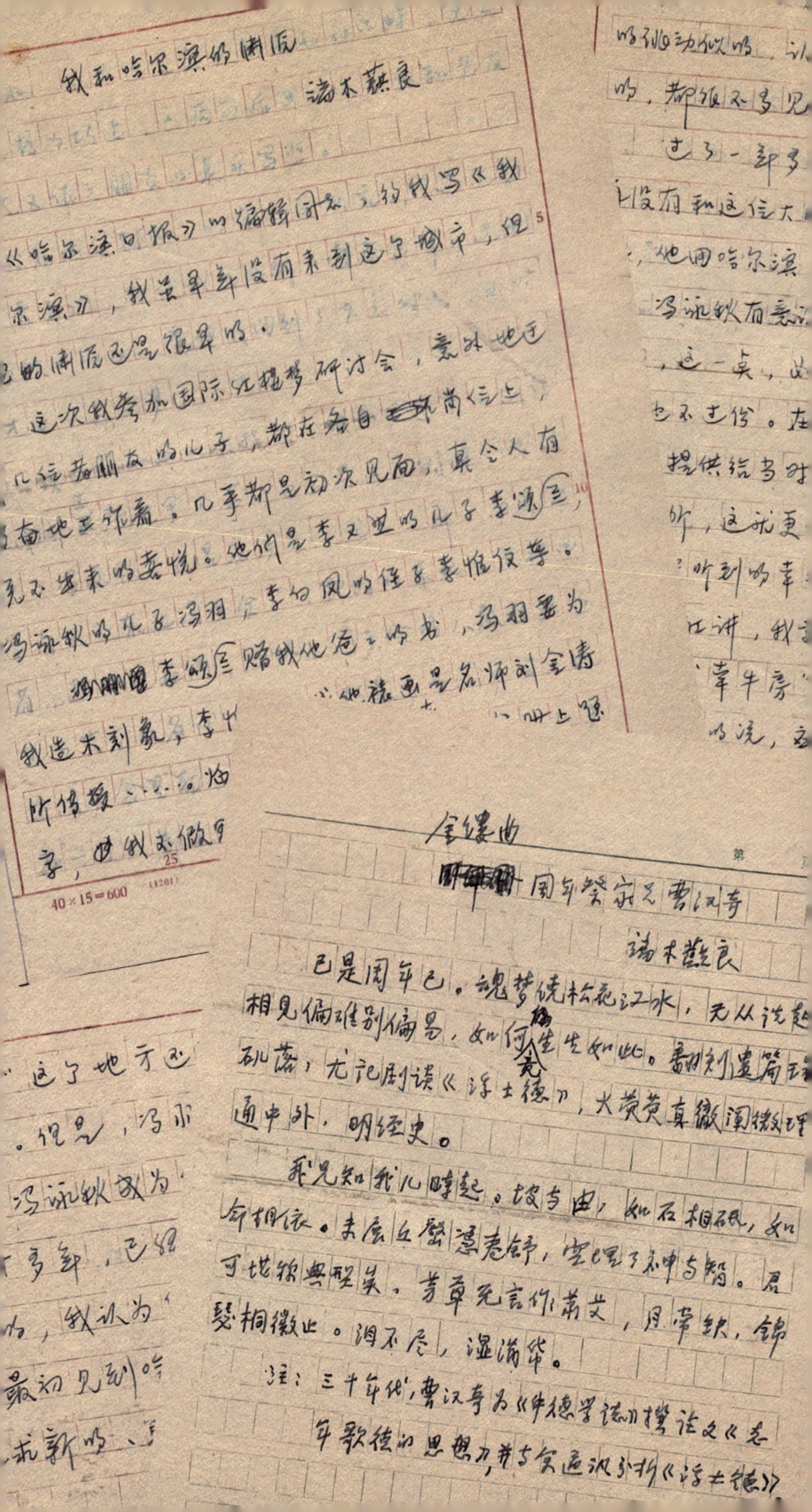
我和哈尔滨的情缘
端木蕻良
金缕曲
周年祭寄兄曹汉奇
端木蕻良

▲ 1981 年 6 月 16 日，在哈尔滨道外十六道街东兴顺旅馆旧址，骆宾基（前排左三）与萧军（前排左四）、塞克（前排左二）、关沫南（左一）等人合影，丁言昭提供

骆宾基

骆宾基（1917—1994），原名张璞君，吉林珲春人，作家、学者。20 世纪 40 年代，他辗转多地从事文学与抗日救亡活动。主要作品有《边陲线上》《姜步畏家史》《北望园的春天》等，具有鲜明的东北地方色彩。他晚年致力于文字学研究。

骆宾基 13 岁时在吉林珲春读高小，1933 年到北京大学旁听，高尔基、托尔斯泰的文学作品对他鼓舞很大。1935 年暑期，他回到珲春，想去苏联读东方大学，但边境已被日本军队封锁，他只好转赴哈尔滨。

到哈尔滨后，骆宾基开始进修俄语，找机会去苏联留学。后来，他结识了金剑啸等左翼文艺青年。从金剑啸那里得知离开哈尔滨的萧军、萧红已在鲁迅的帮助下成为著名的左翼作家，他深受震动，从而下定了从事新文学创作的决心。1936 年 4 月，骆宾基得罪日本学生，该生去日本宪兵队告发骆宾基有反日情绪，于是他决定连夜逃出哈尔滨，去往上海。

可以说，如果骆宾基不来哈尔滨，就不会结识金剑啸，也就不会迅速地走上革命文学之路，以致日后发表大量的文学作品，成为一个鼎鼎有名的作家，哈尔滨可谓他的文学发祥地。也正因为他来哈尔滨，才能了解萧红，进而仰慕萧红，当萧红在香港生病住院时，他陪护在萧红身边 40 多天，并同端木蕻良一起尽心尽力处理萧红的后事。

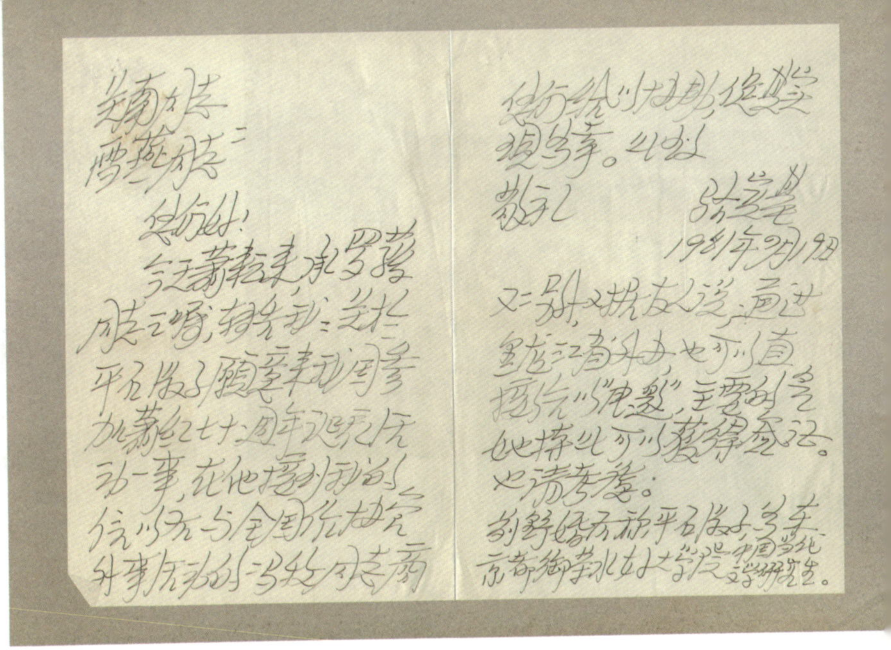

沫南同志
雪燕同志：
您好！
今天萧耘来，承罗荪同志之嘱，特告我[illegible]关于平石淑子愿意来我国参加萧红七十周年诞辰活动一事，在他[illegible]的信以[illegible]与全国[illegible]外事活动[illegible]同志商[illegible]您和作协那边联系一下[illegible]。此致
敬礼
骆宾基
1981年2月19日
又：[illegible]通过黑龙江省外办也可以直接给"洪飞"，主要的是她本人可以获得签证。也请考虑。
附：平石淑子系东京都御茶水女子大学的中国当代文学研究生。

▲ 1981 年 4 月骆宾基致关沫南、王雪燕，谈及"平石淑子愿意来我国参加萧红七十周年诞辰活动一事"，哈尔滨市博物馆"文化名人手迹馆"藏品

骆宾基再次来到哈尔滨，则是在多年后的 1981 年 6 月，他与萧军、塞克、舒群一道，来哈尔滨参加萧红七十周年诞辰纪念活动。他们与先后来到这里的梁山丁、葛浩文、平石淑子、丁言昭会合，参观萧红故居，参加研讨会，缅怀萧红。

▼ 1981 年 6 月 14 日，在哈尔滨道外区仁里街道办事处门前，陈隄（前排右一）、平石淑子（前排左四）、塞克（前排左三）、王昭（前排左二）、丁言昭（前排左一）、梁山丁（后排右二）、关沫南（后排右三）、舒群（后排右四）、骆宾基（后排右五）、葛浩文（后排左三）、萧军（后排左二）、萧耘（后排左一）合影，丁言昭提供

◀ 季羡林

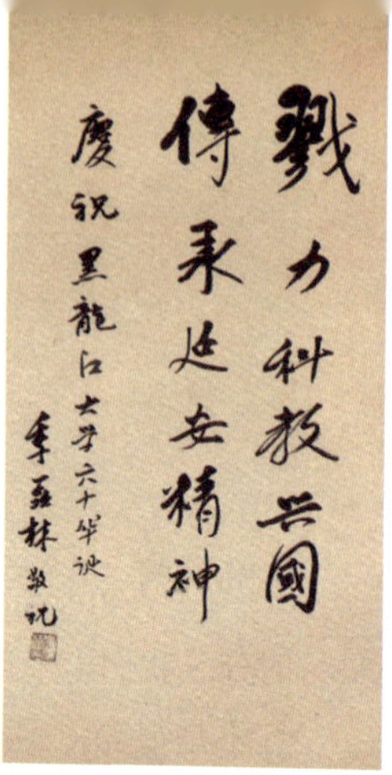

▲ 2001 年季羡林为黑龙江大学校庆题词

■ 季羡林

季羡林（1911—2009），字希逋、齐奘，山东清平康庄（今属临清）人，语言学家、翻译家、学者。毕业于清华大学，获德国格丁根大学哲学博士学位。曾任北京大学副校长。精通梵、巴利、吐火罗等多种古文字，在佛教文化、印度历史与文化、中印文化关系史等领域颇有建树，在散文创作上亦有成就。

1935 年，24 岁的季羡林获得赴德国留学的机会，8 月 31 日他与其他要留学的学生一起乘火车从北平启程，9 月 2 日早晨抵达哈尔滨，在此待了两日，便继续出发。日后，他写出《在哈尔滨》一文，详细谈论在哈尔滨的这段旅程。下面节选他所描述的部分相关文字。

他对哈尔滨的第一个印象是：“这座城市很有趣。楼房高耸，街道宽敞，到处都能看到俄国人……我们先找了一家小客店住下……这里因为白俄极多，俄语相当流行，因而产生了一些俄语译音字，比如把面包叫作‘裂巴’等等。”

随后他谈道：“我们在旅店里休息了以后，走到大街上去置办火车上的食品。这件事办起来一点儿也不费事。大街上有许多白俄开的铺子，你只要走进去，说明来意，立刻就能买到一大篮子装好的食品。主体是几个重约七八斤的大‘裂巴’，辅之以一两个几乎同样粗大的香肠，再加上几斤干奶酪和黄油，另外再配上几个罐头，共约四五十斤重，足供西伯利亚火车上约莫八九天之用……除了食品店以外，大街两旁高楼大厦的地下室里，有许许多多的俄式餐馆，主人都是白俄……服务却是热情而又周到，饭菜是精美而又便宜……我们吃过罗宋汤、牛尾、牛舌、猪排、牛排……黄昏

▲ 松花江上，一叶扁舟，远处是中东铁路桥

时分，我们出来逛马路。马路很多是用小碎石子压成的，很宽，很长，电灯不是很亮，到处人影离乱……谁来到哈尔滨，大概都不会不到松花江上去游览一番……我们几个人租了一条船，放舟中流，在混混茫茫的江面上，真是一叶扁舟。远望铁桥一线，跨越江上，宛如一段没有颜色的彩虹。此时，江面平静，浪涛不兴，游人如鲫，喧声四起。我们都异常地兴奋，谈笑风生。回头看划船的两个小白俄男孩子，手持双桨主划的竟是一个瞎子，另一个明眼孩子掌舵，决定小船的航向。我们都非常吃惊。松花江一下子好像是不存在了，眼前只有这个白俄盲童……我又抬起头来，看到松花江上，依旧游人如鲫，铁桥横空，好一派夏日的风光。”“此时，太阳已经西斜，是我们应该回去的时候了。我们下了船，尽我们所能，多给两个划船的白俄小孩一些酒钱。看到他们满意的笑容，我们也满意了，觉得是做了一件好事。”

1935 年 9 月 4 日早，季羡林一行人乘火车从哈尔滨出发，经满洲里，进入苏联境内，而后穿越西伯利亚、欧洲多国，前往目的地——德国格丁根大学，开始了留德的历程。

▼ 哈尔滨秋林公司与街道上的俄国人

▲ 靳以，摄于 20 世纪三四十年代；合影即文坛 16 人为鲁迅抬棺场景，靳以身在其中，韩斗藏品

■ 靳以

靳以（1909—1959），原名章方叙，天津人，作家、编辑。毕业于复旦大学，并在复旦大学任教。先后主编多本期刊，发表多篇作品。

1932 年，靳以从复旦大学毕业后便来到哈尔滨，帮助在这里经营五金行的父亲，在哈尔滨的这半年时间里，他了解到一些底层人物的生活，并借此创作了成名作《圣型》，后弃商从文。

后来，他写下《哈尔滨》，以下为文中部分内容：

“哈尔滨是被许多人称为‘小巴黎’的。中国人在心目中都以为上海该算是中国最繁华的城市，可是到过了哈尔滨就会觉得这样的话未必十分可信……我很喜欢那里以长方石铺成的街路。不像其他的都市一样，用沥青和沙石来造平滑的路，却多半是七寸长五寸宽的长方石块来铺路的。当着坐在马车里，马的蹄子打在路上，我十分喜欢谛听着那清脆而不尖锐得厌人的声音，那些路也是平坦的，可并不是像镜子一样的光滑。就是在道外，一条正阳街也是用这样的石块铺成的……走在这样的路上是爽快的。

▼ 哈尔滨道里地段街旧影

▲ 哈尔滨太阳岛旧影

在深夜我时常喜欢一个人在街心走着，听着自己的鞋跟踏在路上的声音。这样我愈走愈高兴，能独自走着很长的一条路……到晚上，哈尔滨的街是更美丽的。但是在这里我要说的街是指基达伊斯基大街和与它连着的那些条横街。”

对于街上的电车，他写道：“那里的电车比起上海来要好出许多许多，第一就看不见那种习于舞弊的讨厌的售票人。而车中的布置，座位的舒适和我自己所坐过的一些都市中的电车来比较，也是要居于第一位。”

他还写道：“夏日里，太阳岛是人人想去的地方……沙岸上，密密地排满了人。有的坐着，有的睡着，好多女人是用好看的姿势站在那里。那都是俄国人，穿着游泳衣，女人把绸带束在头上，笑着闹着，一些人在水中游着。有的人，驾了窄小的独木舟，用长桨左右地拨着。随时这独木舟会翻到水中去，驾船的人也会游泳着，把倾覆的船翻过来，又坐到里面去，继续地划着前进。”跟着靳以的文字，我们仿佛来到了20世纪30年代的哈尔滨。

新中国成立不久，靳以又一次来到哈尔滨，他专程去了东北烈士纪念馆，然后写了一篇《美丽的哈尔滨》。文章开篇写道：“每个初来哈尔滨的人，首先会感到它是一座美丽的城市……可是它真正的美更在于过去对敌斗争中，多少英雄在这里洒下了鲜血，使哈尔滨屹立在松花江边，革命的英气千古长存……”通过这些文字足以感受到靳以对哈尔滨的深厚感情。

1959年靳以病逝，巴金在《热情的赞歌》的序中说：“他的早逝使我们大家失去了一位优美的诗人和一个热情的歌手。”

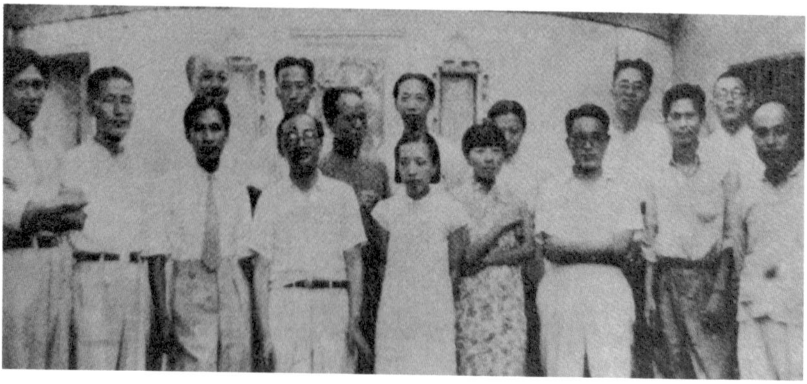

▲ 1939 年 9 月在重庆，靳以（前排左七）与萧红（前排左六）、端木蕻良（前排左一）等人合影，北京鲁迅博物馆友情提供

▼ 靳以亲笔填写的登记表，韩斗藏品

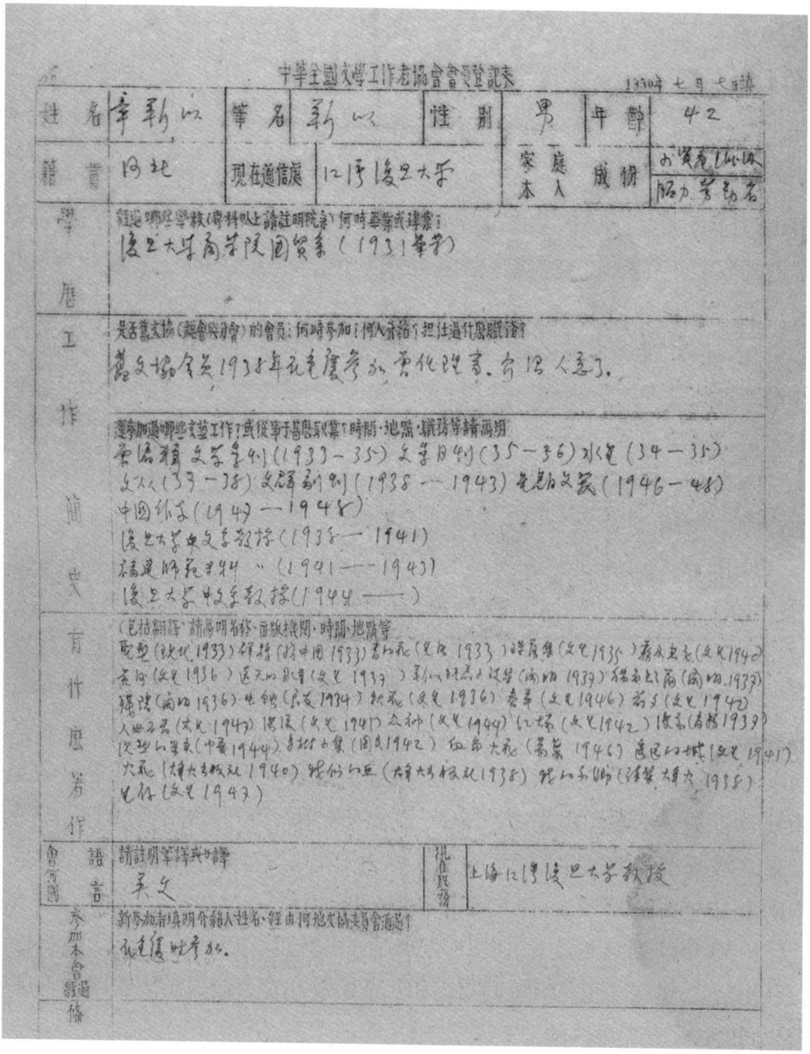

中華全國文學工作者協會會員登記表　　1950年七月七日填

姓　名	章靳以	筆　名	靳以	性　别	男	年　齡	42	
籍　貫	河北	現在通信處	江湾復旦大学	家庭 本人	成份	小资产[illegible] / 脑力劳动者		

學歷：在過哪些學校（專科以上請註明院系）何時畢業或肄業？
復旦大学商学院国贸系（1931毕业）

工作簡史：是否舊文協（總會與分會）的會員：何時參加？何人介紹？担任過什麼職務？
舊文協會员1938年在重庆参加，曾任理事。介绍人忘了。

還參加過哪些文藝工作？或從事于甚麼職業？時間、地點、職務等請寫明
[illegible] 文学季刊（1933－35）文学月刊（35－36）水星（34－35）
文丛（37－38）文群副刊（1938－1943）[illegible]文[illegible]（1946－48）
中国作家（1947－1948）
復旦大学中文系教授（1938－1941）
福建师范专科 〃（1941－1943）
復旦大学中文系教授（1944－　）

有什麼著作：（包括翻譯）請寫明名称、出版機關、時間、地點等
[illegible]（现代 1933）群鸦（新中国 1933）青的花（生活 1933）珠落集（文生 1935）[illegible]（文生 1940）
黄沙（文生 1936）远天的冰雪（文生 1937）[illegible]（开明 1937）[illegible]（开明 1937）
残阳（开明 1936）虫蚀（良友 1934）秋花（文生 1936）春草（文生 1946）前夕（文生 1942）
人世百图（文生 1943）洪流（文生 1941）众神（文生 1944）江[illegible]（文生 1942）[illegible]（商务 1939）
[illegible]（中华 1944）[illegible]（国民 1942）[illegible]（[illegible] 1946）[illegible]（文生 1941）
[illegible]（[illegible] 1940）[illegible]（[illegible] 1938）[illegible]（[illegible] 1938）
[illegible]（文生 1947）

會何國語言：請註明筆譯或口譯　英文
現在職務：上海江湾復旦大学教授

參加本會經過：新參加者填明介紹人姓名、經由何地文協委員會通過？
[illegible]参加。

條

▲ 斯诺

▲ 马迭尔宾馆旧影

▲《西行漫记》，哈尔滨光华书店 1948 年版，黑龙江大学博物馆藏品

■ 斯诺

埃德加·斯诺（1905—1972），美国人，新闻记者、作家，是第一个采访边区的西方记者。1936 年，他通过采访陕甘宁边区，写出大量通讯报道，经整理撰写出《红星照耀中国》的书稿，先后在伦敦、上海出版。

《红星照耀中国》（又名《西行漫记》）的面世，打破了国民党严密的新闻封锁，通过采访、对话、实地考察、拍摄写真照片等方式，真实地描写了陕甘宁边区全貌，更向读者展示了“星星之火，可以燎原”的真理，震动全球。

1928 年，斯诺第一次来到中国，他的职业生涯正式开始。1929 年，他曾来过哈尔滨。1933 年夏，斯诺又来到哈尔滨，住进马迭尔旅馆。

对于当时轰动一时的马迭尔绑架案中小加斯普被撕票的情景，斯诺写道：“哈尔滨，曾经是可喜的，而现在却号称为生死场了……或许世界各大城市的生活没有像这样动摇不安的了……倘若不带武器，那就到处都得冒着生命的危险，即使在白天，强盗、凶手、绑匪也是通行无阻的……我们住的马迭尔饭店的主人正在忧愁着他的失踪的儿子，一个有才能的钢琴家西蒙·加斯普。他是一位法国籍的钢琴家，他被俄国匪徒（其实是日本人指使）绑去，要求他的父亲交出三十万元的赎金，否则要砍掉他的手指。结果，被割去耳朵而且害死了。”九一八事变后哈尔滨在日伪残酷统治下呈现出来的一派肃杀态势，在其笔下可见一斑。

1960 年，斯诺再次来中国，走访了许多城市，包括哈尔滨。他在松花江上泛舟遨游，还在哈尔滨市内和儿童们及儿童公园内游乐铁路的管理员一同度过了一个愉快的下午。

▲ 周立波摄于20世纪30年代，黄兴发提供

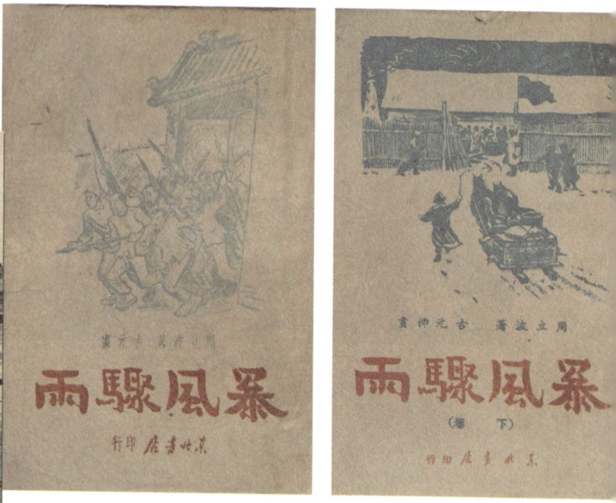

▲《暴风骤雨》，古元设计封面，哈尔滨东北书店出版，胡继东藏品

周立波

周立波（1908—1979），原名周绍仪，湖南益阳人，作家。代表作有长篇小说《暴风骤雨》《山乡巨变》。其作品有浓厚的乡土气息，笔调轻松幽默，具有民族传统特色和个人风格。

《暴风骤雨》这部曾获苏联斯大林文学奖的著名小说，就是周立波在哈尔滨撰写出来的，其初版也是由哈尔滨的东北书店付梓印刷。

周立波是1946年10月从延安抵达哈尔滨的。不久，他便响应党的号召下乡到松江省珠河县（今黑龙江省尚志市）元茂屯参加土地改革。后来，他调到哈尔滨市担任《松江农民报》编辑。随即，他便以亲身经历的土地改革工作为内容，着手撰写以土地改革为素材的小说《暴风骤雨》（上卷）。初稿仅五十多天便完成，后经过生活体验又做了修改，1948年4月在东北书店初版发行。1947年7月，周立波开始写作《暴风骤雨》（下卷）。为了使他安心创作，中共中央东北局将他安排到松花江太阳岛上的一间木房子里。

据刘白羽回忆，当年他与妻子曾到太阳岛看过周立波、林蓝夫妇。周立波给他讲小说的情节，倾听他的意见。萧军也曾在日记里记载了周立波在太阳岛上写《暴风骤雨》的情景。经过几个月夜以继日地撰写，《暴风骤雨》（下卷）初稿完成，经过修改最终在1948年12月完稿。周立波特请他在延安时的老朋友——著名版画家古元绘制了封面及插图。

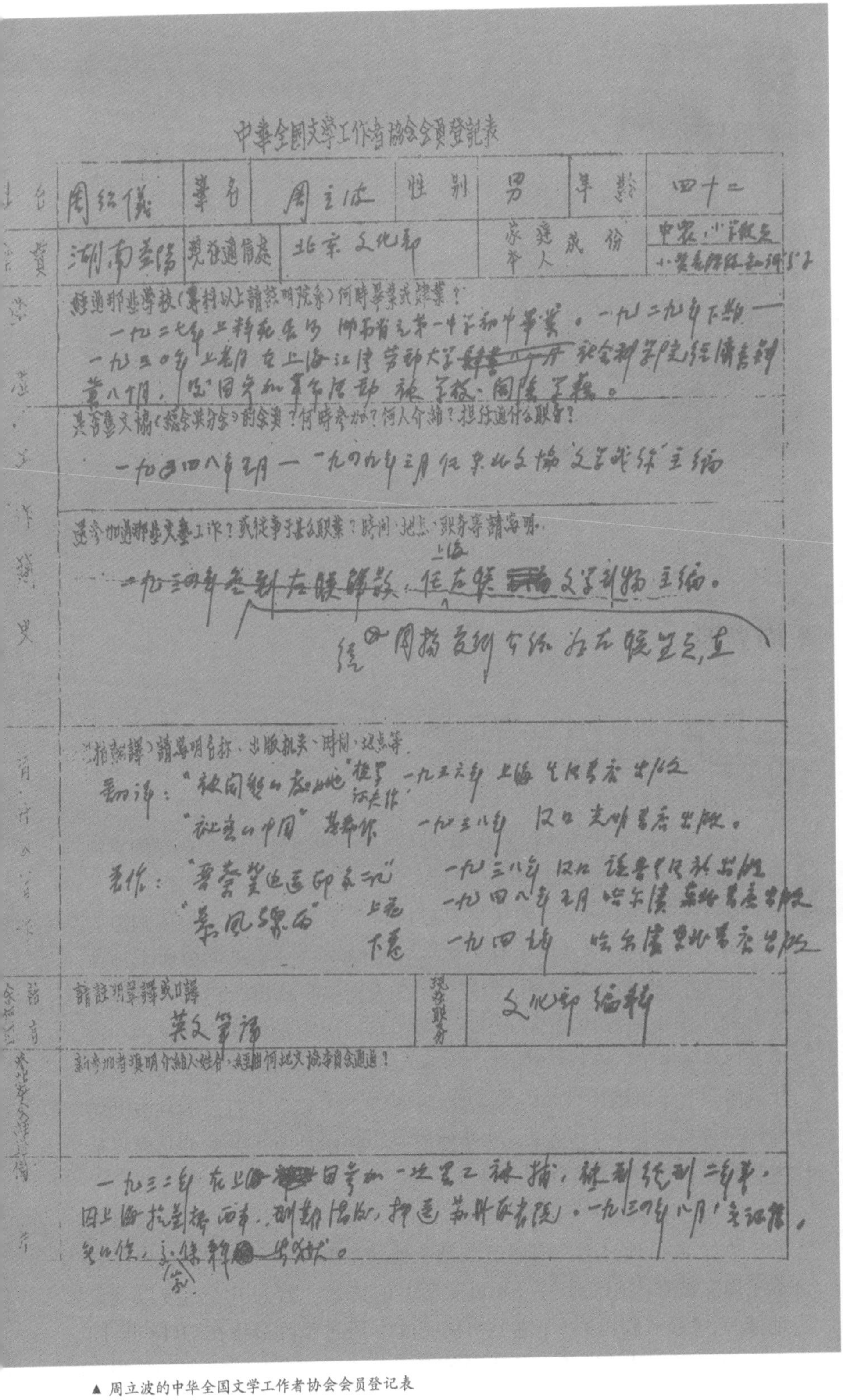

中華全國文學工作者協會會員登記表

本名	周紹儀	筆名	周立波	性別	男	年齡	四十二
籍貫	湖南益陽	現在通信處	北京文化部	家庭成份 / 本人		中農，小職員 / 小資產階級知識分子	

學歷：在過那些學校（專科以上請註明院系）何時畢業或肄業？

一九二七年上半年在長沙湖南省立第一中學初中畢業。一九二九年下期—一九三〇年上半年在上海江灣勞動大學社會科學院經濟系讀了八個月，因參加革命活動被學校開除學籍。

是否屬文協（總會與分會）的會員？何時參加？何人介紹？擔任過什麼職務？

一九四八年8月—一九四九年三月任東北文協《文學戰線》主編

文藝工作經歷：過去參加過那些文藝工作？或從事于甚麼職業？時間、地點、職務等請寫明。

一九三四年參加左翼作家聯盟，任左聯上海文學刊物主編。經周揚介紹參加左聯。

著作翻譯：請寫明名稱、出版機關、時間、地點等。

翻譯："被開墾的處女地" 蕭洛霍夫作 一九三六年 上海生活書店出版
"秘密的中國" 基希作 一九三八年 漢口天馬書店出版

著作："晉察冀邊區印象記" 一九三八年 漢口讀書生活社出版
"暴風驟雨" 上卷 一九四八年五月 哈爾濱東北書店出版
下卷 一九四九年 哈爾濱東北書店出版

語言：請註明筆譯或口譯 英文筆譯　　現在職務：文化部編輯

新參加者填明介紹人姓名，經由何地文協會員通過？

備考：一九三二年在上海參加一二八反日工作被捕，被判徒刑二年半，因上海抗戰爆發，押送蘇州反省院。一九三四年八月經保釋出獄。

▲ 周立波的中华全国文学工作者协会会员登记表

▲ 陈学昭

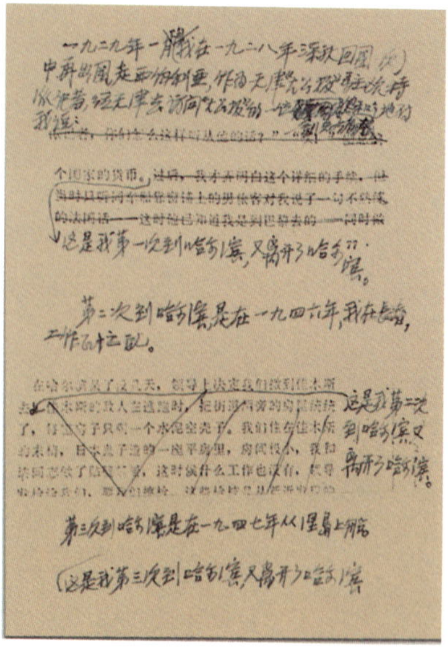

▲ 陈学昭手迹，提及几次到哈尔滨的经历

陈学昭

陈学昭（1906—1991），原名陈淑英，浙江海宁人，作家、翻译家。获得法国克莱蒙文学博士学位，曾参加过延安文艺座谈会，发表作品众多，代表作有《延安访问记》《工作着是美丽的》。

她多次来过哈尔滨，20 世纪 80 年代，应记者李兰颂约稿，她写就回忆哈尔滨的短文《永久的怀念》。

1929 年 1 月下旬，陈学昭经西伯利亚去往巴黎，曾在哈尔滨逗留。1946 年，她本在长春办报，后因局势发生变化，由长春迁到哈尔滨。陈学昭在《天涯归客》中谈到了她曾在哈尔滨学习俄语的情景："组织上又派同志来问我欢喜做些什么，我说：'要是没有工作叫我做，我就去外国语学院学俄文吧！'组织上同意了我，我就搬到外国语学院去了……我住在学校的一位女的负责同志的对面一间小房间里……每天上午我去跟学生在一起上两小时的俄文课，下午翻译巴尔扎克的一个剧本：《伏德昂》（Vautrin）……这期间我编了已发表过的十四篇短篇小说，名《新柜中缘》，由东北光华书店出版……这时，俄文我已学得可以写个简单的条子，也可以看一点文学书。"不久，因组织安排，她离开了哈尔滨去沈阳工作。

1955 年，陈学昭陪同法国哲学家萨特、波伏娃到哈尔滨、鞍山等东北城市访问。多年后，她在给李兰颂的信中写道："我想念的是哈尔滨市，我得到难忘的学习！难忘的鞭策！难忘的鼓励！"

▲《上海画报》1929年9月3日登载留法归国的陈学昭照片及报道；陈学昭手写对哈尔滨的怀念之情

▲ 1948 年草明在哈尔滨

▲ 草明著《原动力》，东北书店 1948 年初版本，胡继东藏品

■ 草明

草明（1913—2002），原名吴绚文，笔名褚雅明、草明女士，广东顺德（今佛山顺德区）人，作家。著有长篇小说《火车头》《乘风破浪》、中篇小说《原动力》等。

《原动力》以东北解放初期工业发展为背景，通过对工人们艰辛历程的描写，歌颂了新中国工人不畏艰难、勇于探索、勇于创造的奋斗精神。

1946 年 5 月，从延安来的著名左翼作家草明抵达哈尔滨。在哈尔滨工作一段时间后，她决定去工厂。1947 年 5 月，草明深入牡丹江镜泊湖发电厂体验生活，与工人同吃同住。1948 年春节过后，草明便在哈尔滨开始动笔写《原动力》。不久，《原动力》完成，这部中篇小说不到 10 万字，集中描写了东北工业战线上的不少劳动模范和劳动英雄的事迹。《原动力》虽然主要以镜泊湖水电站的人物、事件为素材，但是也加入了小丰满水电厂的故事。当时，哈尔滨正在筹备第六次全国劳动代表大会，因此东北书店加紧排版，《原动力》终于在大会召开期间分赠到工人代表手中。1949 年 12 月，茅盾给草明写信："《原动力》在政治上把握得正确，那是一眼就看得见的。其次，它写的是典型环境中的典型人物典型事件……"

1992 年，诗人艾青夫人高瑛介绍笔者去拜访草明，记得她一听我是哈尔滨来的，眼睛立时一亮，马上就问我家住哪条街上。又听我说是黑龙江大学的，她立刻又问："你知道王季愚吗？"

▲ 草明著《解放区散记》，东北书店 1949 年版；《第六次全国劳动大会汇刊》，东北书店 1949 年版，胡继东藏品

▼ 贺年片为冰心寄赠草明，落款“冰心拜年”，韩斗藏品；1992 年草明在京中寓所，笔者摄

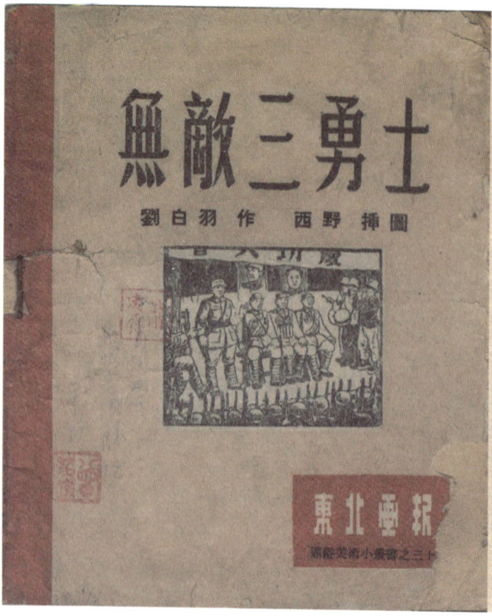

▲《无敌三勇士》，东北画报社 1946 年版，胡继东藏品

▲ 刘白羽在哈尔滨

刘白羽

刘白羽（1916—2005），北京人，小说家、散文家。曾任新华社随军记者，参加多次战役。后任中国作协副主席、文化部副部长等职。发表多篇小说、报告文学、散文等。

1946 年，刘白羽作为新华社随军记者，参加辽沈、平津战役和渡江作战。他的妻子汪琦则在《东北日报》工作。他们在哈尔滨的家，就在火车站不远处的霁虹桥边《东北日报》办公楼内。在那里，他们经历了战火考验，度过了三年时光。此间，刘白羽多次往返前线，他们夫妇数度在霁虹桥上道别。

在这期间，他写成纪实报告文学《环行东北》，首次向国民公开地披露了东北解放区政治、军事与民生状况。在《环行东北》中，关于哈尔滨，他专门写了一部分内容，即“哈尔滨也翻了身”。他充满激情地写了哈尔滨市民对民主联军的拥戴之情，描述了城市秩序的稳定与市场的繁荣景象。他在最后写道：“哈尔滨，带着她的一切美丽，今天以她的胸膛、臂膀，在捍卫东北人民了，我虽然离开她，最后黄昏苍茫中，还舍不得地瞥视着松花江，但我知道，以哈尔滨往日的无畏，她永远是不会屈服，永远是光荣与美丽的。”

书中还介绍了杨靖宇、赵尚志、李兆麟、周保中、冯仲云、赵一曼、

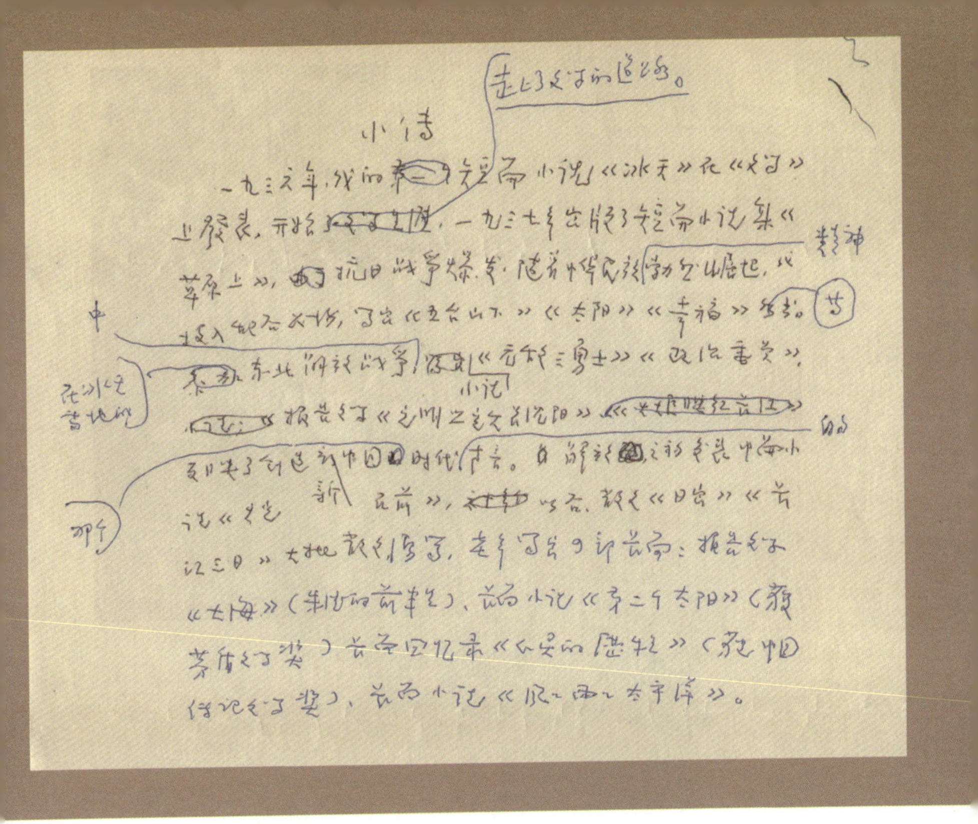

▲ 刘白羽自写小传（提及“冰天雪地”和《无敌三勇士》），哈尔滨市博物馆“文化名人手迹馆”藏品

于天放等抗联名将艰苦卓绝、不畏强暴的英雄事迹与抗争精神。刘白羽感慨地写道：“十几年来，东北人民真是光荣的，在那样残酷条件下，作了斗争，死也不怕。”“行走在鸭绿江到松花江一片土地上，我处处呼吸着东北人民英雄的气氛。”

1991年盛夏时节，刚刚以长篇小说《第二个太阳》获得茅盾文学奖的刘白羽偕夫人汪琦故地重游，住进马迭尔宾馆。伫立在霁虹桥上，刘白羽百感交集，作诗一首：“冰雪烽烟往日情，霁虹桥上费叮咛。魂系萦梦魂难断，泪渍难温泪更倾。不舍死生离索苦，焉能重见笑轻盈。堪怜白发寻踪迹，万里红霞放早晴。”

刘白羽感慨地对贾宏图说道：“哈尔滨是美丽的，尤其是在冬天，整个城市是纯洁的白色，那时中央大街两旁的小巷都是俄罗斯式的院落，屋顶是白色的，板墙是绿色的，经常有马车在街上跑过，响起一阵铃声，卷一片雪雾。”

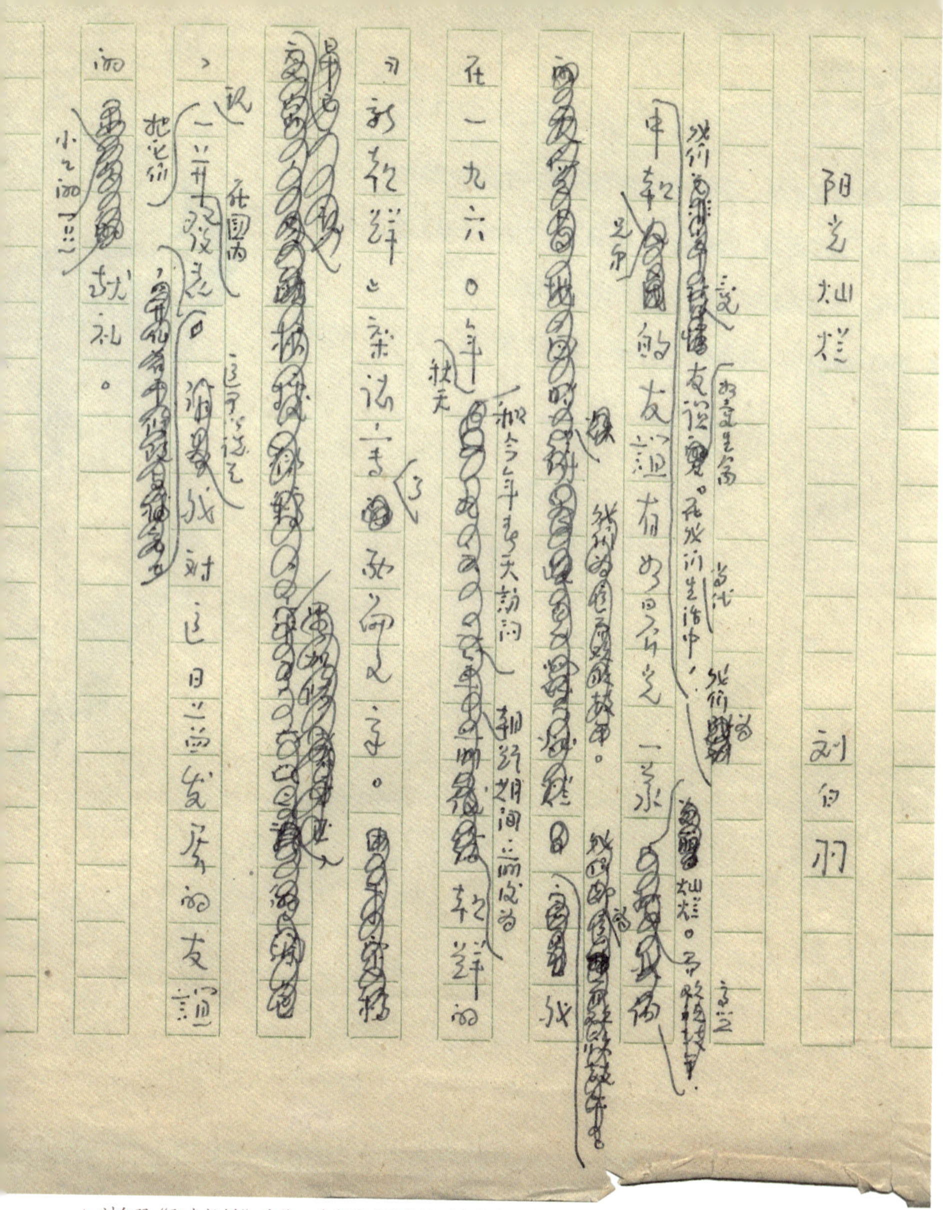

阳光灿烂

刘白羽

▲ 刘白羽《阳光灿烂》手稿，哈尔滨市博物馆“文化名人手迹馆”藏品

▼ 刘白羽在讲述往事

▲ 上方街景，霁虹桥旧影。图中左上方铅笔状高楼，即《东北日报》办公楼，当年刘白羽的家与办公室都在这里

中间左图，刘白羽、汪琦夫妇合影，1947 年摄于哈尔滨，贾宏图提供；中间右图，刘白羽、汪琦夫妇与军旅作家胡世宗三人合影，1991 年 7 月 9 日摄于哈尔滨呼兰萧红故居，胡世宗提供

下方两张刘白羽挥毫时的照片，1991 年 7 月 9 日摄于哈尔滨马迭尔宾馆，时任黑龙江日报报业集团社长贾宏图（戴礼帽者）提供

▲ 周而复

▲《东北横断面》

周而复

周而复（1914—2004），原名周祖式，安徽旌德人，小说家。作品种类广泛，代表作有长篇小说《上海的早晨》等。

抗战胜利后，周而复以新华社和《新华日报》特派员身份抵达哈尔滨进行采访，写出《东北横断面》《松花江上的风云》。

2000 年 1 月，周而复又到哈尔滨，参加中共哈尔滨市委宣传部与黑龙江大学联合举办的“名家留韵——当代名家书画展”开幕式与《名家留韵》一书首发式。在哈尔滨报业大厦，周而复与先期抵达的薛永年、梁晓声、刘世龙、陈振濂、梅墨生等作家、学者汇聚一堂。在那里，他过了生日，吃上了生日蛋糕、生日面，很开心。开幕式、首发式过后，周而复来到南岗的博物馆广场，不无遗憾地叹道：“可惜了，多么有特色的‘喇嘛台’呀，而今不见了。多年前我就住在这附近的一栋黄房子里，几乎每天都从它身边走过，半个世纪过去了，它没了，好在我们还在。”在松花江畔，他兴致盎然，连连说：“这里还是那么美。”天气寒冷，他被劝到车上，看着远处的江畔餐厅、哈尔滨铁路江上俱乐部，深情地说：“还是老样子，但赋予了新气象，这座城市因松花江而美好。”三天后，周而复离开了哈尔滨。他留下了赞美、期许哈尔滨的墨迹。

人稱哈爾濱為東方巴黎
希望哈爾濱像巴黎一樣
重視和發展文化藝術建
設社會主義精神文明

周而復

▶
2000年1月3日，在哈尔滨报业大厦，周而复在观看“名家留韵——当代名家书画展”，笔者摄

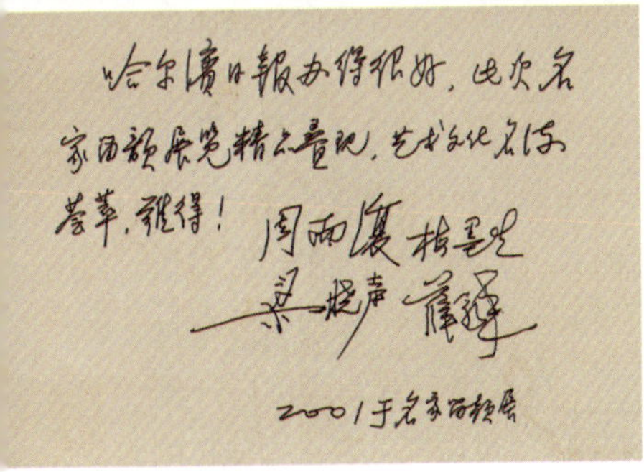

哈尔滨日报办得很好，此次名家留韵展览精品叠现，艺术文化名流荟萃，难得！
周而复 梅墨生
梁晓声 薛永年
2001于名家留韵展

▲ 2000年1月3日，哈尔滨报业大厦。左上图合影，左起为刘世龙（电影《英雄儿女》王成扮演者）、周而复、梅墨生（书画家、评论家）、薛永年（中央美术学院博士生导师），笔者摄
右上图合影，周而复生日宴，左起为薛永年、周而复、梁晓声、刘世龙。笔者摄
左下图手迹，周而复、梅墨生、梁晓声、薛永年联名题字，曾发表于2001年1月6日的《哈尔滨日报》
右下图合影，左起为梅墨生、薛永年、周而复、梁晓声，笔者为

▲ 东北烈士纪念馆旧影

◀ 郑振铎

■ 郑振铎

郑振铎（1898—1958），笔名西谛、郭源新，福建长乐（今福州市长乐区）人，作家、文学史家。曾任燕京大学、暨南大学等校教授，致力学术研究，发表多篇作品。

1949 年 3 月 29 日下午，郑振铎与郭沫若、茅盾、田汉等文学家、艺术家组成世界保卫和平大会代表团，从北平火车站乘专列前往哈尔滨，再从此地转车赴莫斯科，去布拉格参会。

1949 年 3 月 31 日上午 10 点，郑振铎随代表团抵达哈尔滨，入住马迭尔旅馆，在午餐后到松花江边及东北烈士纪念馆参观。根据《郑振铎日记全编》的记载，他对参观颇有感触，特别是在松花江边。“六时许，回旅馆，住 136 号……丁玲、古元均已来，谈了很久。”丁玲在当日写给爱人陈明的信中也提及代表团到达哈尔滨的当天，她曾带儿子蒋祖林到郑振铎在马迭尔旅馆的房间探访，信中特意提到与郑振铎是“久别重逢”。据《郑振铎日记全编》的记载，1949 年 4 月 1 日上午 10 点，代表团到兆麟公园参加群众大会，与会者有三万多人。下午 4 点左右，代表团在哈尔滨火车站登上专列，向北驶去。

1949 年 5 月 14 日上午 8 点，参加完大会的代表团回到哈尔滨，到车站迎接的人很多，田汉进行了讲话、致辞，进一步激发了哈尔滨市民的爱国

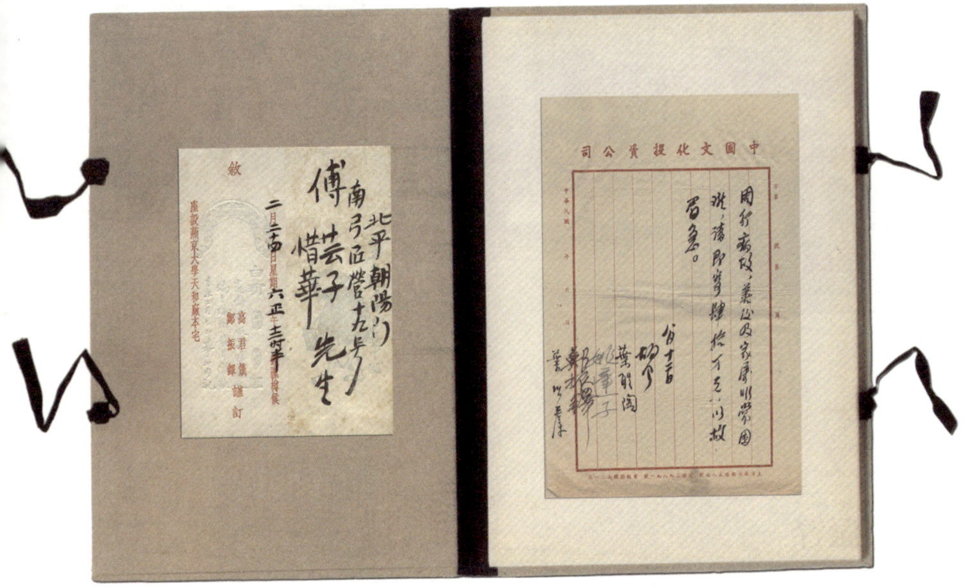

▲ 郑振铎、高君箴夫妇致傅芸子、傅惜华请柬，哈尔滨市博物馆“文化名人手迹馆”藏品

▲ 胡风起草的致“文协”负责人老舍的文书一件。在胡风署名之后，叶圣陶、姚蓬子、郑振铎、叶以群相继亲笔签名。哈尔滨市博物馆“文化名人手迹馆”藏品

热情。10 点，他们抵达马迭尔旅馆，郑振铎与曹禺同住一室。5 月 15 日上午 9 点半，代表团成员到兆麟公园对欢迎群众讲话，郑振铎是第三个讲话的人。据其日记，因久不讲演，他颇有声嘶力竭之感。会后，代表团成员都分组到各校讲演，他则到东北书店买书。晚上 8 点，他赴南岗铁路俱乐部开晚会，晚会有跳舞、说大鼓、相声、武术，程砚秋唱了一出，戴爱莲跳了一曲。5 月 16 日，郑振铎到秋林公司购物。下午 2 点，他出发游松花江。晚上，他与钱三强、裴文中、翦伯赞等谈到近午夜，才回房间休息。郑振铎在日记里感慨地讲，在哈尔滨整整三天，道里、道外、南岗总算都游了一遍。5 月 17 日上午 9 点，代表团登车离开哈尔滨。

▲ 马迭尔宾馆旧影

◄ 田汉

■ 田汉

田汉（1898—1968），原名田寿昌，湖南长沙人，戏剧活动家、剧作家、诗人。《义勇军进行曲》的词作者即为田汉，生平著述颇丰，有《田汉全集》行世。

1949 年 3 月 31 日上午，田汉随世界保卫和平大会代表团抵达哈尔滨，而后由哈尔滨出发从满洲里出境，经莫斯科，前往巴黎。

1949 年 3 月 29 日，代表团从北平启程。在北平火车站及天津站，代表们都受到热烈的欢送与祝福。田汉在《为持久和平而战》中写道，当欢送的人们喊出“请代表们把中国人民的反帝经验和胜利的信心一块带到巴黎”时，团长郭沫若立即回应：“我们将兢兢业业，不辱使命。”快到哈尔滨时，田汉在《为持久和平而战》中慨叹：“看窗外，啊！好一片雪地冰天！春，还睡在松花江支流的银被子下面。双城子车站像一座美丽的宫殿。”田汉还写道：“到哈尔滨。那一天日暖风高，站外的红旗吹得像海潮的咆哮；万千张嘴喊着热情的口号，是光荣，是鼓励。”他与代表团的其他成员们一道，住在中央大街的马迭尔旅馆，他们游览了松花江，参观了东北烈士纪念馆。4 月 1 日，田汉随代表团离开哈尔滨前往苏联。

5 月 14 日上午 8 点，代表团由苏联回到哈尔滨，迎接的人很多，田汉与陈家康分别讲话、致辞。田汉随代表团在哈尔滨停留了三天，他尽情游览了市容。5 月 17 日上午 9 点，代表团全体成员登上列车，离开哈尔滨前往北平。

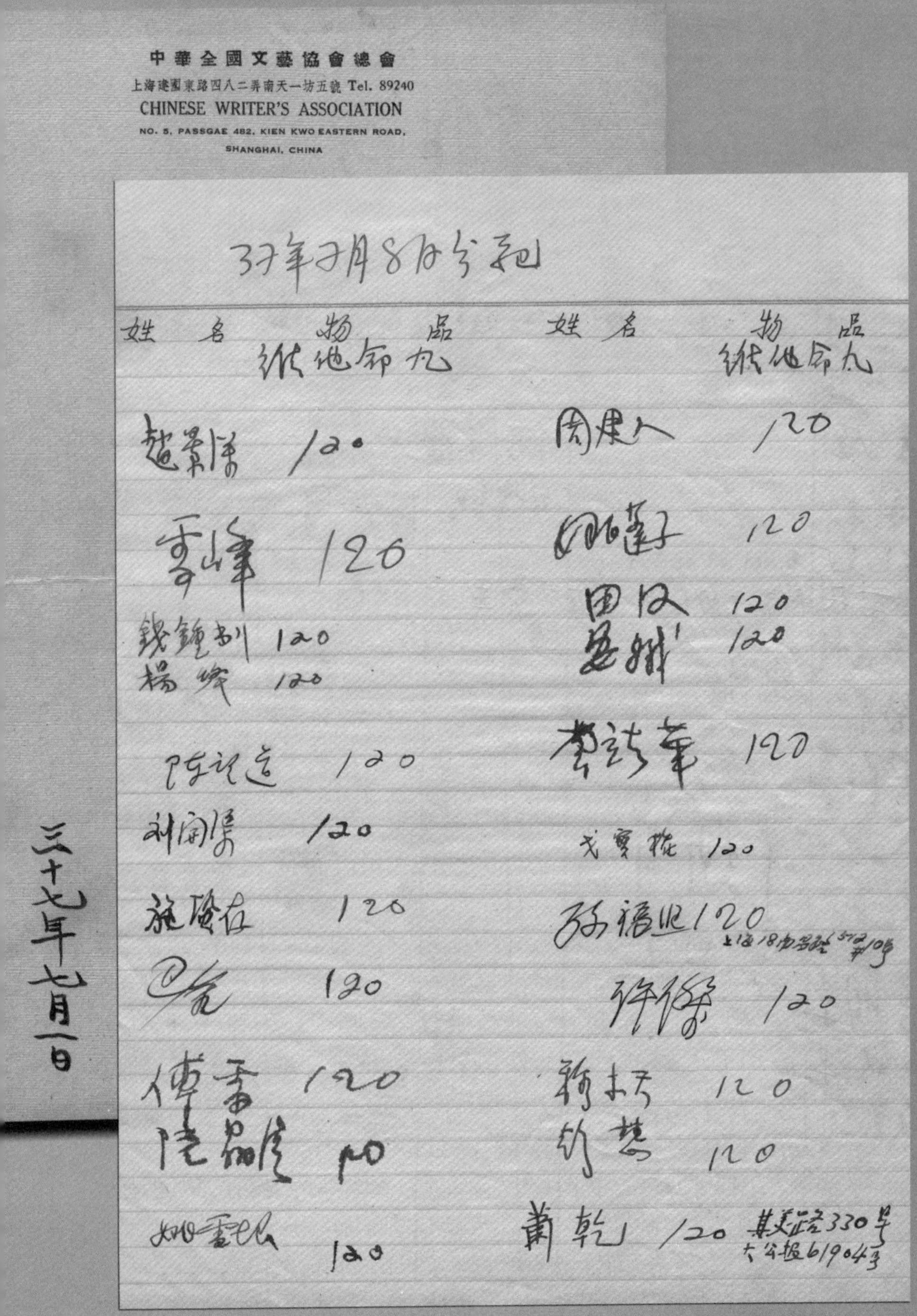

中華全國文藝協會總會
上海建國東路四八二弄南天一坊五號 Tel. 89240
CHINESE WRITER'S ASSOCIATION
NO. 5, PASSGAE 482, KIEN KWO EASTERN ROAD,
SHANGHAI, CHINA

37年7月8日分配

三十七年七月一日

姓名	物品 维他命丸	姓名	物品 维他命丸
赵景深	120	周建人	120
雪峰	120	姚蓬子	120
钱锺书	120	田汉	120
杨绛	120	安娥	120
陈纪滢	120	[illegible]	120
刘海粟	120	戈宝权	120
施蛰存	120	孙福熙	120
巴金	120	许杰	120
傅雷	120	靳以	120
陆晶清	120	[illegible]	120
姚雪垠	120	萧乾	120 其美路330号 大公报619043

▲ 田汉、安娥夫妇在中华全国文艺协会总会发放的“维他命丸”收到单上的签名，黑龙江大学博物馆藏品

▲ 茅盾

■ 茅盾

茅盾（1896—1981），原名沈德鸿，字雁冰，浙江桐乡人，作家、社会活动家。他为建设社会主义文化、团结壮大革命文艺队伍、促进中外文化交流作出了卓越贡献，茅盾文学奖就是以他的名字命名的。代表作有长篇小说《子夜》等，有《茅盾全集》行世。

1948 年深秋，在香港的茅盾北上赴哈尔滨。他于 1949 年 1 月 7 日抵达大连，后转乘火车到达沈阳、哈尔滨，入住马迭尔旅馆。到哈尔滨后，他游览了市容，并参观了位于一曼街的东北烈士纪念馆。茅盾原本打算在哈尔滨住上一阵，但由于形势发展等因素，在马迭尔旅馆仅住了四天，便返回沈阳，随即南下赴北平。

1958 年 6 月，茅盾又来到哈尔滨，他是以文化部部长兼中国作家协会主席的身份来哈尔滨视察工作，中国作家协会党组副书记、《诗刊》编委郭小川陪同视察。他们来到哈尔滨市工人文化宫，参观了正在展出的哈尔滨第一工具厂“萌芽”文学小组作品，予以高度赞扬。他们还前往哈尔滨第一工具厂，与“萌芽”文学小组成员进行了座谈。茅盾在哈尔滨期间与黑龙江省部分业余作家见面并讲话，鼓励他们写小说、写诗歌、写回忆录。

▶

右页上图合影，茅盾（中）、郭小川（左）与时任黑龙江省文联主席的延泽民。右页下图合影，1958年6月在松花江畔，茅盾（中）与郭小川（右）、严辰，远景是松花江铁路桥。王聪慧（哈尔滨收藏家）提供

述、大文

參、本、第一個感想

庵 一反映新方向的

把上面從的那些

小畫、小畫、

中包括長篇

插青 十二月 五年 十三日

有些女 影响

我用仁

為基本、傳播的

請斟酌、指教

安震、

姚、江、

▲ 1948 年丁玲在哈尔滨，姜本利提供

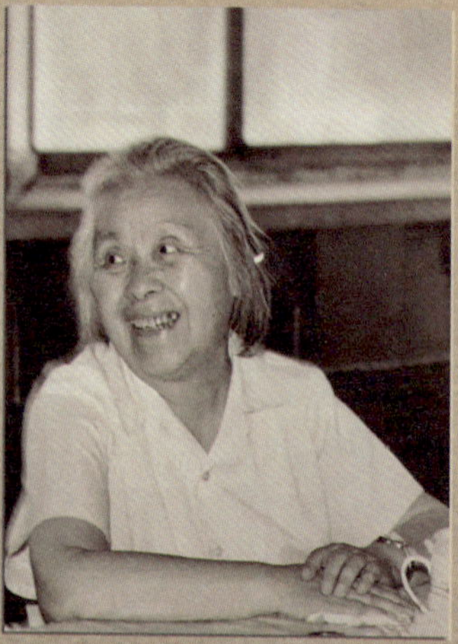

▲ 1981 年丁玲在哈尔滨，刘永祥拍摄并提供

■ 丁玲

丁玲（1904—1986），原名蒋伟，字冰之，湖南临澧人，作家。代表作长篇小说《太阳照在桑干河上》，获苏联斯大林文学奖金二等奖，有《丁玲全集》行世。

据《丁玲年谱长编》记载，1948 年 7 月 31 日晚，丁玲到达哈尔滨，她原准备自此转道赴匈牙利首都布达佩斯，去参加世界民主妇女第二次代表大会，因大会延迟，只好暂留哈尔滨。她住在南岗奉天街（今铁岭街）东北局妇委一座二层小楼里。9 月，丁玲的《太阳照在桑干河上》平装本由光华书店出版，在哈尔滨印了五千册。9 月初，她偕蒋祖林（丁玲之子，当时在哈工大读书）租船过江，去太阳岛看望周立波、林蓝夫妇。10 月初，她前往哈尔滨一学校礼堂，以《同青年朋友谈谈旧影响》为题做讲演。10 月 29 日，她参加《文学战线》编辑部召开的《太阳照在桑干河上》座谈会。刘芝明、周立波、严文井、舒群等参加。严文井认为这是一部好作品，提了一点儿意见。11 月 9 日晚，丁玲携《太阳照在桑干河上》随中国妇女代表团从哈尔滨乘火车启程出国。

1949 年 1 月 9 日，中国妇女代表团回到哈尔滨，随后丁玲前往沈阳。3 月 30 日，丁玲与古元从沈阳回到哈尔滨，随世界保卫和平大会代表团

▲ 马迭尔宾馆旧影，鲁迅之子周海婴摄于1949年，哈尔滨马迭尔宾馆提供

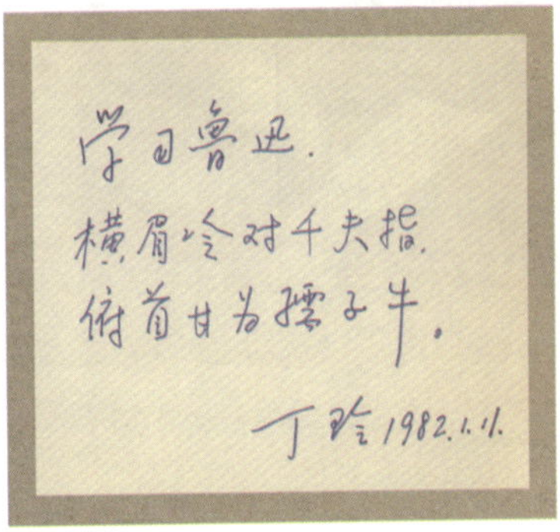

▲ 丁玲题字，哈尔滨市博物馆“文化名人手迹馆”藏品

赴布拉格参会。5月14日，代表团回到哈尔滨。5月15日，丁玲参加了在兆麟公园举行的盛大欢迎会并讲话。

她再次来到哈尔滨，是在1958年6月13日，因计划入住的国际饭店客满，便前往哈尔滨旅社（今马迭尔宾馆），恰巧被安排在1949年春天她曾住过的那一间，房间依旧是明亮且华丽的。又过去二十多年，1981年6月，丁玲与爱人陈明抵达哈尔滨，他们准备前往黑龙江汤原农场探访故旧。

▶ 丁玲题赠好友李又然，李兰颂提供

▲ 艾青在斟酌诗句，高瑛（艾青夫人）提供

▲ 黑龙江大学中文系主任周艾若（周扬之子）在家中接待艾青，周霏霏（周艾若之女）提供

艾青

艾青（1910—1996），原名蒋正涵，号海澄，浙江金华人，诗人。“七月派”代表诗人，著有诗集《大堰河》《北方》《向太阳》等。

1979年8月，艾青和夫人高瑛应邀来哈尔滨写作、参观，住在和平邨宾馆，长达一月有余。此次在哈尔滨，艾青几乎每天早起，赶写诗稿，作诗《知了歌》《听，有一个声音》《太阳岛》《失去的岁月》等。

1979年9月7日，黑龙江省文联、作协黑龙江分会、黑龙江人民广播电台在哈尔滨展览馆剧场举办“艾青诗作朗诵会”，艾青本人出席并上台致辞。这次活动是新中国成立以来举办的第一次大型个人专题朗诵会，盛况空前。虽然下了大雨，但是座无虚席，而且人越来越多，过道上都站满了人。散场时，人们久久不愿离去。随后，哈尔滨市文联和黑龙江大学又请艾青做了文学讲座。黑龙江大学中文系78级校友徐江善的日记有载：黑龙江大学的讲座定在下午两点半，但不到中午12点，就有同学到场等待，开讲时有许多人都站在后排。

艾青曾对老友李又然之子李兰颂讲，他最早一次来哈尔滨是1958年，曾到哈尔滨买过农具，1978年访大庆油田时也曾在哈尔滨中转，做短暂停留，而这次来哈尔滨停留的时间最长。此后的1985年7月，艾青作为中国散文诗学会名誉会长再次来到哈尔滨，应邀出席中国散文诗学会在哈尔滨召开的首届年会。

艾青对哈尔滨颇为怀恋，曾对笔者慢条斯理地说道：“我最喜欢吃哈尔滨秋林的大列巴、奶酪，还有马大哈鱼。”他稍一停顿后予以更正：“大哈马鱼，喔，大马哈鱼。”随即，他挥笔写下：“想念哈尔滨，哈尔滨是一个美丽的城市！”

想念哈尔滨
哈尔滨是一个美丽的城市

艾青
1989年1月8日

▲ 1979 年夏，在哈尔滨和平邨宾馆，艾青、高瑛夫妇与来访的延泽民（前排左二）、杨角（前排右二）、关沫南（前排右一）、沙鸥（前排左一）、杨力（二排左二）等人合影留念，高瑛提供

▲ 1979 年夏，在哈尔滨和平邨宾馆，艾青、高瑛夫妇与来访的老友之子李兰颂（左二）、作家沙鸥（左一）合影留念，李兰颂提供

▼ 艾青像，笔者摄于 1988 年元旦

▼ 艾青手迹

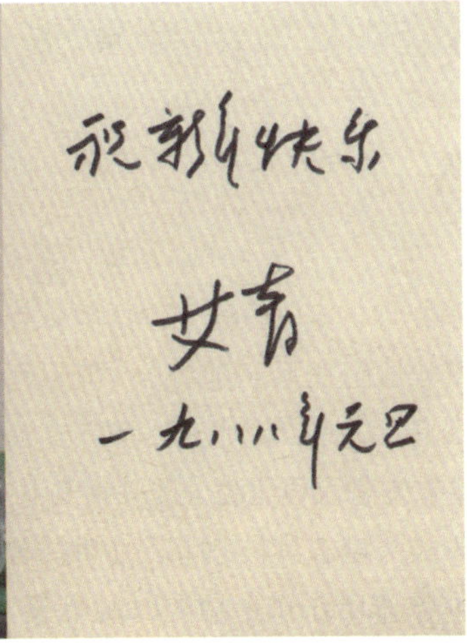

▲ 艾青（左）、李又然（右）合影，李兰颂提供

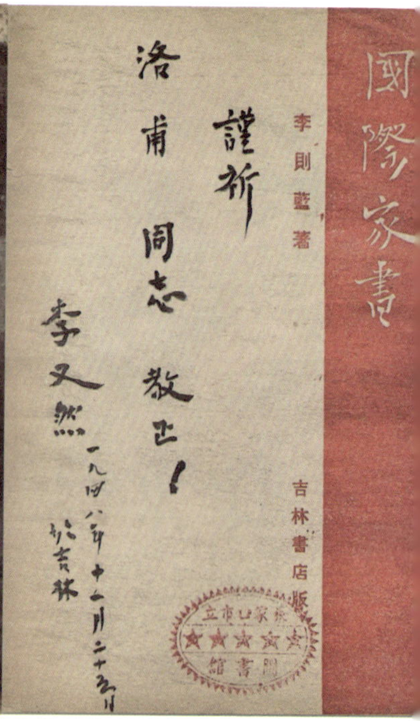

▲《国际家书》，李又然 1948 年深秋题赠洛甫（即张闻天），李兰颂提供

李又然

李又然（1906—1984），原名李家齐，浙江慈溪人，作家。曾改名李则蓝，留学法国，后到延安。

1945 年 8 月底，李又然从延安赴华中，途中改赴东北，1946 年年初抵达中共中央东北局北满分局驻地宾县。1946 年 7 月，李又然回到哈尔滨（4 月 28 日，哈尔滨被东北民主联军解放），10 月当选中华全国文学艺术工作者协会东北总分会常委，随后受聘为哈尔滨大学文艺学院院长，同时兼任哈尔滨《文艺》周刊、《文艺月报》主编，并为《东北日报》《哈尔滨日报》等多家报刊撰文译稿。1948 年 11 月，李又然散文集《国际家书》（署名李则蓝）由吉林书店推出，1949 年 1 月，《哈尔滨日报》连续三日刊载。

李又然曾对儿子李兰颂说："有一首是长诗，是在行军路上听说有一位警佐，不愿再为日寇做事，杀死日方上司，起义了，自己也壮烈牺牲，很

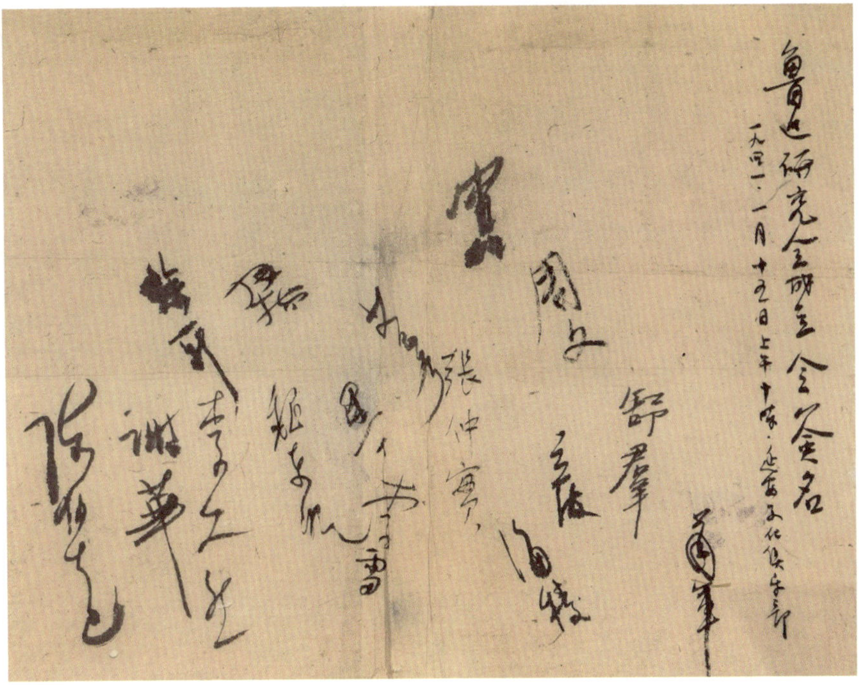

▲ 李又然 1941 年元月在延安鲁迅研究会成立会上与周扬、萧军、艾思奇、周立波等一同签名，哈尔滨市博物馆“文化名人手迹馆”藏品

感动，访问了他的遗属，在哈尔滨附近宾县停下来时写的。挂号寄往哈尔滨。那时东北还很混乱，挂号信也不知下落。我没有留底稿，又因为长，背不出来，永远不见了。”

在晚年，李又然对哈尔滨充满眷恋之情，他笔耕不辍，在 1981 年至 1983 年相继为《哈尔滨日报》副刊《太阳岛》“我和哈尔滨”专栏撰写《我也幸福》，作诗《挽留》，并应约为《黑龙江日报》副刊《天鹅》作诗《我也喜欢》，为《黑龙江文艺》月刊撰写文学回忆录《丁玲》。中国作家协会黑龙江分会《北方文学》月刊也相继发表了他的诗作《又是一个刘胡兰》《萤火虫》《鹰和鸡》。李又然去世后，根据他本人及家属意愿，其骨灰撒布在生活、工作和战斗过城市的黄浦江、钱塘江，还有松花江。

▲ 法捷耶夫

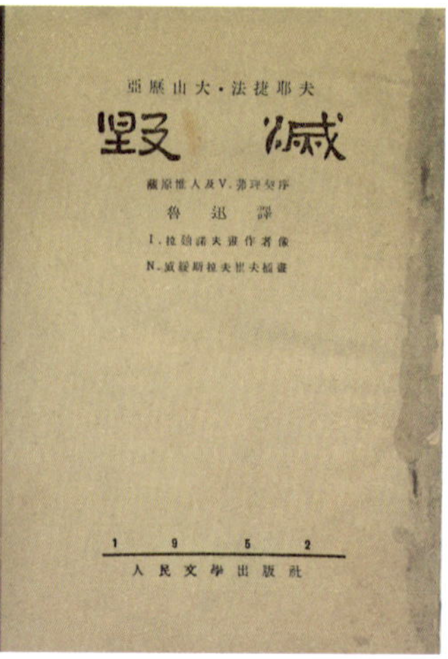

▲ 法捷耶夫作品《毁灭》中译本

▲ 法捷耶夫作品《青年近卫军》中译本

■ 法捷耶夫、萧三

法捷耶夫（1901—1956），苏联作家，曾负责苏联作家协会领导工作，代表作品有《毁灭》《青年近卫军》等。

萧三（1896—1983），又名爱梅，字子暲，笔名埃弥·萧等，湖南湘乡人，诗人、翻译家。他与法捷耶夫在1930年结识，两人是多年的朋友。

1949年9月下旬的一个晚上，法捷耶夫率领苏联文化代表团从莫斯科经过西伯利亚、满洲里，到达哈尔滨火车站。萧三事先从北京赶到哈尔滨，在站台上迎接苏联贵宾。据萧三所撰《中苏文学之间的友谊》一文的记载，萧三与法捷耶夫一见面就热烈拥抱，法捷耶夫对与老朋友在哈尔滨重逢感到格外高兴，大声说道："多少次和你说过，要到中国来的，现在果然来了……"萧三在文中写道："听到他那为人所熟悉的乐观的笑声，和他同来的人都笑了，都觉得有此同感。"此次法捷耶夫率领苏联文化代表团和艺术表演队来中国，是要赶往北京参加中华人民共和国开国大典。

萧三在《中苏文学之间的友谊》中谈道："法捷耶夫是一个政治思想和文化修养都很高的作家……法捷耶夫从中国回去之后即在苏联作家协会里组织了一个中国文学小组，自己任组长，吸收了许多苏联著名作家与汉学家、翻译家参加。"令人遗憾的是，法捷耶夫——这位苏联文坛的领袖人物，因不堪重病和精神抑郁，在1956年自杀身亡。

萧三素以诗人名世，其实他还是中共早期党员，1923年他到莫斯科东方大学学习，1924年回国后从事中共党团组织的领导工作，1928年再度赴苏联，在莫斯科东方大学任教。萧三用中文与俄文撰写了大量诗歌、散文、小说、报告文学，竭力宣传中国革命。萧三的名字在苏联文坛及苏联的文学爱好者中影响甚大。

▲ 萧三手迹及照片，哈尔滨市博物馆“文化名人手迹馆”提供

▼ 萧三手迹（落款“萧、叶及孩子们”），韩斗藏品

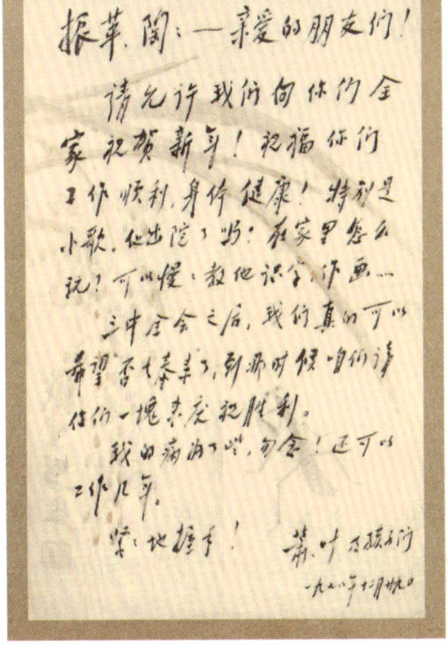

振革、闵：—亲爱的朋友们！

请允许我们向你们全家祝贺新年！祝福你们工作顺利，身体健康！特别是小歌，他出院了吗？在家里怎么玩？可以慢慢教他识字、作画……

三中全会之后，我们真的可以希望否极泰来了，到那时候咱们该你们一块来庆祝胜利。

我的病消了些，勿念！还可以工作几年。

紧紧地握手！ 萧、叶及孩子们

▼ 萧三及其夫人叶华（苏联人），韩斗藏品

▲ 萨特签名照，杨伟东收藏并提供

▲《萨特和波伏娃对新中国的观感》书影

■ 萨特、波伏娃

萨特（1905—1980），法国人，作家、哲学家，存在主义主要代表之一。创办了《现代》杂志，其著作《存在与虚无》一经出版即引起轰动。

波伏娃（1908—1986），法国人，存在主义学者、作家。1929 年与萨特相识，而后志同道合，相爱半个世纪。发表作品《第二性》，成为美国畅销书；以《一代名流》获得法国最高文学奖龚古尔奖。

萨特与波伏娃是1955 年来中国的，他们抵达北京后行程的第一站便是哈尔滨。9 月至 10 月，他们在曾留法并获文学博士学位的女作家陈学昭的陪同下，在中国访问了 45 天。《天涯归客》一书谈到了此次访问："陈学昭和作协外事处的一个年轻翻译一道，陪萨特和特波娃（即波伏娃）去哈尔滨、鞍山、抚顺、北京、广州、武汉、上海、杭州等，一直到快国庆才返回北京。"陈学昭本人则在《一九五五年夏天在北京》一文中谈道："萨特和波伏娃到京后，陪他们先到东北哈尔滨、鞍山、抚顺等地，参观了汽车厂、钢铁厂、煤矿……及风景区……接着，我陪他们往广州、杭州、上海走了一圈，参观了古迹、名胜、丝绸厂、茶区……"

▲ 从左至右，陈学昭、波伏娃、萨特在东北

▲ 萨特、波伏娃在天安门观礼台参观国庆典礼，翻拍自《天涯归客》

1955 年 11 月 2 日，萨特在《人民日报》上发表了《我对新中国的观感》，1955 年 12 月又在《法兰西观察家》周刊上发表了《我们所见到的中国》，而波伏娃则在 1957 年推出《长征》一书。他们二人从政治、军事、经济、文化等多方面对中国予以详细介绍与综合阐述，充分肯定了新中国的建设成就。

▼ 波伏娃亲笔书信，杨伟东收藏并提供

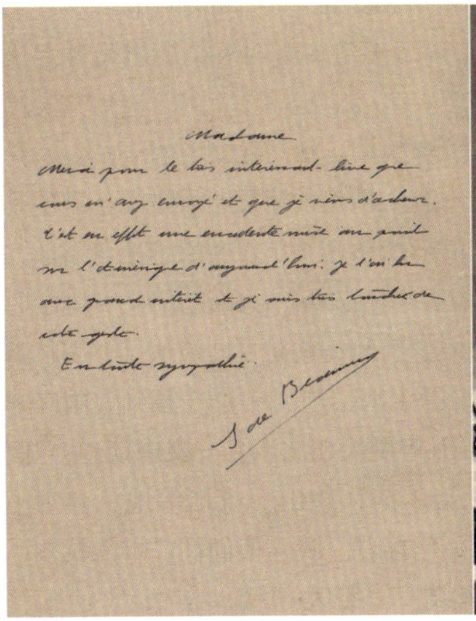

Madame

Merci pour le très intéressant livre que
vous m'avez envoyé et que je viens d'achever.
C'est en effet une excellente mise au point
sur l'économie d'aujourd'hui: je l'ai lu
avec grand intérêt et je suis très touchée de
votre geste.

En toute sympathie.

S de Beauvoir

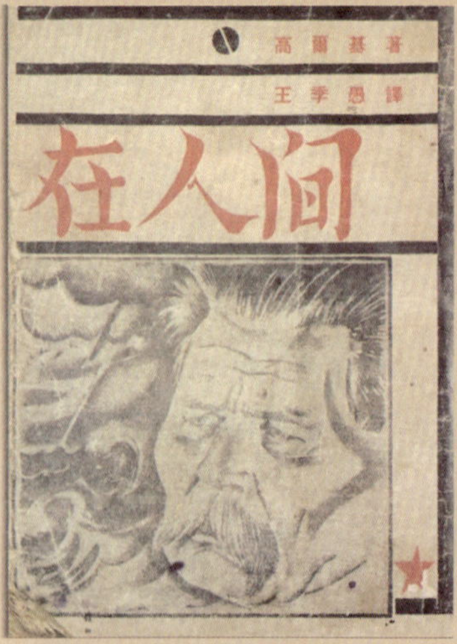

▲ 王季愚译《在人间》，上海读书生活出版社 1947 年版

▲ 1956 年，在哈尔滨，王季愚（前排左一）、赵洵（前排右三）与哈尔滨外国语学院教师们合影

王季愚、赵洵

王季愚（1908—1981），原名王尚清，笔名西泠、季子，四川安岳人，教育家、翻译家。曾任黑龙江大学副校长，上海外国语学院（今上海外国语大学）院长，译有高尔基的《在人间》。

赵洵（1917—1988），满族，笔名杜克展，吉林人，教育家、翻译家。曾任哈尔滨外国语学校（今黑龙江大学）副校长，主持编纂《俄汉详解大词典》，译有《静静的顿河》《钢铁是怎样炼成的》等。

王季愚、赵洵这两人的名字往往是紧密相连的，业内人士但凡说起王季愚，定会谈到赵洵。

1946 年 11 月，延安外国语学校在哈尔滨复校，更名为东北民主联军总司令部附设外国语学校，校长由东北民主联军参谋长刘亚楼兼任，王季愚、赵洵分别任政治处主任和教务处主任。1948 年年底，东北全境解放，东北局将学校移交给东北人民政府，学校更名为哈尔滨外国语专门学校。作为校领导，王季愚、赵洵具有十分缜密的办学理念。她们勇于改革，配合默契，将哈尔滨外国语专门学校（1953 年更名为哈尔滨外国语专科学校，1956 年更名为哈尔滨外国语学院，后在此基础上，1958 年黑龙江大学成立）办得风生水起、蒸蒸日上。

王季愚、赵洵在文学和翻译方面也很出色，但由于她们一直以来从事教育工作，她们的文学成就有时被忽视了。

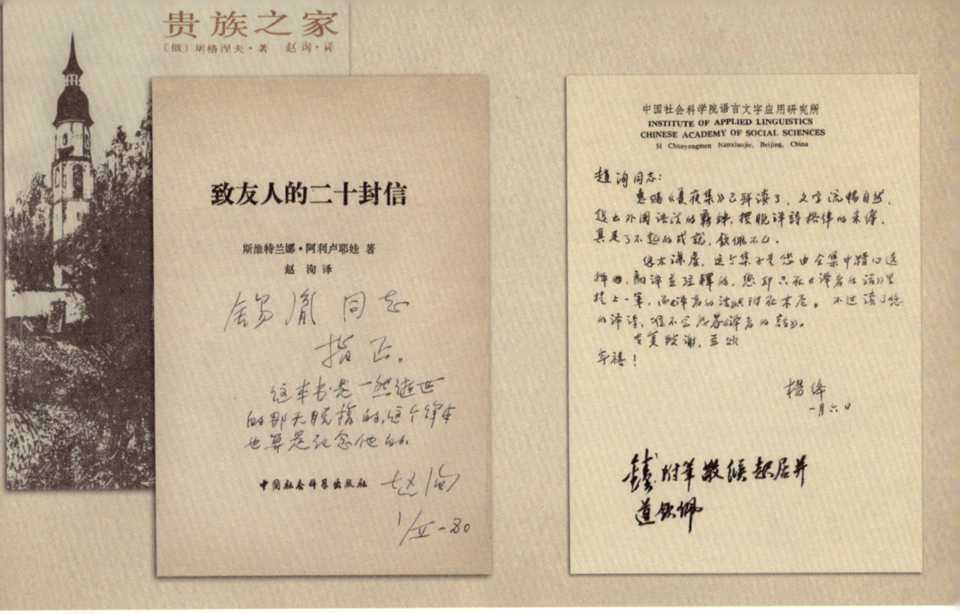

▲《贵族之家》《致友人的二十封信》，赵洵译，题赠李锡胤，黑龙江大学博物馆藏品；信札为杨绛致赵洵，钱锺书附候，墨笺楼提供

王季愚是四川人，早年就读于国立北平大学法学院，攻读俄文。她偏爱文学，九一八事变后，与宋之的、于伶（“左联”领导人之一）等同学全身心投入抗日救亡运动。到上海后，她参加了“左联”，并与许广平关系密切。在上海担任《上海妇女》编委期间，她频发文章，所译高尔基的《在人间》由上海读书生活出版社印行。此外，她还翻译了普希金的诗。到延安后，王季愚在鲁迅艺术学院文学部任教，到东北后先是在东北日报工作，不久便调到学校工作。自此，她为教育事业献出了毕生精力。

▼1947年7月，在佳木斯，王季愚（中排右二）与塞克（前排右二）、吕骥（前排右一）、张松如（中排左三）、张庚（中排左四）等东北文协同事合影，陈英提供；1946年10月创刊的《东北文化》，王季愚与塞克、吕骥、张松如（公木）等人同任编委

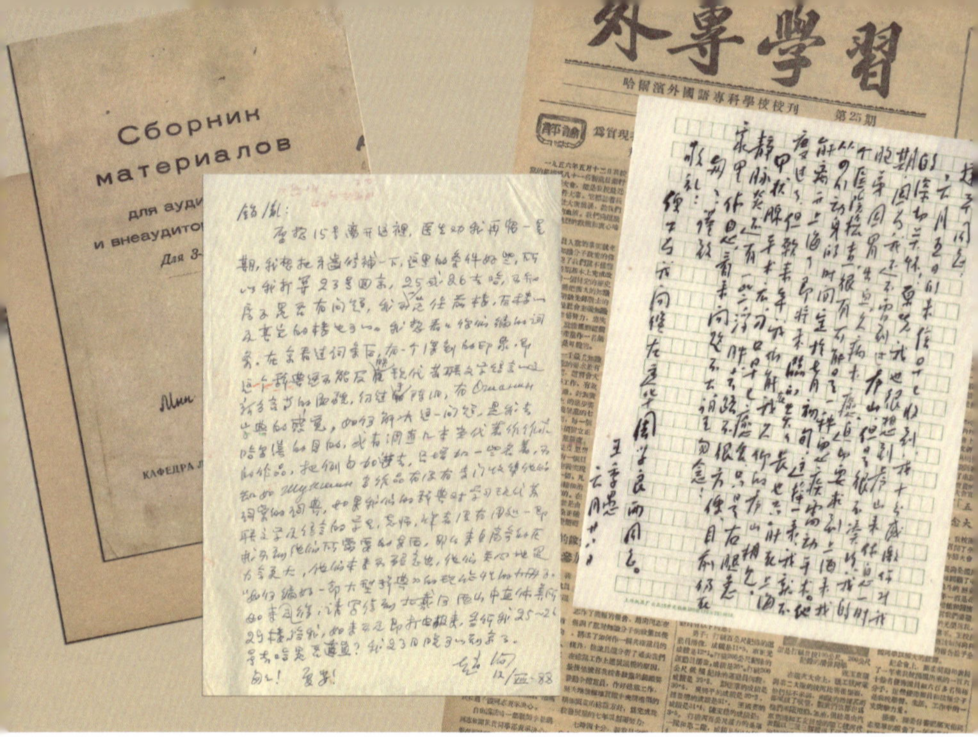

▲ 王季愚、赵洵致友人书札，黑龙江大学博物馆藏品

▼ 中华全国总工会副主席李立三致王季愚、赵洵书札，黑龙江大学博物馆藏品

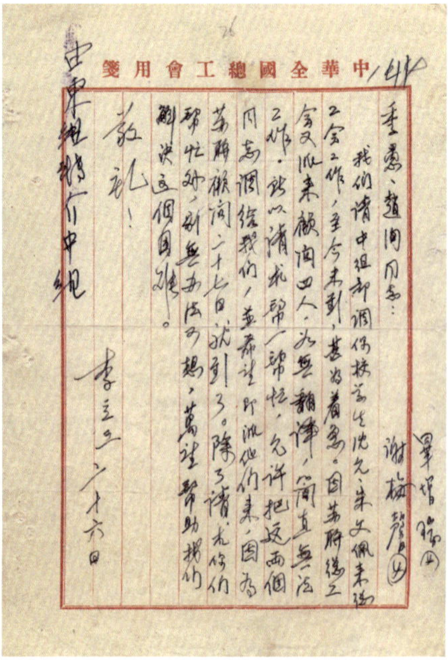

▼ 赵洵照片及其译著

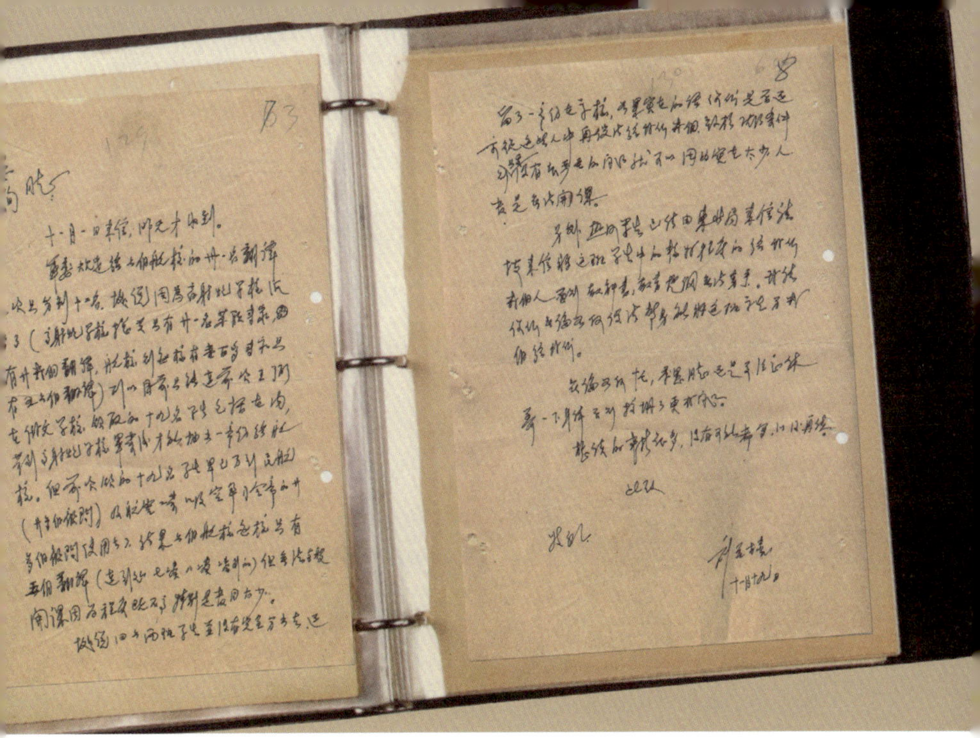

▲ 时任空军司令员刘亚楼因向王季愚、赵洵请调翻译人才而写的书札，黑龙江大学博物馆藏品

赵洵是中国作家协会会员，有译著《静静的顿河》《钢铁是怎样炼成的》《故园》《贵族之家》，诗集《夏夜集》等。九一八事变后，她考入哈尔滨工业大学预科，1933 年加入“反日大同盟”，参演了《南归》等话剧。萧军看过赵洵饰演的卖花女，曾感动得流泪。酷爱文学的赵洵也曾访问过萧红。1935 年，赵洵与爱人黄一然在北平被国民党特务逮捕，出狱后转移至上海，此时赵洵与黄一然开始着手翻译《静静的顿河》。后来，赵洵结识了鲁迅，鲁迅鼓励她把书尽早翻译出来并为其译本写好序言，不久，《静静的顿河》由上海光明书店印行。1946 年，赵洵来到东北民主联军总司令部附设外国语学校，历任教师、教务长、副校长、副院长等职，她同王季愚几乎形影不离，朝夕相处，为了教育事业并肩作战。赵洵的旧体诗写得很好，她常写给王季愚“请正”，王季愚也时常在灯下抄写赵洵的诗作，并不断揣摩。

1958 年，赵洵赴苏联莫斯科大学进修。1962 年，刚回国的赵洵调往北京任中国科学院语言研究所副所长。1964 年，王季愚调往上海外国语学院（今上海外国语大学）任院长。至此，两位校长相继离开了劳作、奋斗多年的学校。

▲ 戈宝权在哈尔滨外国语专门学校（今黑龙江大学）向学生介绍苏联的国情

戈宝权

戈宝权（1913—2000），江苏东台人，翻译家。翻译多部普希金的作品，如童话《渔夫和金鱼的故事》，诗歌《假如生活欺骗了你》等，曾获苏联颁发的“普希金文学奖”。

1949年年初，新华社驻莫斯科记者戈宝权在回国途中来到哈尔滨，到哈尔滨外国语专门学校讲学，戈宝权主要讲如何学习俄语，并介绍苏联的情况。此际，由他编辑的《普希金文集》业已印行，当时的俄苏文学爱好者没有不知道这本文集的，因此学员们都兴高采烈地听他讲课。课余，戈宝权很想和哈尔滨的俄苏文学译者、研究者见面，他拟定了他想见面的几位译者的名单。23岁的高莽应邀到场，戈宝权等了一会儿，便问另外的人怎么没来。高莽回应，那几个名字都是他的笔名。戈宝权不由叹息，哈尔滨的俄语人才实在是出众。3月初，戈宝权接到通知离开哈尔滨前往北平，履行重任。

中华人民共和国成立后，戈宝权被任命为中国驻苏联大使馆临时代办兼参赞，由此成为新中国被派往国外的第一位外交官。1979年夏，戈宝权来哈尔滨参加全国第二次当代苏联文学讨论会，住在哈尔滨国际饭店。1984年8月，戈宝权应黑龙江省翻译工作者协会邀请，又来到哈尔滨，参加该协会成立大会开幕式及研讨会。他仍住在博物馆广场旁的哈尔滨国际饭店，三天后离开。

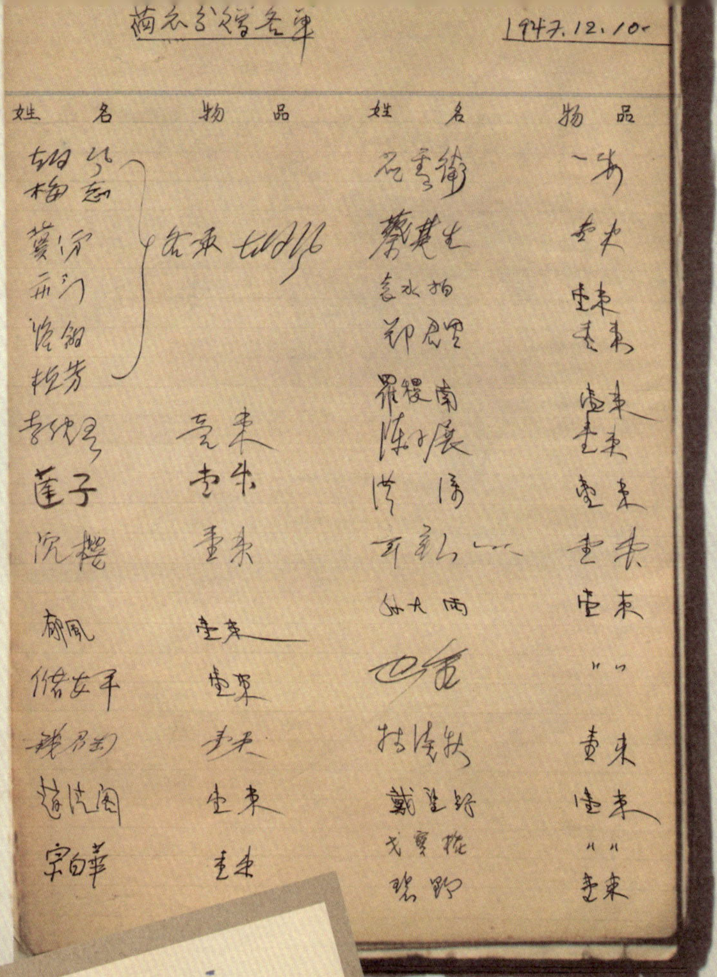

▲ 全国文协的物品发放单上存有戈宝权的领取签名

▲ 藏书票上线描画像作者丁聪，上方“万卷书斋”题者黄苗子，下方“戈宝权藏书”题写者钱君匋

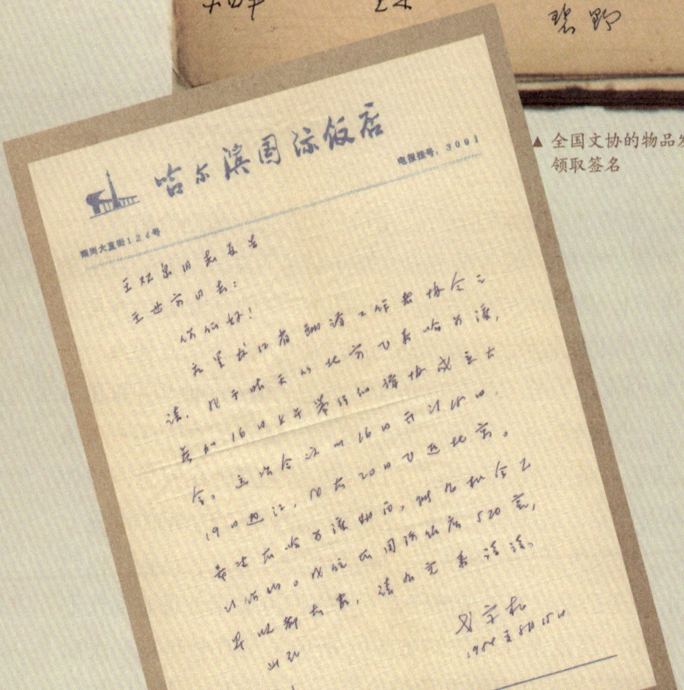

◀ 1984年8月15日戈宝权在哈尔滨国际饭店致王观泉、王世家便函，告知他们自己已到哈尔滨，请有空来谈谈。黑龙江大学博物馆藏品

▲ 周退密在哈尔滨

▲ 哈尔滨外国语学院 1957 年校刊

■ 周退密

周退密（1914—2020），浙江宁波人，文史专家。曾在多所大学从事外语教学工作，参与编写《法汉辞典》，有《周退密诗文集》等。

周退密曾在哈尔滨工作、生活了八年。1956 年 12 月，他来到哈尔滨，到哈尔滨外国语学院（1958 年改称黑龙江大学）任教。1940 年，周退密以优异的成绩毕业于上海震旦大学法学院法律系，他既熟稔文史、法律，又精通法语，1948 年即被上海大同大学聘为国文副教授。1956 年 6 月哈尔滨外国语专科学校刚改为哈尔滨外国语学院，王季愚便在 9 月前往华东地区招兵买马——招聘英语、德语、法语教师。周退密进入了王季愚的视野。周退密欣然接受王季愚的邀请，到哈尔滨后就住在大直街与铁岭街交口的哈尔滨外国语学院宿舍楼里。周退密很快就喜欢上哈尔滨这个城市。1958 年夏，黑龙江大学在哈尔滨外国语学院的基础上成立，自此改为综合性大学，周退密继续在外语系任教，直至 1964 年 5 月被调往上海外国语学院。至此，周退密在哈尔滨工作、居住整整八个年头，他把他的一肚子学问都倒给了北国的青年学子们。

回到上海的周退密，对哈尔滨的朋友们念念不忘，特别是与同是浙江人的黑龙江大学俄语学院教授、博士生导师李锡胤书信往来不断，他们或谈诗，或论词，情深谊长。

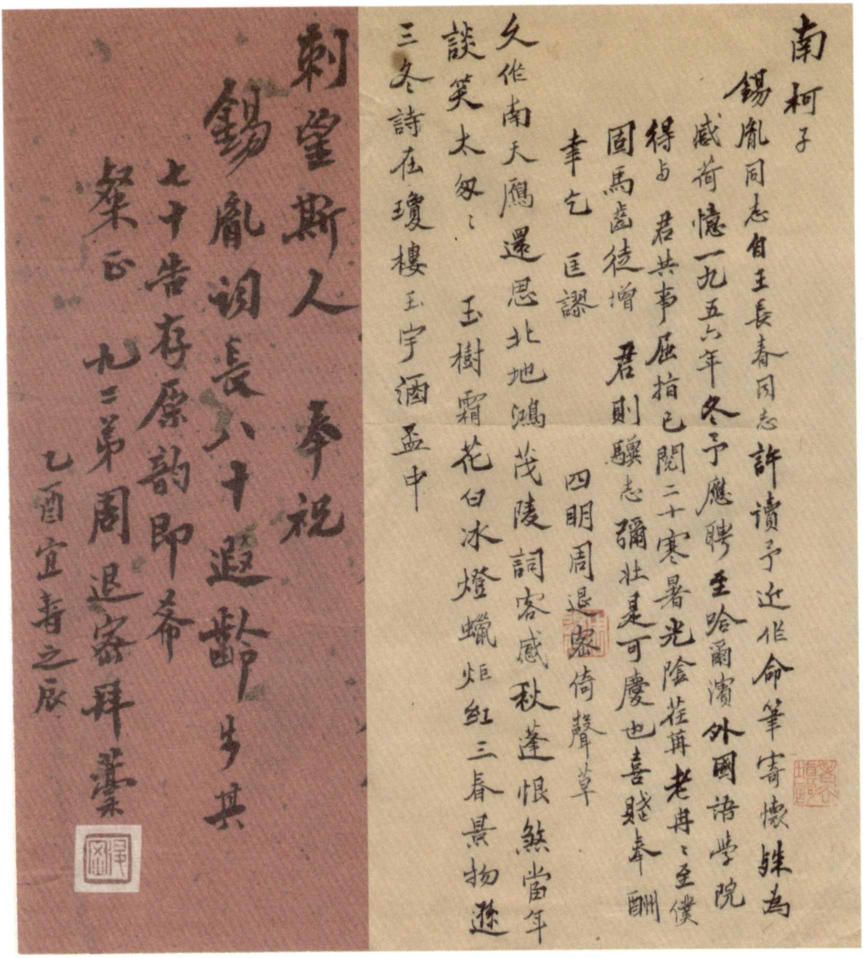

▲ 周退密由上海寄赠当年他在哈尔滨外国语学院任教时的同事李锡胤的诗稿

▼ 李锡胤的诗集《霜天星影》

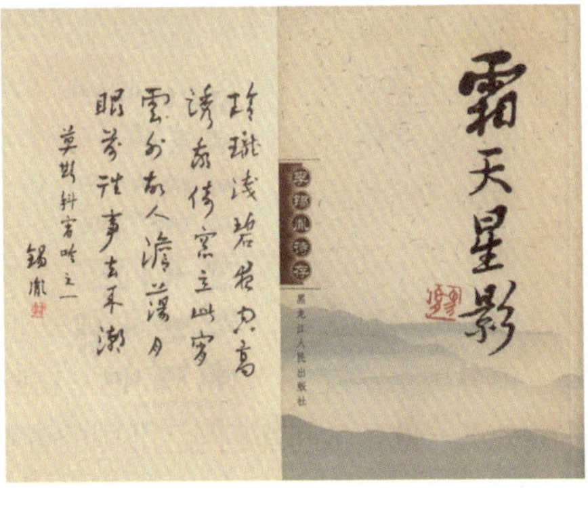

▼ 周退密致李锡胤的明信片，黑龙江大学博物馆藏品

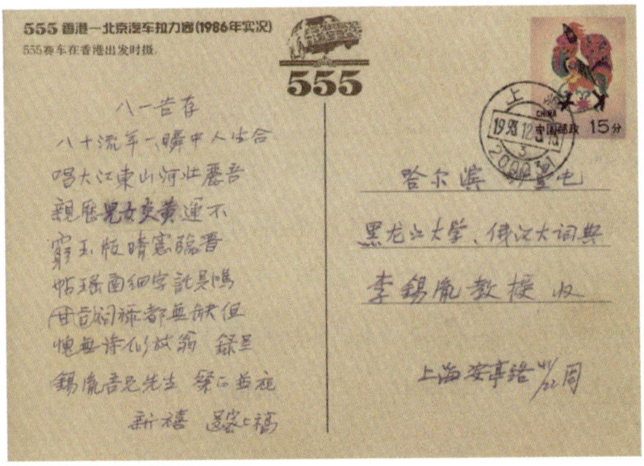

▲ 徐光耀

▲ 电影《小兵张嘎》海报

▲ 晚年的徐光耀

徐光耀

徐光耀，生于1925年，笔名越风，河北雄县人，作家。曾任中国作家协会理事，长期担任河北省作家协会主席。1961年，他创作的中篇小说《小兵张嘎》发表。1963年，他改写的电影剧本被北京电影制片厂拍成故事片公映。《小兵张嘎》被翻译成多国语言，在国内外发行总量已逾千万册。而今，《小兵张嘎》已被选入“百部爱国主义图书”，成为陪伴几代人成长、提高爱国主义情操的红色经典。

徐光耀于1938年参军，1955年曾来到哈尔滨，并留下美好的记忆。根据《徐光耀日记》（河北教育出版社2015年版），1955年的11月5日夜，徐光耀与一同参与编辑《志愿军一日》的陆柱国、西野乘火车抵达哈尔滨。徐光耀到哈尔滨后，曾去松花江畔、秋林公司游览，去逛书店、买书，去小吃部喝牛奶吃早点，在道外南五道街一家物品处理部买毛皮领子。11月9日晚乘火车前往嫩江双山农场采访。依据《徐光耀日记》，1995年12月4日，徐光耀从海伦回到哈尔滨，吃了道里的三鲜饺子，又去洗了盆塘，还到哈尔滨百货公司买了一件府绸衬衣。12月6日赴双城，而后返回北京。

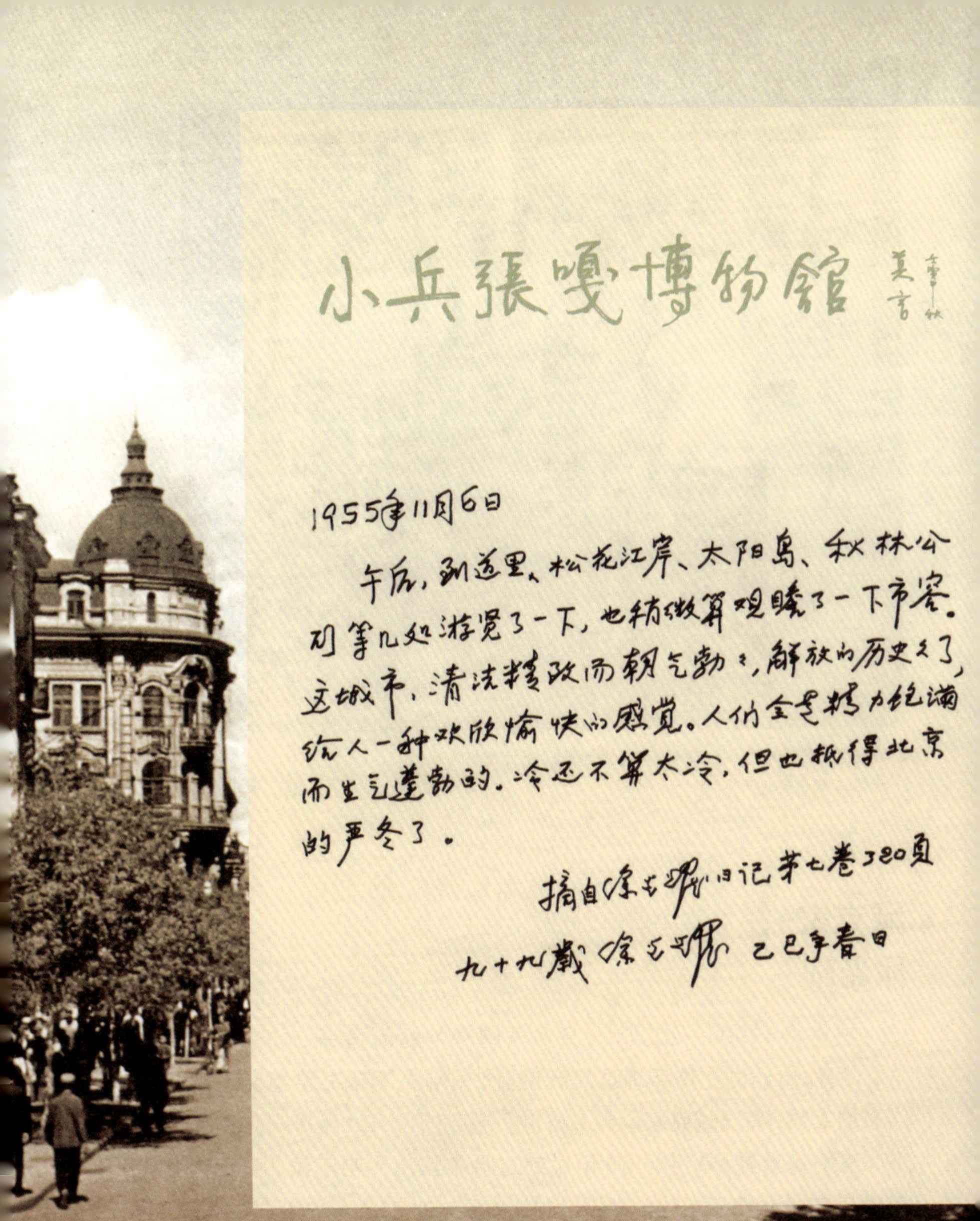

小兵張嘎博物館

1955年11月6日

午后，到道里、松花江岸、太阳岛、秋林公司等几处游览了一下，也稍微算观瞻了一下市容。这城市，清洁精致而朝气勃勃，解放的历史久了，给人一种欢欣愉快的感觉。人们全是精力饱满而生气蓬勃的。冷还不算太冷，但也抵得北京的严冬了。

摘自徐光耀日记第七卷320页

九十九岁 徐光耀 乙巳年春日

▲ 徐光耀手写日记

而今，这位被誉为“小兵张嘎之父”的老作家已整整一百岁了，他离开哈尔滨的时间已过去整整 70 年，他对石家庄学者殷杰说，他很怀恋这个城市。2025 年 3 月 25 日，这位百岁老人应殷杰的请求，在医院里提笔特为本书读者抄写了他在 1955 年 11 月 6 日日记（《徐光耀日记》320 页）中对哈尔滨的感受。

▲ 臧克家与夫人郑曼，1962 年夏摄于哈尔滨，远处是松花江铁路桥，郑苏伊（臧克家之女）提供

臧克家

臧克家（1905—2004），又名瑗望，笔名何嘉等，山东诸城人，诗人。所作诗作讲究炼字炼意，音调自然和谐，富有社会意义。代表诗作《有的人》，有《臧克家全集》行世。

臧克家曾在 20 世纪 60 年代到过哈尔滨，到哈尔滨的起因是他的儿子臧乐安、儿媳汪本静任教于黑龙江大学，此前曾多次鼓动他来哈尔滨一游，看看这里的建筑、风光，感受这里的风俗、文化。于是，在时任黑龙江省委宣传部副部长延泽民的安排下，臧克家及其家人来到了哈尔滨。此时，延泽民正为第二届“哈尔滨之夏”音乐会而忙碌，但还是抽出时间来陪伴他们。他热情地安排臧克家及其家人入住离松花江及哈尔滨铁路江上俱乐部极近的友谊宫宾馆，并与夫人陪他们去江畔赏景、散步、拍照，隔岸遥望太阳岛上各色各样的建筑。臧克家去太阳岛是乘小船过江的，太阳岛给他留下了美好的印象。后来他写了一首诗《太阳岛》，其中有句：“太阳岛，一个发光的名字，木头房，五颜六色，百样千式。”每天清晨，臧克家夫妇都要领着两个女儿在松花江边散步。他细细地走访了市区的知名建筑、文化场所，以及哈尔滨电机厂、亚麻厂，参观了东北烈士纪念馆，还到儿童公园兴致勃勃地乘坐小火车。

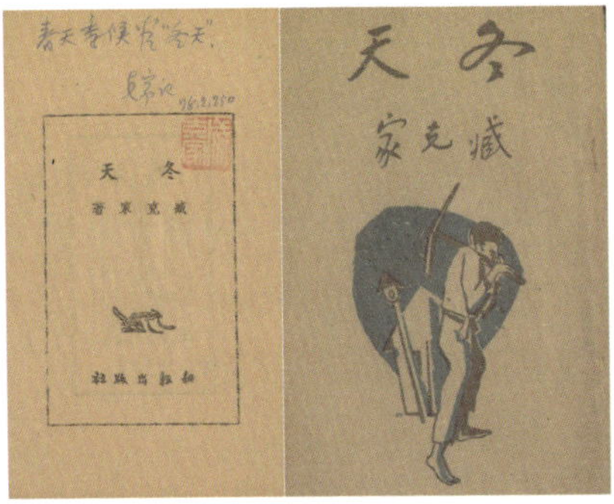

▲《冬天》，臧克家自藏本，哈尔滨市博物馆“文化名人手迹馆”藏品

▲1962年7月，臧克家（后排左二）、郑曼（中排右二）携小女儿郑苏伊（前排左一）与延泽民（后排右二）、王雪艳（后排右一）夫妇，陈沂（后排左一）、马楠（中排右一）夫妇合影于哈尔滨友谊宫。郑苏伊提供

他对儿子臧乐安感慨地讲，1928年他曾来过哈尔滨，但只住了一夜，没来得及逛，便坐船赶往依兰县，而今，从容地游览松花江、中央大街、秋林公司，感觉真好。1981年，他写了一首诗《哈尔滨》，抒发了此次来哈尔滨的感受。诗中写道：“换了地，换了天。我又重到你身边，‘友谊宫’里消长夏，松花江上飘飘然。‘哈尔滨之夏’的歌声，如同仙乐入耳间，长风万里送清凉，暑气不出山海关。”

臧克家在臧乐安的陪同下到老友严辰家探访。严辰住在南岗大直街秋林公司东边的一条街上。一敲门，早已候在那里的严辰夫妇及巴波夫妇兴奋地迎出来。严辰是著名诗人，原为《诗刊》副主编（臧克家为主编），后到哈尔滨任黑龙江省文联副主席，其夫人逯斐是文化圈内著名的戏剧家、散文家。巴波也是臧克家老友，巴波的夫人李琪树曾与臧克家夫妇同在人民文学出版社工作。他们欢聚一堂，忆谈往事。曾任解放军总政治部文化部部长的陈沂与夫人马楠（时任哈尔滨艺术学院院长）也多次来友谊宫看望臧克家一家，他们共叙友情，畅所欲言。在哈尔滨竟见到这么多文艺界老朋友，臧克家亲身感受到了这里浓浓的文化氛围。臧克家携妻女在哈尔滨住了十多天（大女儿小平中间因故返京，二女儿一直紧随），感到很愉快，写出数篇诗文。也正是由于这次到哈尔滨，他去镜泊湖采风的设想得以实现，他写出了那篇著名的游记。《镜泊湖》在几十年里被选入各种散文集，给人们带来无尽的愉悦和裨益。

当代著名哈尔滨本土作家

出生在哈尔滨或在哈尔滨生活、工作过的当代著名作家有张抗抗、迟子建、李琦、阿成、贾宏图、梁晓声、蒋巍等。他们的作品个性鲜明，地域风格显著，不仅丰富了文学格局，而且对哈尔滨乃至黑龙江的艺术生态构建、文化传播效能及地方文化品质提升，起到了至关重要的推动作用，成为彰显地方文化的鲜明标识。

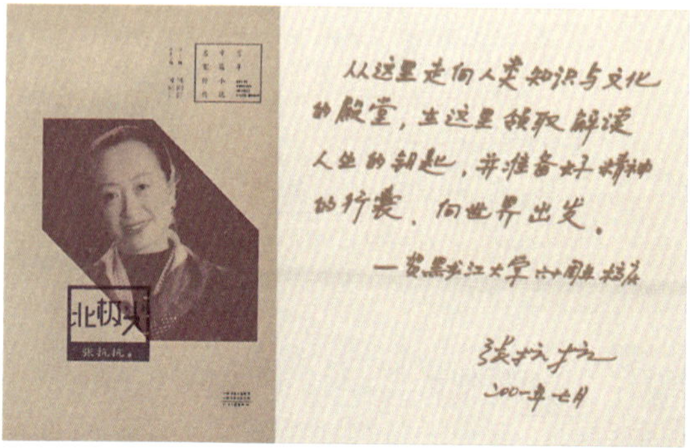

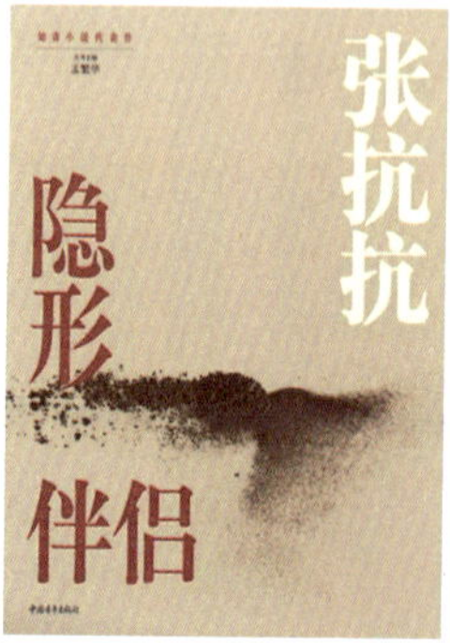

▲ 张抗抗手迹及作品

张抗抗

著名作家张抗抗 1950 年出生于浙江省杭州市。1969 年赴北大荒农场上山下乡。1975 年，她完成长篇小说《分界线》。1977 年，她考入黑龙江省艺术学校编剧专业。1979 年，她发表短篇小说《爱的权利》，调入黑龙江省作家协会从事专业文学创作。她历任黑龙江省作家协会副主席、中国作家协会副主席、国务院参事等职。

她发表及出版了多部作品，如《淡淡的晨雾》《北极光》《隐形伴侣》《赤彤丹朱》《情爱画廊》《作女》《把灯光调亮》《回忆找到我》等，荣获全国优秀短篇小说奖、优秀中篇小说奖等奖项，《张抗抗散文》获第二届鲁迅文学奖。

她在哈尔滨断断续续居住了六七年，大部分获奖作品都是在哈尔滨创作出来的。她曾充满感情地写出一篇《一个南方人眼中的哈尔滨》，详细地描述了这座城市的风土人情与流光溢彩，并在文章最后很自豪地说自己“是半个哈尔滨人”。

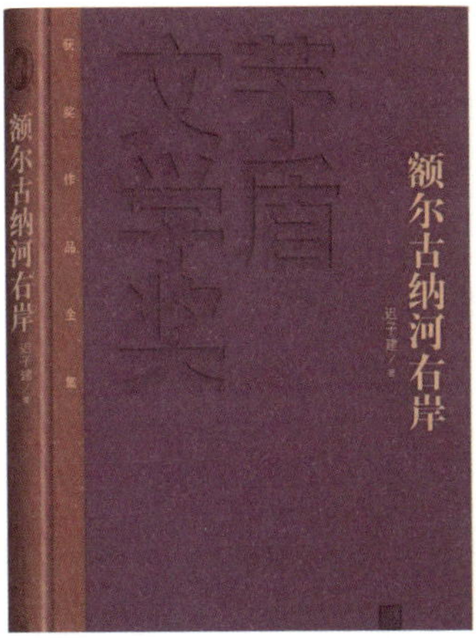

▲ 迟子建作品

迟子建

著名作家迟子建 1964 年出生于黑龙江省漠河市，从 1983 年开始文学创作，1990 年加入中国作家协会并入职黑龙江省作家协会，自此定居哈尔滨。历任中国作家协会全委会委员、中国作家协会副主席、黑龙江省作家协会主席等职，现任第十四届全国政协委员、常委。

迟子建作品三次荣获鲁迅文学奖：短篇小说《雾月牛栏》《清水洗尘》、中篇小说《世界上所有的夜晚》。其长篇小说创作亦成就斐然，《茫茫前程》《伪满洲国》《额尔古纳河右岸》《白雪乌鸦》《烟火漫卷》《群山之巅》等作品广受关注。其中，《额尔古纳河右岸》获得第七届茅盾文学奖，入选“新中国 70 年 70 部长篇小说典藏”。

迟子建始终关注城市命运：《白雪乌鸦》再现 1910 年鼠疫时期哈尔滨民众的抗争史诗，刻画灾难中的城市精神图谱；《烟火漫卷》则聚焦当代哈尔滨独特的城市景观，书写都市百姓的生存境遇。

▼ 迟子建作品

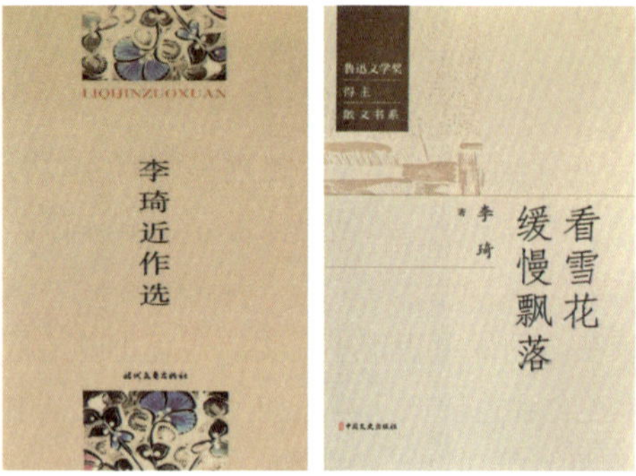

▲ 李琦作品

李琦

著名诗人李琦1956年出生于黑龙江省哈尔滨市，1979年毕业于哈尔滨师范学院（今哈尔滨师范大学）中文系，1985年加入中国作家协会。历任《北方文学》杂志编辑、副主编，黑龙江省文学院院长。

李琦1977年开始发表文学作品，著有诗集《帆·桅杆》《天籁》《守在你梦的边缘》《最初的天空》《莫愁》，散文集《从前的布拉吉》等。《李琦近作选》获得第五届鲁迅文学奖诗歌奖，她的诗《变老的时候》已成经典。

李琦对采访她的敬一丹讲道：“哈尔滨是一个特别有情义的城市，是全中国最冷的一个省会城市，最冷地方的人有一个特质，那就是最珍惜温暖，所有带来温暖的人，哈尔滨人不会忘记。”

▲ 阿成作品

阿成

著名作家阿成，原名王阿成，1948年出生于黑龙江省尚志县（今哈尔滨尚志市）。历任中国作家协会全委会委员、黑龙江省作家协会副主席、哈尔滨作家协会主席。

阿成从1979年开始发表作品，著有小说集《年关六赋》《良娼》《空坟》《安重根击毙伊藤博文》《小酒馆》等，长篇小说《忸怩》《马尸的冬雨》，随笔集《哈尔滨人》《殿堂仰望》等。

他的短篇小说《年关六赋》荣获全国优秀短篇小说奖，短篇小说《赵一曼女士》获首届鲁迅文学奖。其他作品也屡屡获奖，如《人民文学》《中华文学选刊》《小说选刊》《小说月报》等刊物评选的奖项。

阿成一直住在哈尔滨，他多次在作品中描写哈尔滨，对这座城市进行深刻而全面的解读与诠释，揭示其历史沧桑、文化内涵与传承，为人们提供精神寄托和文化慰藉。

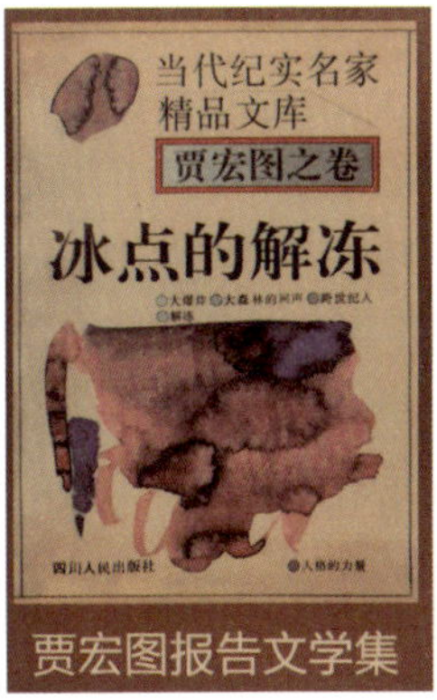

▲ 贾宏图作品

贾宏图

著名作家贾宏图1946年出生于黑龙江省绥化市，1968年上山下乡到北大荒，1976年任《哈尔滨日报》记者。

他的文学创作以报告文学见长，著有《她在丛中笑》《大江向洋去》《大爆炸》《我们的故事——一百个北大荒老知青的人生故事》等20余部报告文学作品，所著《大洋的此岸和彼岸》（与蒋巍合作）、《她在丛中笑》《大森林的回声》荣获中国作家协会全国优秀报告文学奖，多部文学作品入选《新华文摘》等选刊。

他一直工作、居住在哈尔滨，历任中国作家协会全委会委员，中国新闻工作者协会常务理事，黑龙江日报社社长、省作家协会主席等职，多次出任中国“鲁迅文学奖”“长江韬奋奖”评委。

▲ 梁晓声作品

梁晓声

著名作家梁晓声 1949 年出生于黑龙江省哈尔滨市，作为中国现当代以知青文学成名的代表作家之一，他曾创作过大量有影响的小说、散文、随笔及影视作品，如《这是一片神奇的土地》《今夜有暴风雪》《雪城》《师恩难忘》《年轮》，等等。其中《这是一片神奇的土地》和《父亲》分别获得全国短篇小说奖，《今夜有暴风雨》获全国中篇小说奖，长篇小说《人世间》获茅盾文学奖，长篇小说《雪城》入选“新中国 70 年 70 部长篇小说典藏”。

梁晓声虽早已定居北京，但无论身在何处，他都心系哈尔滨。他曾谈道：“我是喝松花江水长大的，家乡的冰雪哺育了我的性格。雪城哈尔滨是生我养我的故乡，父老乡亲的故事都是我创作的源泉，都能唤起我创作的激情、热情。”“无论是《雪城》，还是《人世间》，我写哪座城市，其实都是在写哈尔滨。每当我说我的家乡是哈尔滨时，我脸上有光彩。”

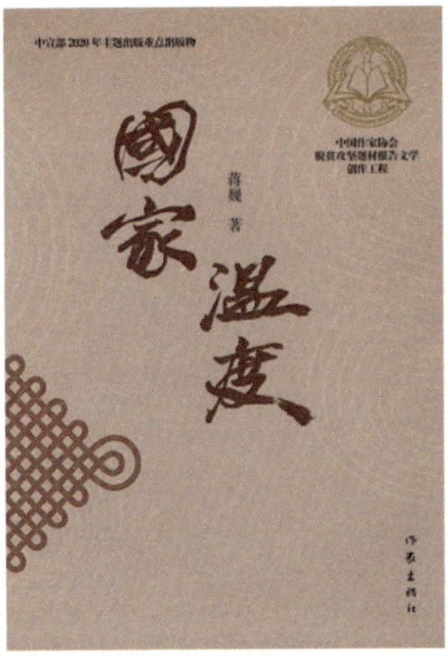

▲ 蒋巍作品

蒋巍

著名作家蒋巍 1947 年出生于黑龙江省哈尔滨市，满族，1968 年 10 月下乡赴黑龙江生产建设兵团。1976 年返城在哈尔滨日报社任职，曾任哈尔滨市文联主席，黑龙江作家协会副主席。1997 年调入中国作家协会任《文艺报》副社长、创作研究部副主任。先后当选中国作家协会全委会委员、中国文联全委会委员。

蒋巍的文学创作以报告文学见长，《大洋的此岸与彼岸》（与贾宏图合作）、《在大时代的弯弓上》《人生环行道》蝉联中国作家协会全国第二、三、四届优秀报告文学奖，《丛飞震撼》获中宣部“五个一工程”奖，报告文学作品《国家温度》获鲁迅文学奖报告文学奖。

表演艺术篇

▲ 中东铁路俱乐部（今哈尔滨铁路博物馆）旧影，少时的王洛宾曾屡屡光顾此地

◀ 王洛宾摄于哈尔滨，哈尔滨音乐博物馆提供

王洛宾

王洛宾（1913—1996），曾名艾依尼丁，北京人，作曲家，被誉为“西部歌王”。他创作改编的《掀起你的盖头来》《半个月亮爬上来》《在那遥远的地方》，久唱不衰。

1928 年 6 月，王洛宾从北京来到哈尔滨。到哈尔滨后的第二年，他结识了刚从上海归来的文艺青年塞克。塞克发现这位少年极具音乐天赋，便开始教他弹吉他，引导他接触了一些具有民族风格的音乐作品。在塞克的点拨下，他的技艺大有长进。王洛宾的二姐夫当时在中东铁路管理局工作，见他迷恋音乐，便常领他去中东铁路俱乐部听歌剧、欣赏交响乐，连绵不断的音乐熏陶激发了王洛宾的音乐才华，他报考了哈尔滨音乐训练班。1929 年冬，正在哈尔滨排演自编自导自演话剧《北归》的塞克，特邀王洛宾为《北归》谱写了插曲《离情别意》（此为王洛宾第一首音乐作品），并与之合作了令王洛宾一炮打响的《西巴扎尔夜歌》。1931 年夏，王洛宾离开哈尔滨，前往北平师范大学（今北京师范大学）音乐系就读。哈尔滨的三年，是他人生中非常重要的阶段，为他日后创作大量抗战歌曲、西部民歌，从而成为“西部歌王”奠定了基础。

▲ 海菲兹签名照，杨伟东收藏并提供

■ 海菲兹

亚莎·海菲兹（1901—1987），美国小提琴家，出生于立陶宛。3岁随父学琴，6岁演奏门德尔松作品，9岁进入圣彼得堡音乐学院，11岁便与柏林爱乐乐团合作演出，并在欧洲许多音乐会上获得成功。

1917年，海菲兹与父亲一同迁居美国。就在这一年，16岁的海菲兹在卡内基音乐厅举行了他在美国的首演。他一口气演奏了维尼亚夫斯基的《第二协奏曲》、帕格尼尼的《第24首随想曲》和维塔利的《恰空》等十余首技巧精湛的乐曲，博得了听众雷鸣般的掌声。

随着海菲兹的演奏技艺越来越精湛，他开始了在世界范围的演出。1921年10月，海菲兹来到哈尔滨演出，受到观众的热烈欢迎。

▲ 1936 年夏里亚宾在中国巡回演出时与上海主办方合影，前排右三为夏里亚宾，后排右四为中国京剧名角梅兰芳

◀ 夏里亚宾签名照，杨伟东收藏并提供

■ 夏里亚宾

夏里亚宾（1873—1938），俄国男低音歌唱家，他演唱的歌曲《伏尔加船夫曲》《跳蚤之歌》《波斯恋歌》等影响颇大。

1901 年起夏里亚宾开始到国外演出，曾到过米兰、纽约、巴黎等地。他演唱音域宽广，音色浑厚多彩，极具表现力。同时，他多才多艺，善绘画、雕塑以及舞台表演。他的友人——著名作家高尔基认为：“在俄罗斯的歌唱艺术中，夏里亚宾居于首位，正如托尔斯泰在语言的艺术中一样。”

夏里亚宾曾在 1936 年 3 月来哈尔滨演出，下榻地是马迭尔旅馆，用餐地则多在附近极具高加索风味的塔道斯西餐厅，演出地则在附近的美国电影院。当时，在哈尔滨的俄侨较多，受本国文化和生活习俗的影响，他们酷爱音乐，喜欢唱歌、跳舞、读书。夏里亚宾的到来，勾起了侨民对祖国的记忆，令他们欣喜无比，也感染和影响了中国歌迷，商店里多悬有夏里亚宾的招贴画，大街小巷都回响着他唱的《伏尔加船夫曲》。学校里的中俄教师、音乐发烧友也借此推广俄罗斯民歌，一时间吊嗓子的，哼唱俄国歌曲的，此起彼伏。夏里亚宾此次来哈尔滨举办独唱音乐会，轰动一时，哈尔滨人民对音乐的热爱，再一次因他的到来被推向顶峰。

▼ 夏里亚宾不同时期的照片及《伏尔加船夫曲》曲谱

▲ 四大名旦合影，左起，程砚秋、尚小云、梅兰芳、荀慧生，王梓端收藏并提供

四大名旦

1927年北平《顺天时报》举办评选“首届京剧旦角最佳演员”活动，梅兰芳、程砚秋、尚小云、荀慧生、徐碧云排名前五。后来徐碧云因故较早离开舞台，于是“四大名旦”的美称便流传开来。四大名旦都曾来哈尔滨演出过，为哈尔滨的观众带来精湛的艺术表演。

老哈尔滨人大抵都知道，早年，唯有道外有全市最好的“戏台子”，京剧大腕来哈尔滨献艺，都要去道外。道外的戏迷是聚堆的，他们买别的舍不得花钱，唯独买戏票，尤其是听名角儿唱，那才舍得掏腰包呢。而名角儿，包括四大名旦，大都知道哈尔滨道外的戏迷最把他们当回事，因此，他们纷至沓来，颇有“接力”意味。

梅兰芳

梅兰芳（1894—1961），名澜，字畹华，原籍江苏泰州，生于北京，京剧演员。出身京剧世家。8岁学戏，10岁登台。演青衣，兼演刀马旦。在长期的舞台实践中，对京剧旦角的唱腔、念白、舞蹈、音乐、服装、化妆各方面都有所创造发展，形成自己的艺术风格，影响很广，世称“梅派”。

1951年12月25日，梅兰芳应邀率剧团来到哈尔滨。据王晓明（黑龙江省艺术研究所研究员）撰文讲述，梅兰芳的妻子福芝芳、儿子梅葆玖也同车抵达。他们住在国际旅行社。省市领导格外重视梅兰芳的安保工

▲ 梅兰芳签赠电影导演张辛实。此照 1952 年元月摄于哈尔滨美华照相馆，签赠时间为从哈尔滨回北京后不久的 3 月 17 日。王聪慧旧藏

作，特采取一级保护措施。演出地点为哈尔滨评剧院，因离梅兰芳的住处较远，每次出行都经过细致安排。为保障演出万无一失，接待部门特地从北京运来饮用水，专供梅兰芳。其间，发生了小意外，剧团到达哈尔滨的第二天，梅兰芳的双眼被尘埃所迷，暂时无法登台，只好由梅葆玖替父演出。待眼病稍好，梅兰芳立刻上场，演出了《宇宙锋》《西施》《奇双会》《游园惊梦》等梅派名剧。梅兰芳于 1952 年 1 月 12 日返回北京。

▼梅兰芳戏装照，韩斗收藏并提供

程砚秋

程砚秋（1904—1958），满族，本名承麟，艺名初作菊农，改名艳秋，字玉霜，复改名砚秋，字御霜，北京人，京剧演员。长期在北京演出，艺术上勇于革新。根据自己嗓音特点，创造出一种幽咽婉转的唱腔，形成自己的艺术风格，世称“程派”。

1930 年初夏，程砚秋率剧团来哈尔滨演出多场，受到哈尔滨观众的热烈欢迎。1932 年，程砚秋游欧访学途经哈尔滨，只停留了短暂的一天。1949 年 3 月底，程砚秋随世界保卫和平大会中国代表团出国前到哈尔滨，回来时的 5 月 14 日晚到南岗铁路俱乐部开晚会，他演唱了京剧，戴爱莲跳了舞。1953 年 9 月初，他再次来到哈尔滨，先到东北农学院演出，慰问中国人民志愿军官兵，剧目为《柳迎春》《荒山泪》，后到松江省京剧院演出《窦娥冤》等名戏。演出 20 天左右，场场座无虚席，观众欢欣鼓舞。

尚小云

尚小云（1900—1976），名德泉，字绮霞，河北南宫人，京剧演员。幼年在三乐科班学艺，初习武生，后改老生，再改青衣。武功根底深厚，兼演刀马旦部分剧目。嗓音宽亮，唱法以刚劲见长，做功身段寓刚健于婀娜，世称“尚派”。

1953 年 6 月中旬，尚小云率剧团到哈尔滨的松江省京剧院演出，主要剧目有《汉明妃》《福寿镜》《白蛇传》等。当时，尚小云虽已 50 余岁，但气宇轩昂，精神饱满。演出之余，还作画一幅送给松江省京剧院做纪念。据记录，尚小云剧团在哈尔滨 30 天，演出 25 场，场场爆满。哈尔滨本地及外地赶来的戏迷兴高采烈，落幕后久久不愿离场。

荀慧生

荀慧生（1900—1968），名词，又名秉超、秉彝，字慧声，号留香，河北东光人，京剧演员。幼年在义顺和梆子班搭班学艺，后入北京三乐科班习京剧。早年艺名白牡丹。演花旦、刀马旦。功底深厚，吸收梆子的唱腔、唱法和表演艺术，对京剧的传统技法有所发展，形成自己的艺术风格，世称“荀派”。

1952 年 4 月中旬，荀慧生率剧团由长春转道哈尔滨，在松江省京剧院演出半个月，演出剧目有《红娘》等荀派名剧。1955 年 8 月，荀慧生又来到哈尔滨，在黑龙江省评剧院剧场演出，长达 20 天，演出 18 场，观众共计近三万人。

▲ 1953 年程砚秋在松江省京剧院演出海报，杨伟东提供

程砚秋生活照及其戏装照，杨伟东提供

▲ 尚小云戏装照，韩斗收藏并提供

◀ 尚小云演出广告单

▶ 1929 年《上海画报》之一页，为“荀慧生号”，哈尔滨市博物馆“文化名人手迹馆”藏品

最新□□□照相
中華照相館
南京奇望街

藝術照相
光藝照相館
南京路跑馬廳對面

荀慧生号

洪逖署首

□題名伶小留香館主荀慧生專刊（丹翁）

舒兒屬我捧荀場，上臺專刊舉國狂，絕句題放快郵寄，我因君作小留香。

□慧生抵滬日在碼頭將上汽車之影□（舍予攝）

□慧生之新劇（鶴鶴）

慧生藝術、日見孟晉、此固為顧曲者之公言、而其獨到之處、乃在新編各劇、均根據歷史、或前人筆記、有典實、有韻味、故開演、雅俗共賞、記者稱盛、與祇圖熱鬧不問情節之表演、截然不同、此次來滬、無日不告客滿、盛譽鵲起、非倖致也、

□不是捧（馬二先生）

我不是捧角家、不屑我不屑、實在是我不配、捧角家須下列資格㈠金錢、㈡勢力、㈢文章、㈣豪性、我對於此四項資格、一件都沒有、所以不配作捧角家、然而戲是我所喜愛的、荀慧生是我最先在晶報上介紹過的、所以許多捧荀慧生的朋友、叫我作一篇東西、不能推辭、

「慧生作日記時之神氣」□（舍予攝）

而所與游的一班文士、如沙游天、舒舍予、楊懷白、吳大翁、林補齋諸君、也都是南北知名的、他們日常與他在一起、他當然不免受了些陶鎔、而成為一位鼎鼎大名的金剛了、

我說的都是實話、至於他的將來的飛黃進、祇要去到大藝

荀慧生的戲、好在不即不離、他在現時諸旦角中、有一個特異之點、即花旦是其本行、青衣是其餘事、與別人以青衣而兼串花旦者不同、

他初到上海時包銀不滿千元、但未二年、已過了一萬、還可見他的人緣與藝術都能使羣衆有相當的滿意、他的性格也很溫文爾雅、每日在家總是寫字作畫、最多也不過打打小麻將而已、（編者按此次慧生的手還沒有摸過牌）別的外務一點沒有、

他的文字業師陳老夫子、和畫山水業師胡老夫子、都是高端純粹的名宿、

作畫（舍予攝）□

□旦角全材之荀慧生（俠劍俠）

晚近旦角人材輩出、然欲求一旦角全材、則不可多得、有之其惟慧生乎、慧生善刀馬、善青衣、表情細膩、唱喉玉潤、觀其演「十三妹」一劇、能唱能做、即可斷其為全材之旦角也、尤有進者、慧生不僅善唱善做、即其扮相亦極麗都、在四大名角中、論扮相當首推慧生、慧生初出演、今亦無憂時其扮相即雅而

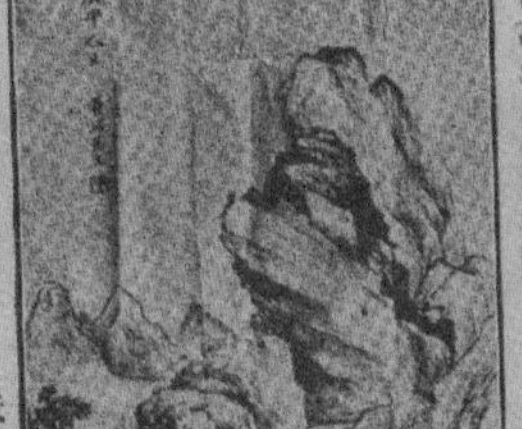

□慧生之畫□

不俗、清秀可愛、今荏苒矢一轉瞬出已十易寒暑、然慧生丰采依然、宛如二八佳人、此可更令人可喜者、且角之中見中於世、惟色藝而已、慧生色藝俱佳、宜其克享盛名也、

□慧生登台後之奇談（許窺豹）

荀慧生此次應聘南來、自廢曆元旦起演、先一夕曉得對過車水馬龍、蓋慧滬之日、其盛況有過之無不及、更復排演新陸續甘演其拿手舊劇外、更復排演新以大舞台營業鼎盛、尤足驚人、若卿王曉籟諸先生、排日觀慧劇、無虛夕座、隅、引頸觀望、危坐數小時、無倦復添至無插足地、台下出入甬道、之患、開演「十三妹」之夕、緣台座添、竟有席地而坐者、凳已俱貼有醉紙字條、蓋當時有四鄉各處聞來者、候茶役取移添座來者、而茶役雖巧座、茶役無以應客命、一去不來、客慧劇、祇得立看終場、且願納座資焉、

又客有立雖添無凳之客又不忍不觀、又開演一句偶之暝

味、正看是諸必含得者同等的妙文章、編劇的、慧生飾妒婦、秋妙才、皮、慢板、從新詞雅、還有別、此外、而皮元二六快板、

反看是莊、所以看到那些場子、一陣陣的人在那裏國、到末場、人可佩、才才、令人可佩、此想可做出彩、中間插了一段四平調、心思巧妙、唱工有老生腔、夾雜了都有好腔、合作、聽得滿意叫好、這戲

戲）俟日場完後、仍跟坐原座不敢步、喀業等以逐客乏術、亦由聽之計、凡此種種、俱為慧生登台之特有得觀慧之玉堂春、惟氣腸雷鳴、怡然而大舞台為座盛況、實可一闢劇院中數斯誠奇談已、

□荀慧生的春閨記（五先生）

這次慧生帶來許多新劇、第一次聽了春閨記、我仔細觀聽之後、覺得雖然男父同外甥逛院）（老婆叫丈夫逛窯子外甥偷去男舅）那些滑稽、但個有不少

□平心靜氣的特刊

出特刊張揚藝術、本來是一件很容易的事、因為當局的不容易得當、稍有點兒情、就失卻張揚藝術的本意、這一次本報出一期荀慧生的大作、一看這位先生的大作、還不是我們大家久、默認的、所得不是亂捧的、荀慧生

荀慧生

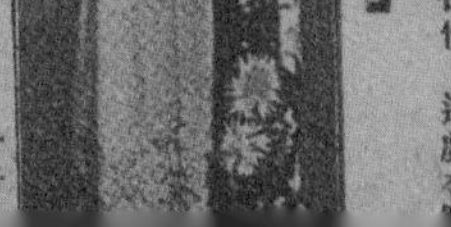

▲ 周信芳

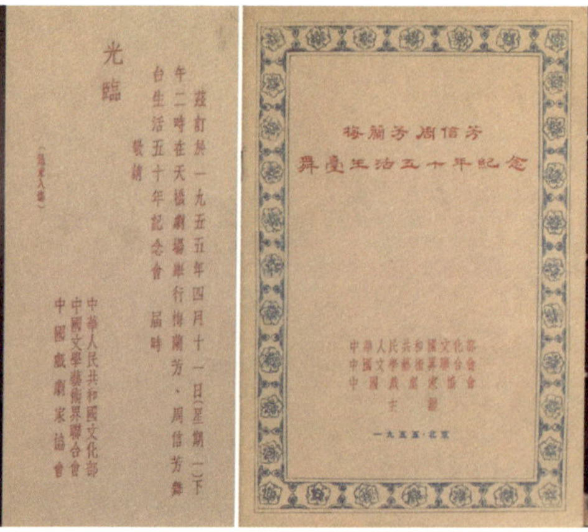
茲訂於一九五五年四月十一日(星期一)下午二時在天橋劇場舉行梅蘭芳、周信芳舞台生活五十年紀念會 屆時
敬請
光臨
中華人民共和國文化部
中國文學藝術界聯合會
中國戲劇家協會
(憑柬入場)

梅蘭芳 周信芳
舞臺生活五十年紀念
中華人民共和國文化部
中國文學藝術界聯合會
中國戲劇家協會
主辦
一九五五·北京

▲ “梅兰芳、周信芳舞台生活五十年纪念”演出请柬

▲ 周信芳戏装照

■ 周信芳

周信芳（1895—1975），名士楚，浙江慈溪慈城（今属宁波市江北区）人，京剧演员。出身艺人家庭，曾以七龄童之名在杭州演出，后在北京喜连成科班习艺，改艺名为麒麟童。艺术上继承和发展民族戏曲的现实主义表演方法，塑造了许多性格鲜明的典型人物，形成自己的艺术风格，影响很广，世称“麒派”。

1934 年 2 月 6 日，周信芳一行 40 余人应华乐舞台重聘来哈尔滨，演出《萧何月下追韩信》。1955 年 4 月，中华人民共和国文化部、中国文学艺术界联合会、中国戏剧家协会在北京举办了梅兰芳、周信芳舞台生活五十年纪念会，周信芳率上海京剧院到北京参加此项活动。一个月后，在北京的纪念演出结束，周信芳率上海京剧院赴东北巡回演出，第一站即哈尔滨。周信芳此次在哈尔滨演出的主要剧目为《四进士》《萧何月下追韩信》《打严嵩》《乌龙院》《文天祥》《徐策跑城》，都是每场的大轴。哈尔滨的戏迷期待麒麟童久矣，消息一传开，外地戏迷也蜂拥而至，戏票立时被抢售一空，场场爆满，喝彩不断。据哈尔滨的老戏迷回忆，麒麟童演出时整条街都挤满了人。身为名角儿，周信芳饱含深情，全身心地向哈尔滨的观众展示了中国传统文化的精粹，令哈尔滨的戏剧迷们为之震撼。在哈尔滨演出了 20 多天后，周信芳便率上海京剧院转赴齐齐哈尔继续演出，不少戏迷跟随前往。

▲ 京剧“四大须生”之谭富英 1939 年 1 月 7 日在哈尔滨大光明电影院的演出预告，杨伟东藏品

■ 谭富英

谭富英（1906—1977），名豫升，湖北江夏（治今武汉市武昌区）人，生于北京，京剧演员。谭鑫培之孙，谭小培之子。幼承家学，12 岁入富连成科班学艺。初学武生，改演老生，继承“谭派”风格。文武兼能，尤长于靠把戏。曾被列入“四大须生”。

1939 年 1 月 3 日，谭富英率剧团来到哈尔滨，先后在大光明电影院（后称“东北电影院”）、华乐舞台演出。此次演出的剧目为《空城计》《战太平》《定军山》《击鼓骂曹》等。早就对谭富英推崇备至的哈尔滨及周边地区的戏迷，蜂拥而至。谭富英生性平和恬淡，宠辱不惊。据汪曾祺撰文，谭富英率团在哈尔滨演出，因第二天要唱重头戏，便早早上了床。同去的有裘盛戎，他第二天是一出“歇工戏”，于是就约人在屋里吃涮羊肉，猜拳对酒。谭富英久不能入睡，便下床穿鞋，走到院里，唱了一句倒板：“听谯楼打九更……”大伙儿一听“打九更”，一愣，裘盛戎顿悟，遂偃旗息鼓。

▲ 1946 年 5 月田方（左）在哈尔滨火车站

▲ 田方、于蓝夫妇，于蓝提供

▲ 2004 年于蓝在家中，笔者摄

田方、于蓝

田方（1911—1974），原名田兆栋，天津人，生于河北保定，电影演员。解放战争时期，曾先后在东北和北平（今北京）参与筹建电影制片厂。曾任北京电影制片厂厂长、文化部电影局副局长等职，并参加演出《风从东方来》《英雄儿女》等影片。

于蓝（1921—2020），原名于佩文，辽宁鞍山人，电影演员。曾主演影片《翠岗红旗》《龙须沟》《革命家庭》，因成功出演《烈火中永生》，被称为"永远的江姐"。

田方首次来哈尔滨是在 1946 年 5 月，此际，东北电影公司北迁到哈尔滨，于是田方先到哈尔滨打前站。他在道里水道街（今兆麟街）莫斯科电影院（今哈尔滨话剧院）附近找到一处钢筋水泥的大房子，几经周折，将三十多个车皮的电影器材搬入仓库。几天后接到北撤到兴山（今鹤岗）建电影制片厂的通知。田方火速转移大批电影器材，避免器材落入敌手，从而为日后拍摄《民主东北》《桥》《光芒万丈》等影片，为我党我军有效地宣传党的政策，提高哈尔滨乃至全东北解放区人民的思想觉悟、斗志与士气，起到重要的作用。

2004 年，在于蓝北京的家中，她认真地说："我也是哈尔滨人。"原来她出生于辽宁，1 岁时便随父母来到哈尔滨。8 岁时母亲病亡，父亲再婚，她不得不离开哈尔滨前往沈阳投奔祖父，随后读书、考学、参加革命。她笑着说，正是哈尔滨凛冽的寒风锻炼了她倔强的性格。笔者问："听说您八十年代常回哈尔滨，甚至连续往返，为什么？"她笑了："我与哈尔滨儿童电影院经理唱凌俐是好朋友，1981 年，我出任北京儿童电影制片厂厂长，她便邀我担任哈尔滨儿童电影院形象大使。因此，那时我常回哈尔滨，白天做些公益活动（在儿童电影院、哈尔滨电影院、少年宫做过多场爱国主义讲座），晚上就住在她家里。记得我们两人常去中央大街的咖啡馆。1992 年哈尔滨冰雪电影节，我又受邀重归故里。"笔者提及友人申志远（《哈尔滨日报》记者）采访过她，并邀她做客电视节目谈饰演江姐的感受，她欣慰地笑了。当笔者说："我最爱看《英雄儿女》，最崇拜田方先生，他演得太真切了。"她眼里立时充满泪花，其时，田方病逝整整 30 年。

►《烈火中永生》电影海报，左起，许云峰（赵丹饰）、江姐（于蓝饰）。申志远提供

▼田方致王滨（电影《白毛女》导演）书札，长影旧址博物馆特别提供

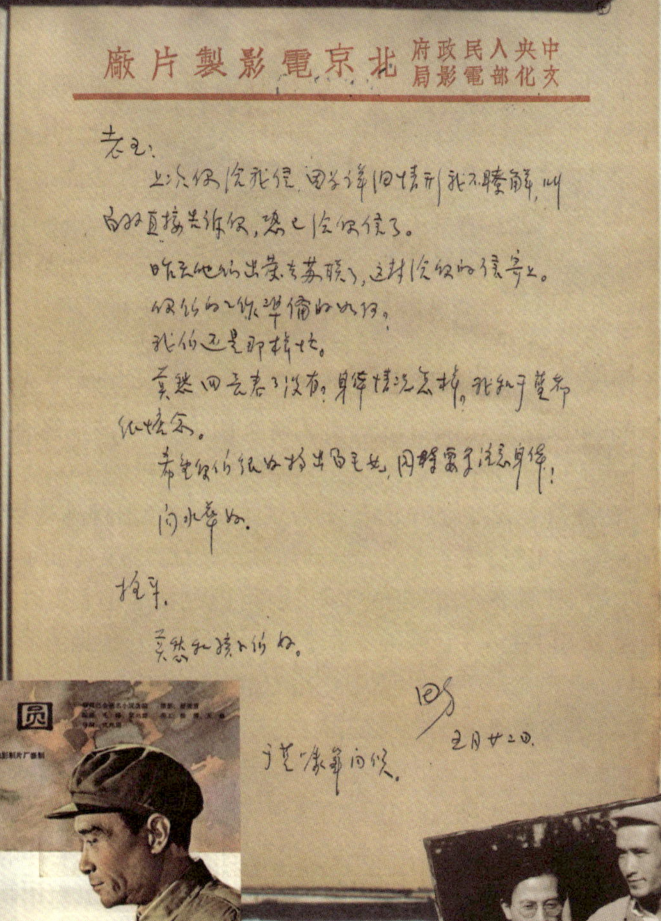

北京電影製片廠　中央人民政府文化部電影局

老王：

上次你说我们，因为详细情形我不瞭解，所以没直接告诉你，现已给你信了。

昨天他们出发去苏联了，这封给你的信寄上。

你们的工作准备的如何？

我们还是那样忙。

英然回去了没有？身体情况怎样？我和于蓝都很怀念。

希望你们很好拍出白毛女，同时要注意身体！

向水华好。

握手。

英然和孩子们好。

田方　三月廿二日

于蓝嘱笔问候。

▲《英雄儿女》（公映前片名为《团圆》）电影剧照，志愿军某师政治委员王文清（田方饰）与女儿王芳（刘尚娴饰），申志远提供

▲田方（中）与王滨（左）、于敏（右，电影编剧）在延安，长影旧址博物馆特别提供

▲ 1946 年吕骥（前排右二）与舒群（前排右一）、张庚（前排右三）、塞克（后排右一）等人从哈尔滨抵达佳木斯后不久所摄，中央音乐学院提供

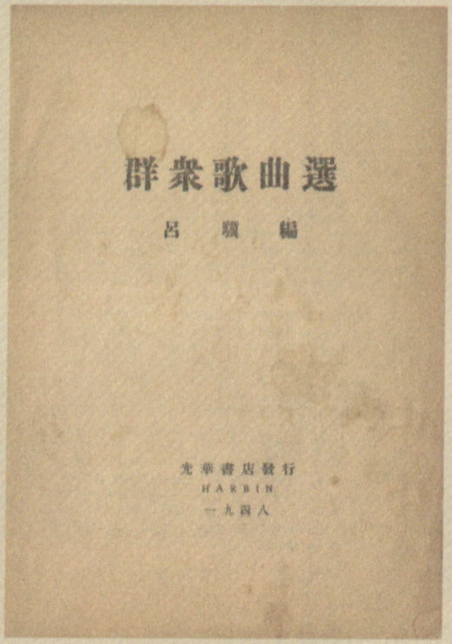

▲ 吕骥所编《群众歌曲选》，哈尔滨光华书店 1948 年版，胡继东收藏并提供

吕骥

吕骥（1909—2002），原名吕展青，湖南湘潭人，中国音乐评论家、作曲家、音乐活动家。曾担任中央音乐学院副院长及中国音乐家协会主席，除创作外，还进行民族音乐的整理研究工作，著有大量音乐论文。

1946 年 6 月，吕骥带着到东北办学的任务率延安鲁艺文工团（延安鲁迅艺术学院文艺工作团）辗转到达了哈尔滨。为与哈尔滨人民群众加强交流，唤起他们的觉悟，吕骥带领鲁艺文工团的同志在困难的条件下积极开展工作，他们演出了歌剧《白毛女》、歌曲《黄河大合唱》等新的文艺节目，使哈尔滨的群众很快向他们靠近。不久，依据上级指示，吕骥率鲁艺文工团离开哈尔滨北上佳木斯，组建东北大学艺术学院，萧军为院长，吕骥、张庚任副院长。1948 年年初，东北局在全东北文艺工作会议上发出了“文艺要为解放战争服务，要把为兵服务放在首位”的号召。会后不久，吕骥便带领一批干部从佳木斯赶来哈尔滨，筹建东北音乐工作团。

东北音乐工作团是一个结合音乐创作与表演艺术实践而全力培养青年音乐干部的“红色学校”，在哈尔滨兆麟公园举办的纪念聂耳逝世 13 周年音乐会上，东北音乐工作团演出的吕骥的《聂耳挽歌》、聂耳的《义勇军进行曲》等作品，震撼人心。东北音乐工作团的革命音乐活动，创造出大众化的人民音乐与革命斗争紧密结合的新形式，被压迫多年的哈尔滨人民听到激昂豪迈的歌声，斗志昂扬。东北解放区革命歌咏运动的蓬勃进行，奠定了哈尔滨人民群众音乐的基础，增强了其民族自豪感。

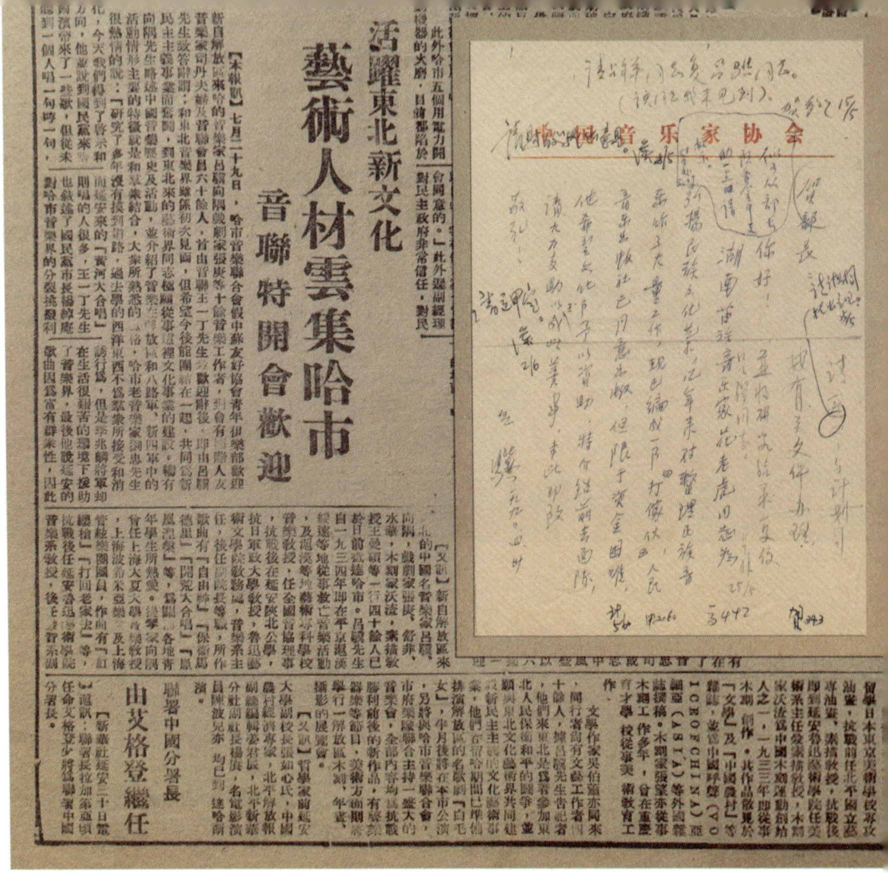

此外哈市五個用電力開動機器的大廠，目前都陷於

合同意的。」此外還副經理對民主政府非常信任，對民

活躍東北新文化
藝術人材雲集哈市
音聯特開會歡迎

【本報訊】七月二十九日，哈市音樂聯合會假中蘇友好協會青年俱樂部歡迎新自解放區來哈的音樂家呂驥向隅戲劇家張庚等十餘音樂工作者，到會有國際人友音樂家司丹夫赫及音聯會員六十餘人，首由音聯主王一丁先生致歡迎辭後，即由呂驥先生致答辭謂：和東北音樂界雖係初次見面，但希望今後能團結在一起，共同爲新民主主義事業而奮鬥，到東北來的藝術界同志極願從事這裡文化事業的建設。續有向隅先生略述中國音樂歷史及活動，並介紹了音樂在解放區和八路軍、新四軍中的活動情形主要的特徵就是和羣衆結合，大衆所熟悉的風格，哈市老音樂家劉忠先生很熱情的說：「研究了多年沒有找到新路，過去學的西洋東西不爲羣衆所接受和消化，今天我們得到了啓示和方向，他並說到國民黨來內孩宿來了一些歌，但從未聽到一個人唱一句哼一句，而延安來的「黃河大合唱」則唱的人很多，王一丁先生也敘述了國民黨市長楊綽庵對哈市音樂界的分裂挑撥利誘行爲，但是李兆麟將軍卻在生活很艱苦的環境下援助了音樂界，最後他說延安的歌曲因爲富有群衆性，因此

【文訊】新自解放區來北的中國名音樂家呂驥、向隅，戲劇家張庚、舒非、水華，木刻家沃渣，素描教授王曼碩等一行四十餘人已於日前抵達哈市。呂驥先生自一九三四年即在平京滬漢綏遠等地從事救亡音樂活動，及滬漢等地藝術專科學校音樂教授，任全國音協理事，抗戰後在延安陝北公學，抗日軍政大學教授，魯迅藝術文學院教務處，音樂系主任，後任劇院長等職，所作歌曲有「自由神」「保衛馬德里」「開荒大合唱」「原風沼樂」等，爲解放區各地青年學生所熱愛。提琴家向隅曾任上海大夏大學音樂教授，上海波希米亞樂團及上海管絃樂團團員，作曲有「紅纓槍」「打回老家去」等，抗戰後任延安魯迅藝術學院音樂系教授，後任音系副

留學日本東京美術學校專攻油畫，抗戰前任北平國立藝專油畫，素描教授，抗戰後即到延安魯迅藝術學院任美術系主任兼教授，木刻家沃渣爲中國木刻運動創始人之一，一九三三年即從事木刻創作，其作品散見於「文學」及「中國農村」等雜誌，並曾爲中國呼聲（VOICE OF CHINA）亞細亞（ASIA）等外國雜誌撰稿。木刻家張望亦從事木刻工作多年，曾在重慶育才學校從事美術教育工作。文學作家吳伯簫亦同來，同行者尚有文藝工作者四十餘人，據呂驥先生告記者，他們來東北是爲着參加東北人民保衛和平的鬥爭，並願與東北文化藝術界共同建設新民主主義的文化藝術事業，他們在留哈期間已準備排演解放區的名歌劇「白毛女」，半月後將在本市公演，另將與哈市音樂聯合會市府樂隊聯合主持一盛大的音樂會，全部內容均爲抗戰勝利前後的新作品，有聲樂器樂等節目，美術方面則籌舉行一解放區木刻，年畫，攝影的展覽會。

【文訊】哲學家前延安大學副校長張如心氏，中國農村經濟專家，北平解放報副總編輯姿君辰，北平新華分社副社長楊庚，名電影演員陳波兒亦均已到達哈爾濱。

聯署中國分署長 由艾格登繼任

【新華社延安二十日電】遲訊：聯署長拉加第亞頓任命艾格登少將爲聯署中國分署長。

中国音乐家协会

贺部长：

你好！

▲ 《东北日报》1946 年 8 月 2 日头版刊发的《艺术人才云集哈市》，介绍了到哈尔滨的艺术家有吕骥、张庚、瞿维、寄明、马可、陈波儿、王曼硕、张望等；书札为吕骥 1990 年致函文化部代部长贺敬之，请他批复相关部门为湖南音乐家出版音乐理论图书“予以资助”，韩斗收藏并提供

▶ 1989 年 5 月吕骥（左二）与丁善德（右二）等友人在“吕骥同志从事音乐工作六十周年祝贺大会”上，笔者摄

▲ 马可在东北时期的工作照，马可女儿——延安鲁艺校友会会长马海莹提供

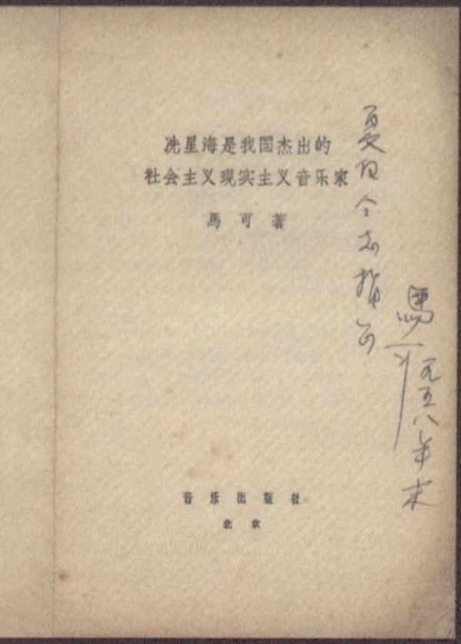

▲ 马可作品的签名本，胡继东收藏并提供

■ 马可

马可（1918—1976），江苏徐州人，作曲家、音乐学家。曾参加新歌剧《白毛女》的音乐创作，对中国新歌剧的创造和发展作出了重要贡献。解放战争时期，在东北解放区从事音乐活动。后致力于戏曲音乐研究，并任中国音乐学院副院长兼中国歌剧舞剧院院长等职。

1946 年 6 月，马可随延安鲁艺文工团来到哈尔滨。鲁艺文工团到达哈尔滨后，开始了声势浩大的革命文艺活动，观众络绎不绝。在此期间，马可为歌剧《血海深仇》作曲，《血海深仇》的排练地便是松花江畔的今哈尔滨铁路江上俱乐部。后因局势变化，马可随鲁艺文工团转移，北上前往佳木斯。

▼ 大光明电影院旧影，胡继东提供

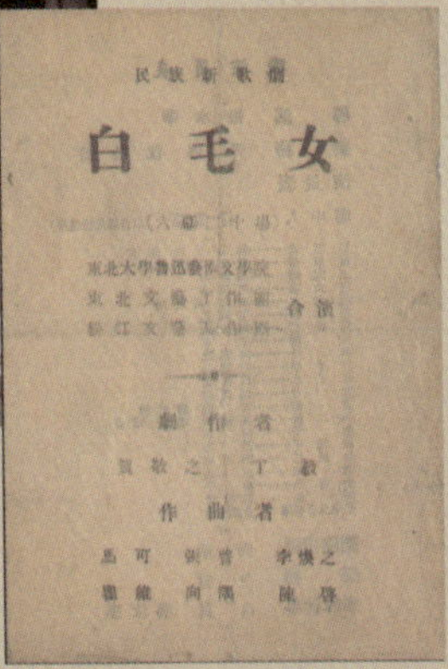

▲《白毛女》剧照及《白毛女》1946 年演出节目单，胡继东收藏并提供

到佳木斯后，马可结合他在哈尔滨铁路总工厂、佳木斯工厂等地采风后的感受，创作出著名歌曲——《咱们工人有力量》。1948 年 9 月上旬，辽沈战役打响，鲁艺文工团回到哈尔滨，重点排练的节目仍是歌剧《白毛女》。10 月中旬，马可等人接到命令，鲁艺文工团开赴前线，去慰问刚从长春起义的部队，演出节目是《白毛女》及《胜利联唱》等。《胜利联唱》是马可出发前在哈尔滨动笔，并在此次南下的闷罐车里赶写出来的。自此，马可离开了哈尔滨。

▼ 大光明电影院上演《白毛女》，胡继东提供

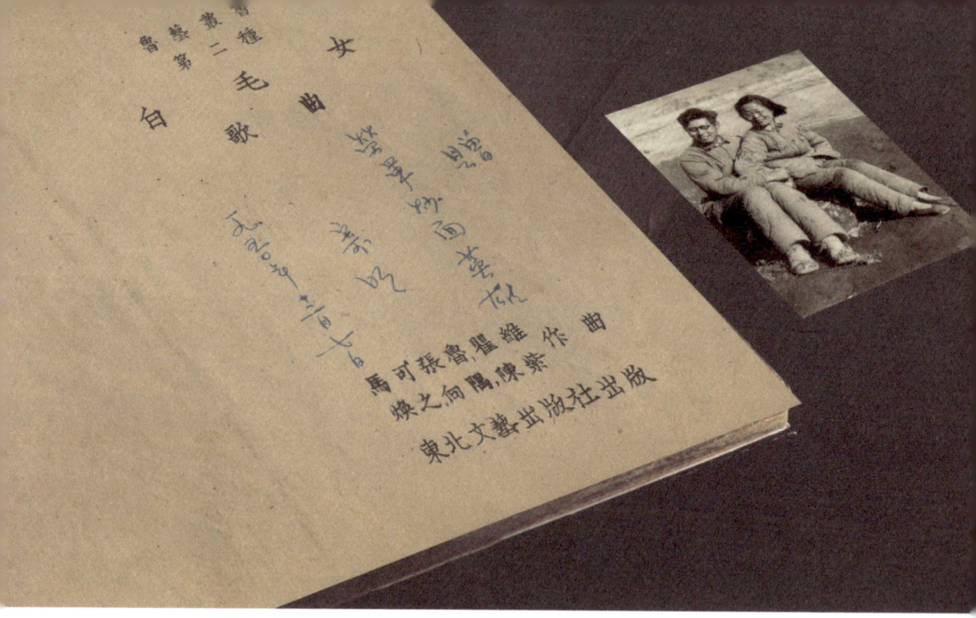

▲《白毛女（歌曲）》，东北文艺出版社出版，为寄明签名题赠“荣军炒面英雄”，胡继东藏品

▲瞿维、寄明夫妇合影，郑律成摄于延安

■ 瞿维、寄明

瞿维（1917—2002），原名瞿世雄，江苏常州人，作曲家。歌剧《白毛女》作曲之一（歌剧《白毛女》由马可、张鲁、瞿维、李焕之、向隅、陈紫、刘炽等集体作曲），曾任中国音乐家协会副主席。

寄明（1917—1997），原名吴亚贞，江苏苏州人，作曲家。广为传唱的歌曲《我们是共产主义接班人》就是寄明谱写的。

瞿维、寄明夫妇作为延安鲁艺音乐系教员，1946 年 7 月随延安鲁艺师生到达哈尔滨。1948 年春天，瞿维出任在哈尔滨成立的东北音乐工作团副团长，寄明任东北音乐工作团研究员及“少年班”班主任，他们为刚刚解放的哈尔滨带来了积极向上的红色音乐，精心培养了傅庚辰等少年音乐人才。寄明曾向团内聘请的民间说唱艺人学习民间音乐，记录整理了曲谱，著有《蹦蹦音乐》，书中介绍了“蹦蹦”的起源与曲词的演变过程。瞿维、寄明夫妇在哈尔滨现当代音乐史上留下了浓重一笔。1949 年，瞿维、寄明夫妇被调往沈阳东北鲁迅文艺学院（今沈阳音乐学院）音乐系，相继任系主任，后奉调上海工作。

▲ 1946 年寄明在哈尔滨电台录制钢琴独奏节目，向市民展示音乐积极向上的艺术魅力，哈尔滨音乐博物馆提供

▼《白毛女（歌曲）》及《“白毛女”音乐的创作经验》（瞿维为作者之一），胡继东藏品

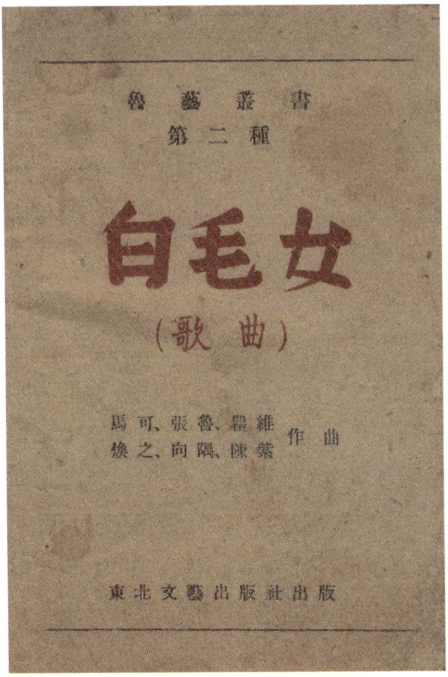

魯藝叢書
第二種

白毛女
（歌曲）

馬可、張魯、瞿維
煥之、向隅、陳紫
作曲

東北文藝出版社出版

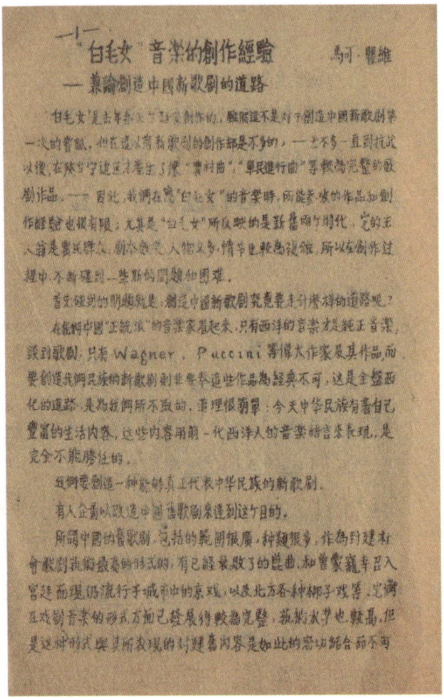

—1—

"白毛女"音樂的創作經驗　馬可·瞿維

——兼論創造中國新歌劇的道路

"白毛女"是去年[illegible]創作的，雖然這不是對于創造中國新歌劇第一次的嘗試，但在這以前新歌劇的創作卻是不多的，——差不多一直到抗戰以後，在陝甘寧邊區才產生了像"農村曲"、"軍民進行曲"等較為完整的歌劇作品。——因此，我們在寫"白毛女"的音樂時，所能參考的作品和創作經驗也很有限；尤其是"白毛女"所反映的是新舊兩个時代，它的主人翁是農民群众，劇本較长，人物又多，情节也較為複雜，所以在創作过程中不斷碰到一些新的問題和困難。

首先碰到的問題就是：創造中國新歌劇究竟要走什麼样的道路呢？

在我們中國"正統派"的音樂家看起来，只有西洋的音樂才是純正音樂，談到歌劇，只有 Wagner，Puccini 等偉大作家及其作品，而要創造我們民族的新歌劇則非奉這些作品為經典不可，这是全盤西化的道路，是為我們所不取的。道理很簡單：今天中华民族有着自己豐富的生活内容，这些内容用前一代西洋人的音樂語言來表現，是完全不能勝任的。

我們要創造一种能够真正代表中华民族的新歌劇。

有人企圖以改造中國舊歌劇來達到这个目的。

所謂中國的舊歌劇，包括的範圍很廣，种類很多，作為封建社會歌劇藝術最高的形式的，有已經衰敗了的崑曲，和曾蒙寵幸召入宮廷而現仍流行于城市中的京戏，以及北方各种梆子戏等。它們在戏劇音樂的形式方面已發展得較為完整，藝術水平也較高，但是这种形式與其所表現的封建舊内容是如此的密切結合而不可

▲马思聪、王慕理夫妇在演奏，中央音乐学院档案馆提供

■ 马思聪

马思聪（1912—1987），广东海丰人，作曲家、小提琴家、音乐教育家。先后就读于南锡音乐学院、巴黎音乐学院，曾任中央音乐学院院长及中国音乐家协会副主席。

1956 年 3 月，马思聪偕夫人王慕理来哈尔滨举办小提琴独奏音乐会。音乐会先后在哈尔滨市劳动人民文化宫（今哈尔滨话剧院）、哈尔滨旅社俱乐部举办。钢琴伴奏王慕理，演奏曲目有贝多芬的《G 大调抒情曲》《小回旋曲》，帕格尼尼的《魔鬼的笑声》，柴可夫斯基的《徐缓如歌》及马思聪本人作品《慢诉》《山歌》等。哈尔滨的观众纷纷前往，剧场座无虚席。

▼1958 年马思聪在中国文联主席团会议签到单上签名，同签到的名人有吕骥、冰心、老舍等，哈尔滨市博物馆“文化名人手迹馆”藏品

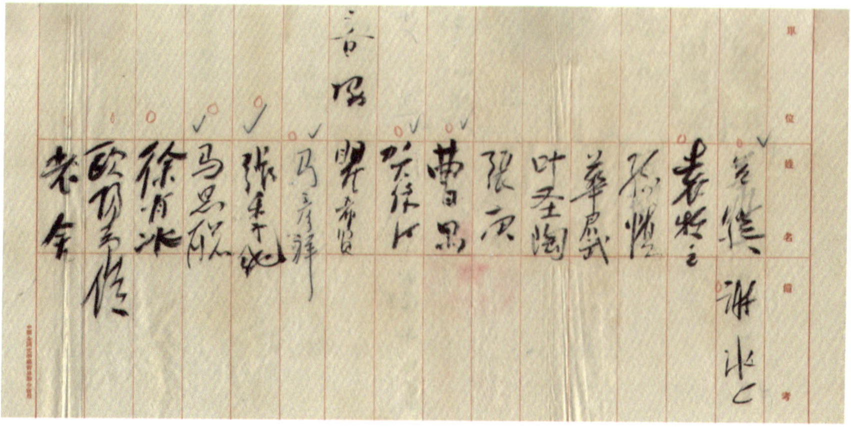

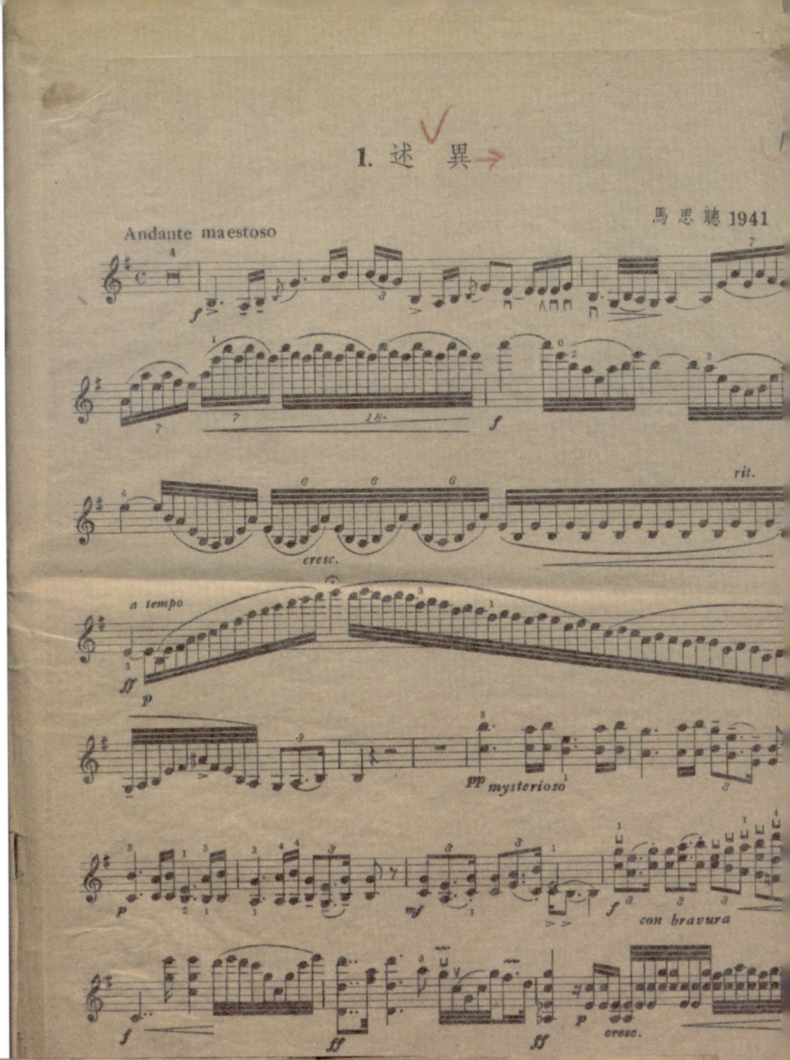

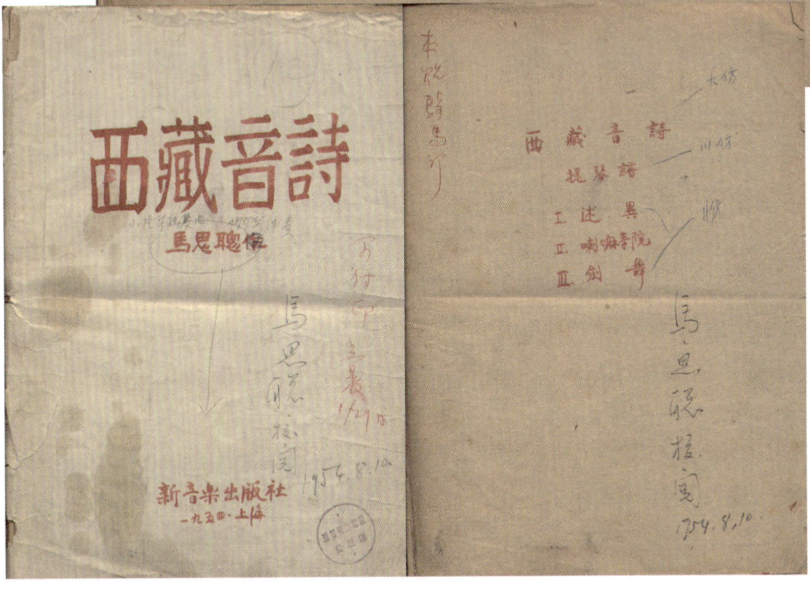

▲《西藏音诗》是马思聪创作的小提琴组曲，第一个乐章即为《述异》，此曲谱上有马思聪在 1954 年的亲笔签名，哈尔滨市博物馆“文化名人手迹馆”藏品

▲ 郑律成　　▲ 公木

郑律成、公木

郑律成（1918—1976），原名郑富恩，原籍朝鲜，作曲家。1933年他来到中国参加抗日救亡活动，后入延安鲁迅艺术学院音乐系学习，毕业后到中国人民抗日军政大学任音乐指导。他陆续谱写出《八路军进行曲》（后更名为《中国人民解放军进行曲》）、《延安颂》等近300首进步歌曲。

公木（1910—1998），原名张松如，曾名张永年，笔名公木，河北束鹿（今辛集）人，诗人、学者。曾在中国人民抗日军政大学工作。是《中国人民解放军进行曲》的歌词作者。

1953年，作曲家郑律成调到中央歌舞团工作后，来到哈尔滨体验生活。在这片广袤的黑土地上，他深入城市、乡村、林区，创作出《采伐歌》《小兴安岭颂》《幸福的农庄》大合唱等作品。如今，这些作品动人的旋律依然令人心潮澎湃。1974年，郑律成随中央乐团创作组到大庆油田采风，在哈尔滨短暂停留，与牛乃文等哈尔滨文艺界人士进行了座谈。

在延安，郑律成很欣赏公木的作词才能，他主动提议，两人共同为八路军谱写大合唱。1939年，《八路军进行曲》诞生。公木平素为人极为低调，话语也少。1963年，长春电影制片厂拍摄由巴金的小说《团圆》改编的电影《英雄儿女》，导演武兆堤、主演田方、作曲刘炽找到他们在延安时期的老战友——正在吉林大学任教的公木，请他为影片歌曲做一首词，歌唱保家卫国的英雄们。公木看完样片，深受感动，连夜就将词写好，即《英雄赞歌》——“风烟滚滚唱英雄，四面青山侧耳听”，后由刘炽谱曲。《英雄儿女》公映后，《英雄赞歌》一炮打响，并随着影片知名度的扩大而唱遍大江南北。

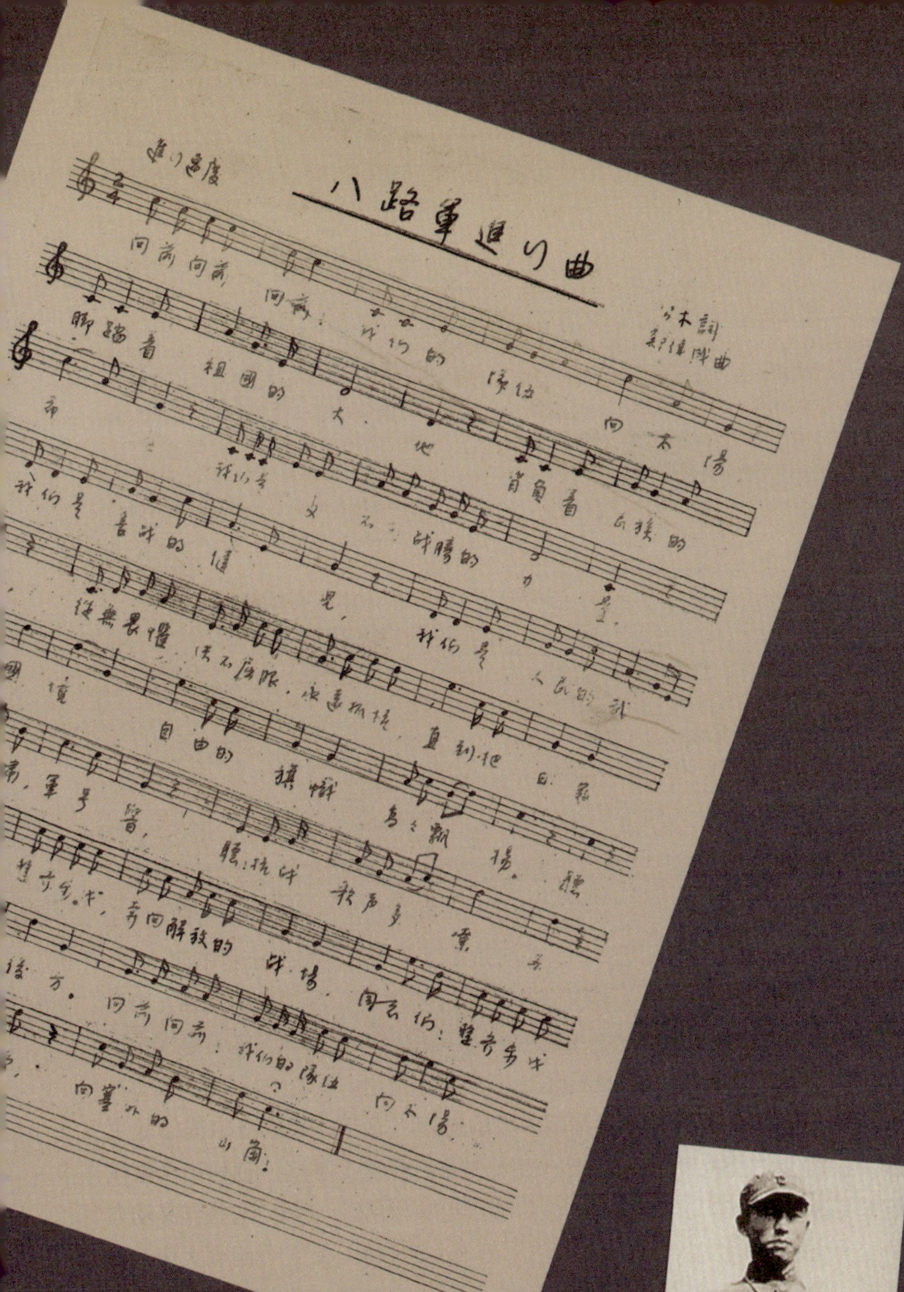

▲ 郑律成

▲《八路军进行曲》手稿，郑律成亲笔书写。2020 年 9 月 7 日，郑律成与丁雪松的女儿郑小提将此珍贵手稿捐赠给位于哈尔滨的人民音乐家郑律成纪念馆

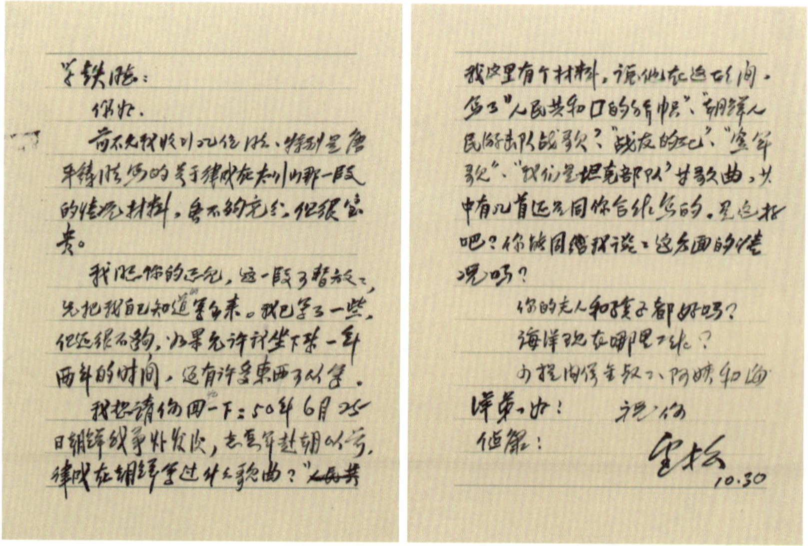

学铁同志：
你好。
前不久我收到几位同志，特别是唐平铸同志写的关于律成在太行山那一段的情况材料，虽不够充分，但很宝贵。
我照你的意见，这一段可暂放一放，先把我自己知道的写出来。我已写了一些，但还很不够，如果允许我坐下来一年两年的时间，还有许多东西可以写。
我想请你回忆一下：50年6月25日朝鲜战争爆发后，志愿军赴朝以前，律成在朝鲜写过什么歌曲？~~"人民共~~
我这里有个材料，说他在这时间写了"人民共和国的旗帜"、"朝鲜人民游击队战歌"、"战友的纪念"、"青年歌"、"我们是坦克部队"等歌曲，其中有几首还是同你合作写的。是这样吧？你能回忆给我谈谈这方面的情况吗？
你的夫人和孩子都好吗？
海洋现在哪里工作？
小提问候金叔叔、阿姨和海洋弟弟好！
祝你
愉快！
雪松
10.30

▲ 郑律成遗孀丁雪松致金学铁书札，谈郑律成作曲情况。金学铁纪念馆提供

公木曾在 1946 年 5 月到过哈尔滨，当时身为东北大学教育长的公木参与学校的筹建，率领数百名师生边宣传、边学习。在哈尔滨，公木与东北大学师生走上街头举行反对暴行的游行。后因形势紧张，东北大学师生便继续北撤，奔赴佳木斯，公木因此离开了哈尔滨。此后，公木多次到哈尔滨，如 1948 年 8 月，公木到哈尔滨参加东北行政委员会在哈尔滨召开的东北解放区第三次教育会议。1949 年后，在长春吉林大学工作的公木也时常来哈尔滨公干。

▶
右上图为 1955 年教学问题座谈会签名单，公木（张松如）与启功等名家名字赫然在列。哈尔滨市博物馆“文化名人手迹馆”藏品
书札为公木（张松如）致水华（电影导演），长影旧址博物馆收藏并提供

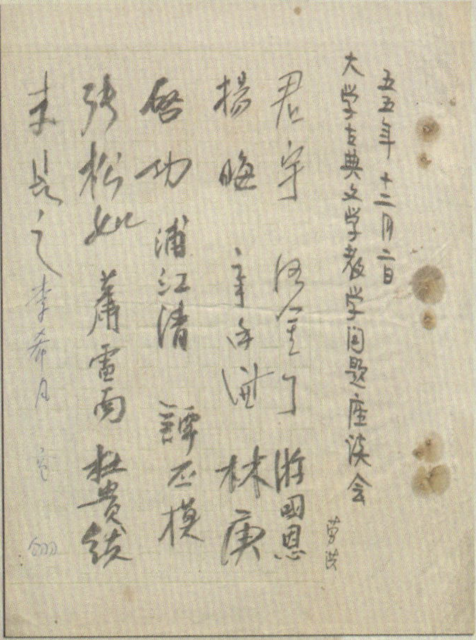
五五年十二月廿日
大学古典文学教学问题座谈会
君宇 [illegible] 游国恩
杨晦 [illegible] 林庚
启功 浦江清 谭丕模
张松如 萧雷南 [illegible]
李长之 李希凡

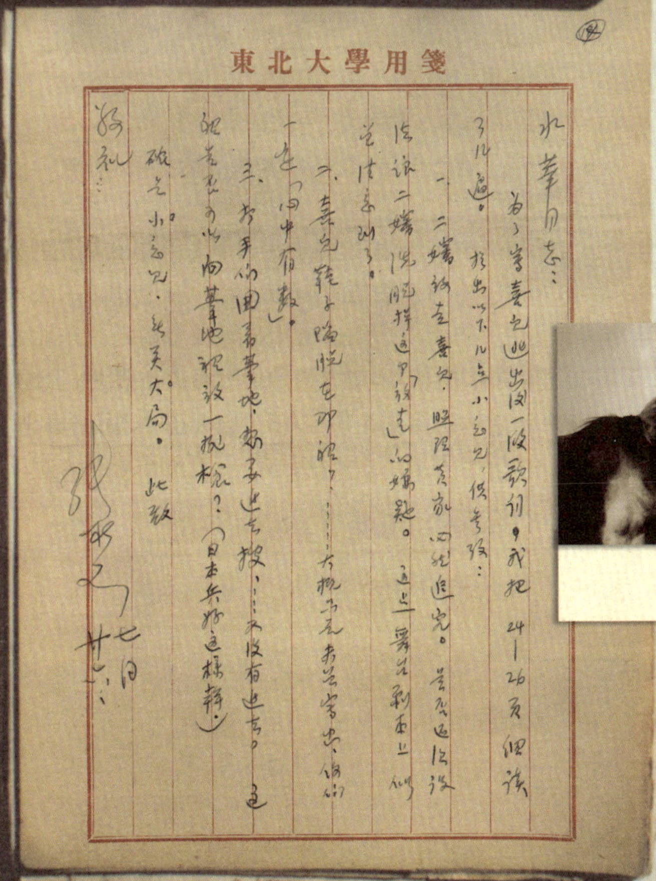
東北大學用箋

水華同志：

[illegible]

敬礼

张松如

▲ 公木（张松如）

▲ 1948 年秋刘炽（前排长者）与东北音乐工作团少年班学员，摄于哈尔滨市，黑龙江大学博物馆提供

▲《工人大合唱》，新中国书局 1949 年版，胡继东藏品

刘炽、乔羽

刘炽（1921—1998），原名刘德荫，陕西西安人，作曲家。刘炽共作有 1000 余首（部）各种形式的音乐作品。

乔羽（1927—2022），原名乔庆宝，山东济宁人，词作家。乔羽前期主要从事剧本创作，后因作曲家、电影导演等邀约，走上了歌词创作道路，成为深受人民群众喜爱的词作家，被中国音乐文学界称为“词坛泰斗”。

刘炽与乔羽是老搭档，《让我们荡起双桨》《我的祖国》，就是他们共同推出的。同为乐坛、词坛巨擘，他们两人又都曾与哈尔滨结缘。

1947 年年初，刘炽来到哈尔滨，担任鲁艺三团（全称松江鲁艺文工团）艺术指导。1948 年春，东北音乐工作团在哈尔滨正式成立，吕骥为团长，刘炽任艺术室副主任。不久，为纪念聂耳逝世 13 周年，东北音乐工作团在兆麟公园举办了专题音乐会，《毕业歌》《义勇军进行曲》雄壮豪迈，刘炽担任指挥。这是哈尔滨市民自解放后首次听到如此震撼人心的吼声。1948 年夏，刘炽在宿舍突击谱写《工人大合唱》，用他自己的话：“两耳不闻窗外事，一心在家 123。”有时候他一个音符也写不出来，就出门遛遛，还不成，就到秋林公司买点儿格瓦斯、红肠，甚至雇一辆马车，让车老板道里、道外、南岗到处跑，然后再到江沿儿看水，到江上俱乐部喝咖啡提神，“折腾了一六十三招儿，直到晚上 11 点回到宿舍”，最后，总算成功。对哈尔滨，刘炽感叹地说：“这里曾磨练了我作曲的笔，也丰富了我的视野。”《工人大合唱》演出时由刘炽指挥，获得巨大成功，工人们劳动的火热景象与抖擞的豪迈气概，在曲子中表现得淋漓尽致。

1948 年 11 月，东北全境解放，刘炽前往沈阳。40 多年后的 1990 年，刘炽又来到哈尔滨，他随来哈尔滨拍摄外景的电视剧《哪是我的家》剧组抵达。重返哈尔滨，他激动不已。

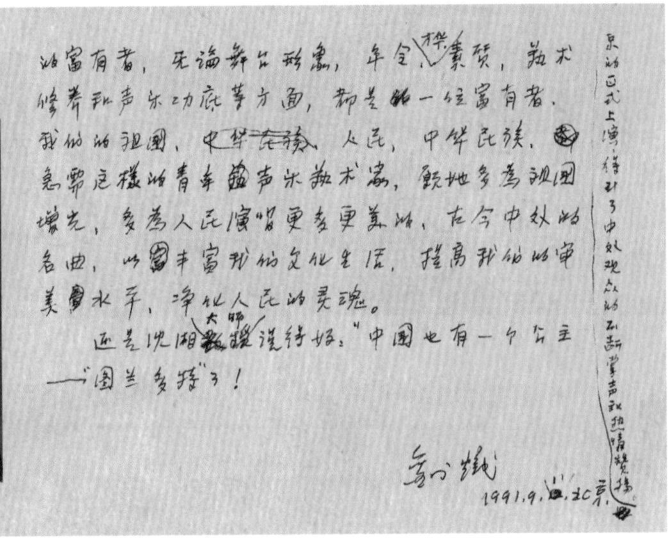

的富有者，无论舞台形象，年令、素质，艺术修养和声乐功底等方面，都是一位富有者。

我们的祖国、人民、中华民族，需要这样的青年声乐艺术家，能她多为祖国增光，多为人民演唱更多更美的古今中外的名曲，以丰富我们的文化生活，提高我们的审美水平，净化人民的灵魂。

正是沈湘大师说得好："中国也有一个公主——图兰多特了！"

東的正式上演，得到了中外观众的不断掌声和热情赞扬。

刘炽

1991.9.11.北京

▲ 刘炽手稿局部，哈尔滨市博物馆“文化名人手迹馆”藏品

▼ 刘炽手稿一页，提及电影《英雄儿女》及其插曲《英雄赞歌》，黑龙江大学博物馆藏品

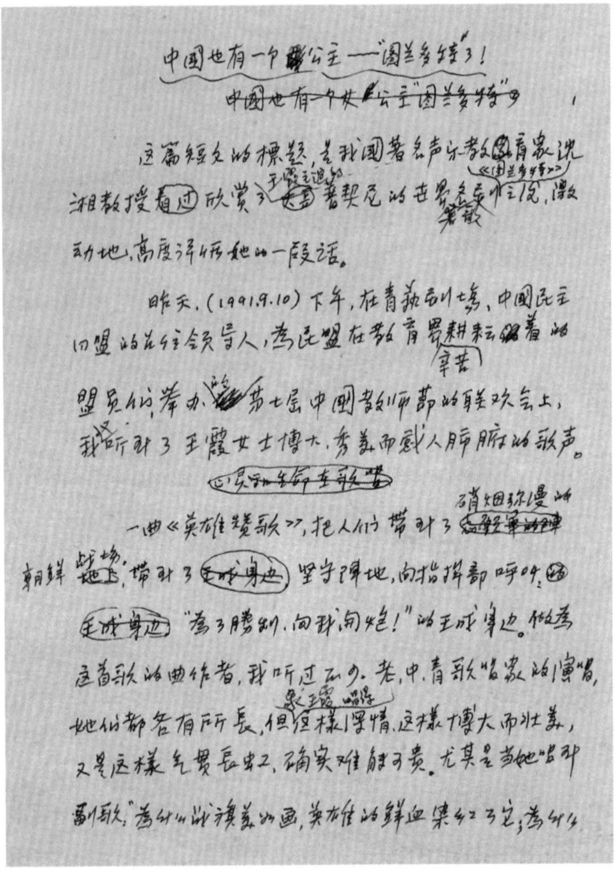

中国也有一个公主——图兰多特了！

1

这篇短文的标题，是我国著名声乐教育家沈湘教授欣赏了王霞主演的《图兰多特》普契尼的世界名歌剧后，激动地、高度评价她的一段话。

昨天(1991.9.10)下午，在青艺剧场，中国民主同盟的总会领导人，为民盟在教育界辛苦耕耘着的盟员们，举办的第七届中国教师节的联欢会上，我又听到了王霞女士博大、秀美而感人肺腑的歌声。

一曲《英雄赞歌》，把人们带到了硝烟弥漫的朝鲜战场，带到了坚守阵地，向指挥部呼叫"为了胜利，向我开炮！"的王成身边。做为这首歌的曲作者，我听过不少老、中、青歌唱家的演唱，她们都各有所长，但王霞唱得这样深情、这样博大而壮美，又是这样气贯长虹，确实难能可贵。尤其是当她唱那副歌"为什么战旗美如画，英雄的鲜血染红了它；为什么

▲ 乔羽与作曲家谷建芬在哈尔滨，徐世铭提供

▲ 乔羽向哈尔滨市音乐爱好者协会会长杨伟东展示刚写就的题字，杨伟东提供

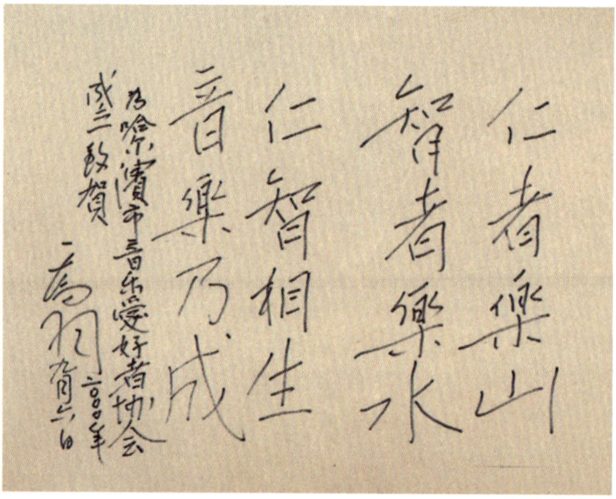

▲ 乔羽为哈尔滨市音乐爱好者协会题词，杨伟东藏品

再说乔羽。1995年11月，词作家乔羽与作曲家谷建芬来哈尔滨采风，他们应邀联手为即将在哈尔滨举办的第三届亚冬会创作会歌。据徐世铭（时任亚冬会新闻宣传委员会副主任）回忆，乔羽详细了解了亚冬会比赛事项，亲身感受了哈尔滨独特的气候与风情，并目睹了充满斗志和豪情的备战运动员们的训练过程，在很短的时间内便写出了歌词《赞美冰雪》。1996年2月，由乔羽作词、谷建芬作曲的《赞美冰雪》在亚冬会唱响。

▶
右页上图题字即为乔羽题写；书札为乔羽致长春电影制片厂厂长亚马书札，长影旧址博物馆收藏并提供

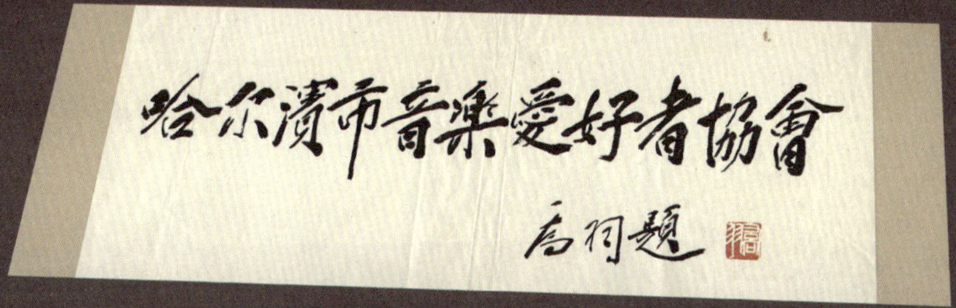

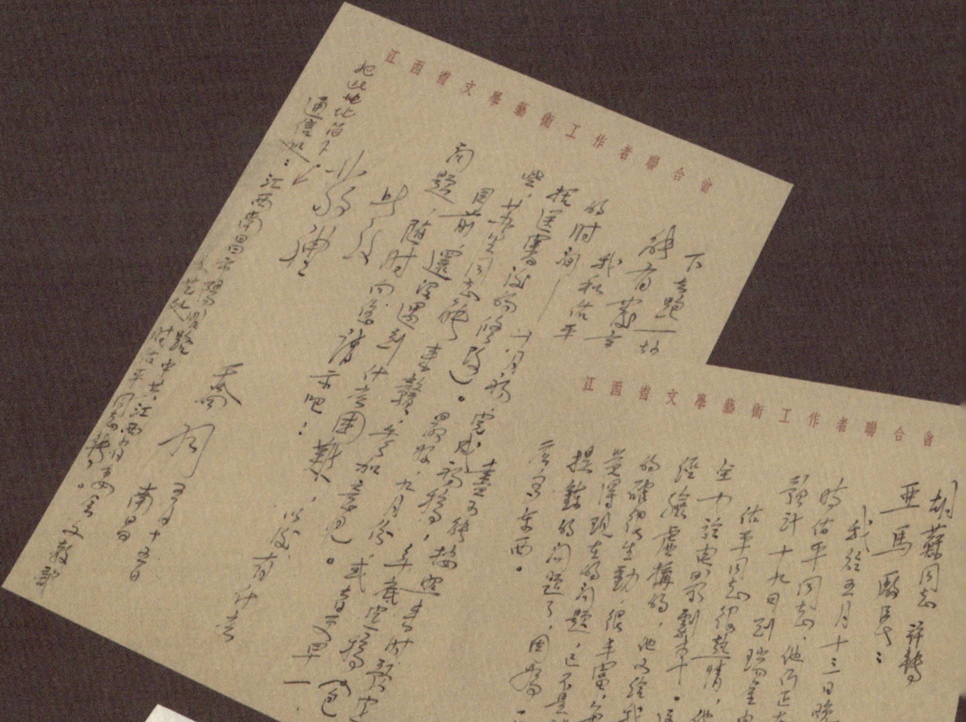

江西省文學藝術工作者聯合會

江西省文學藝術工作者聯合會

亞馬同志：

▲ 不同时期的李默然照

李默然

李默然（1927—2012），回族，原名李绍诚，黑龙江珠河县（今哈尔滨尚志市）人，话剧、电影演员。曾任中国戏剧家协会主席。

1932 年前后，李默然五六岁时曾在哈尔滨居住了三年，14 岁时随全家迁到牡丹江，1945 年参加了牡丹江邮政局业余剧团。1947 年 10 月，他回到哈尔滨，考入了东北文协文工团，并参演了该团的首部歌剧《血泪仇》，实现了从业余演员到专业演员的跨越。正是在哈尔滨工作、学习、演出期间，他看到了满街的俄侨，观看了苏联话剧与歌剧，由此开始对苏联戏剧表演产生兴致，并首次知道了“斯坦尼”（苏联斯坦尼斯拉夫斯基戏剧体系）。也正是在哈尔滨，李默然结识了日后与他相伴终生的妻子——东北文协文工团指挥龙潮。1948 年年底，东北文协文工团从哈尔滨迁往刚解放的沈阳，后组建东北人民艺术剧院话剧团。李默然随团到达沈阳后，更加关注、学习戏剧理论，随后便开始在演出中崭露头角。1951 年，他因成功出演话剧《曙光照耀着莫斯科》中库烈聘一角，荣获东北区第一届戏剧音乐舞蹈观摩大会优秀表演奖，逐步成为东北人民艺术剧院（更名后称辽宁人民艺术剧院）的台柱子。从 1961 年起，他先后拍摄了《甲午风云》《兵临城下》《熊迹》《检察官》《花园街五号》等多部影片。其塑造的人物形象，深入人心。

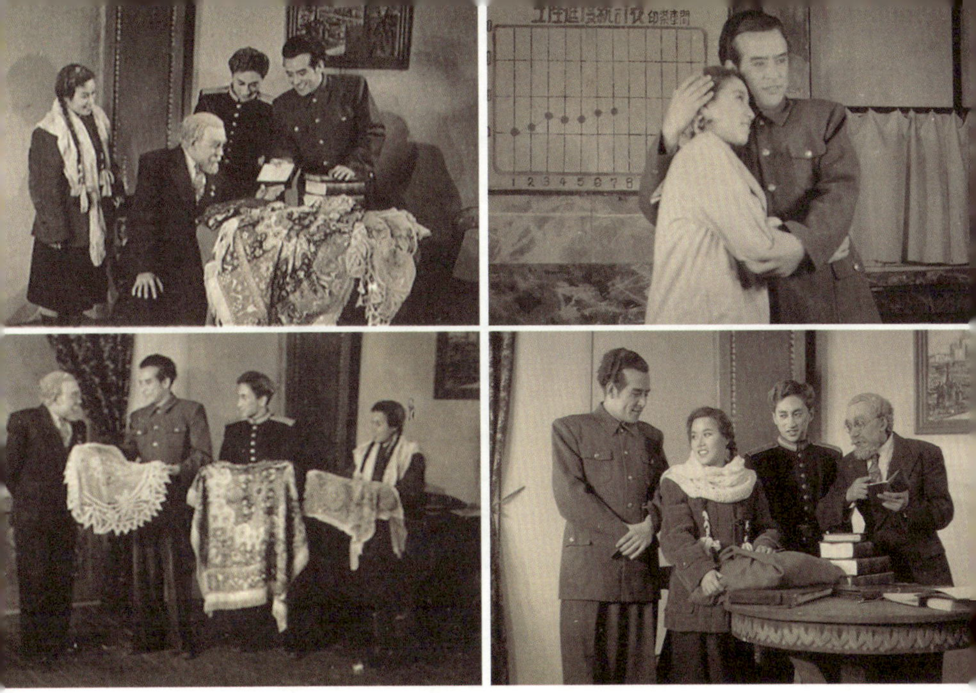

▲ 话剧《曙光照耀着莫斯科》剧照，这出戏在沈阳、哈尔滨等地连演三个月160多场，场场爆满。于德海（原《哈尔滨日报》摄影记者）1951年在哈尔滨拍摄

1976年初春和盛夏，李默然因参拍电影《熊迹》两次来到哈尔滨，并见到了许多老朋友。1984年，他再度来到哈尔滨拍摄主演的电影《花园街五号》。1992年，他又莅临哈尔滨参加第二届东北话剧节开幕式。2002年7月，李默然以中国文联副主席、中国戏剧家协会主席及“文协文工团”团员的身份来到哈尔滨，参加庆祝“东北文协文工团建团55周年”系列活动，这是他最后一次回到哈尔滨。2007年4月，李默然被授予第十七届白玉兰戏剧艺术“终身成就奖”。

▼ 从左至右，李默然在长影出品的影片《兵临城下》《甲午风云》中的扮相

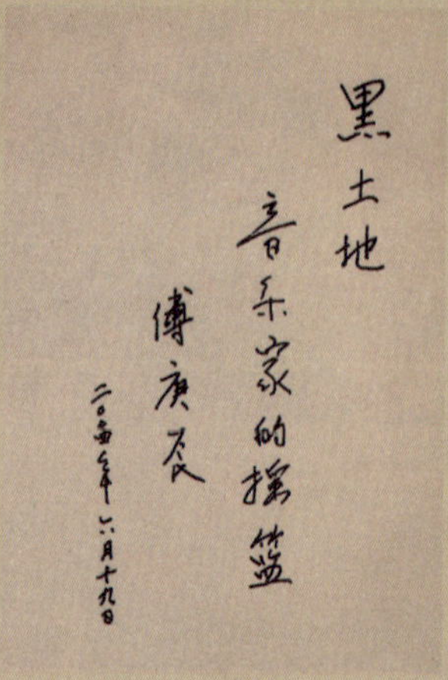

▲ 傅庚辰题词，哈尔滨音乐博物馆提供

▲ 在东北音乐工作团少年班学习时的傅庚辰与其姐合影

■ 傅庚辰

傅庚辰（1935—），满族，黑龙江双城（今哈尔滨市双城区）人，作曲家，中国文学艺术界联合会荣誉委员、中国音乐家协会名誉主席，正军职少将。曾为《闪闪的红星》《地道战》等 70 余部影视作品创作音乐，其中《红星照我去战斗》《映山红》等成为家喻户晓的经典。

傅庚辰是在哈尔滨这片黑土地上走上音乐之路的。1948 年 4 月，鲁艺东北音乐工作团在哈尔滨成立，在建团初期便设了一个少年班，女作曲家寄明担任班主任。少年班有十几名学员，年龄最小的只有 9 岁，傅庚辰 13 岁，他们都是从翻身的农民子弟中招上来的。据傅庚辰回忆，当时哈尔滨很冷，床铺上没有褥子，只能睡在草垫子上，但老师们对他们嘘寒问暖，全力帮助他们解决困难。吕骥、马可讲作曲，刘炽、陈紫、寄明讲识谱、教唱歌。来自延安鲁艺的优秀音乐家对少年班的学员们言传身教。傅庚辰等人迅速成长起来。

德艺双馨的傅庚辰历任解放军总政歌舞团团长，解放军艺术学院院长，中国音乐家协会主席、名誉主席。他多次现身“哈尔滨之夏”音乐会。2011 年国庆前，“理想之歌”——傅庚辰作品音乐会在哈尔滨环球剧场举行。在演出前，傅庚辰来到黑龙江大学的阳光讲坛，向黑大学子讲述了其作品背后的动人故事，学生们对这位从哈尔滨走出去的优秀作曲家致以热烈掌声。

▲ 从左至右分别是傅庚辰担任作曲的影片《雷锋》《闪闪的红星》剧照。《闪闪的红星》中冬子爸潘行义的扮演者赵汝平亦为哈尔滨人

▼ 傅庚辰为哈尔滨音乐博物馆开业剪彩，哈尔滨音乐博物馆提供

▼ 傅庚辰题字，郑国华收藏并提供

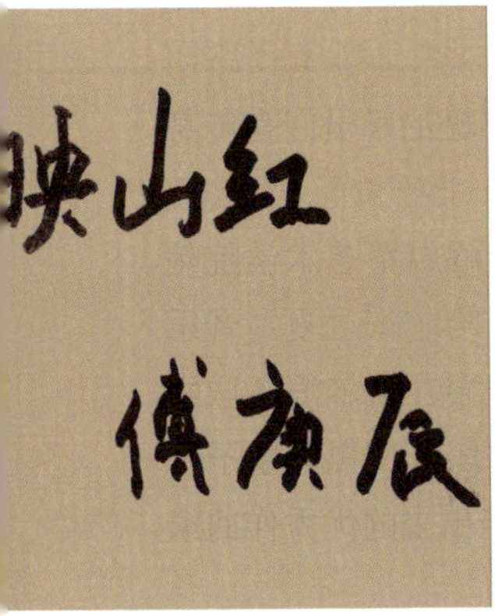

▼ 为纪念电影《闪闪的红星》公映 50 周年,《映山红》傅庚辰作品歌会于 2024 年 11 月 17 日在哈尔滨音乐学院音乐厅成功举办

▲ 陈波儿摄于 20 世纪三四十年代

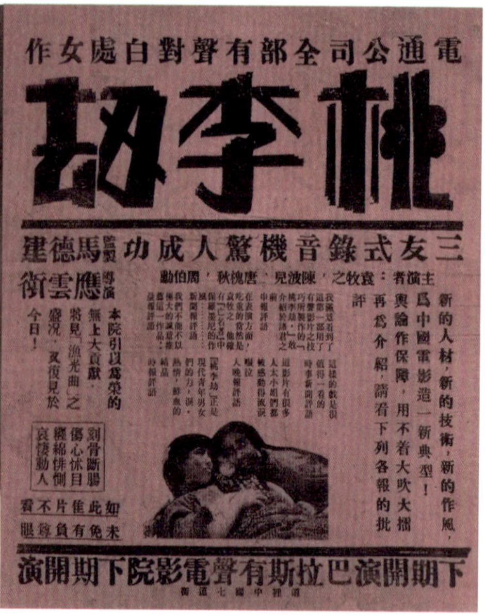

▲ 哈尔滨巴拉斯电影院为电通公司拍摄的《桃李劫》所作海报，黎纲峰（哈尔滨收藏家）收藏并提供

■ 陈波儿

陈波儿（1907—1951），原名陈舜华，广东潮安（今潮州）人，戏剧、电影演员。曾参加东北电影制片厂的创建及领导工作，后任中央电影事业管理局副局长。主持拍摄新闻纪录片《民主东北》17 辑，并编导中国第一部木偶片《皇帝梦》。

在 20 世纪 30 年代，有一部电影的名字是《桃李劫》，很多人恐怕都不记得了。但电影铿锵有力的主题歌却让许多人今日听来都会振奋不已，那就是《毕业歌》：“同学们，大家起来，担负起天下的兴亡……我们今天是桃李芬芳，明天是社会的栋梁……巨浪，巨浪，不断地增长！同学们！同学们！快拿出力量，担负起天下的兴亡！”陈波儿是《桃李劫》的女主角，她与男主角袁牧之以高超的演技、感人的爱国情怀，征服了广大观众。影片中的《毕业歌》就是由她与袁牧之演唱的。

1946 年 7 月，陈波儿从延安来到哈尔滨，不久便赶往兴山，参与组建东北电影制片厂。1948 年年初，已任东北电影制片厂业务负责人的陈波儿从兴山来到哈尔滨，她要写一部关于工人题材的电影文学剧本。为此她专程前往哈尔滨发电厂体验生活，长达半年之久。1949 年秋，由陈波儿编剧、东北电影制片厂拍摄的，一部反映工人积极抢修因材料短缺及被敌特破坏而导致毁坏的发电机的故事影片，《光芒万丈》完成。这部影片赞扬了在刚刚解放的哈尔滨涌现出的淳朴、刚正的电厂工人，鼓舞了广大工人的斗志。

◀ 电影《桃李劫》主演陈波儿

▲ 电影《光芒万丈》海报

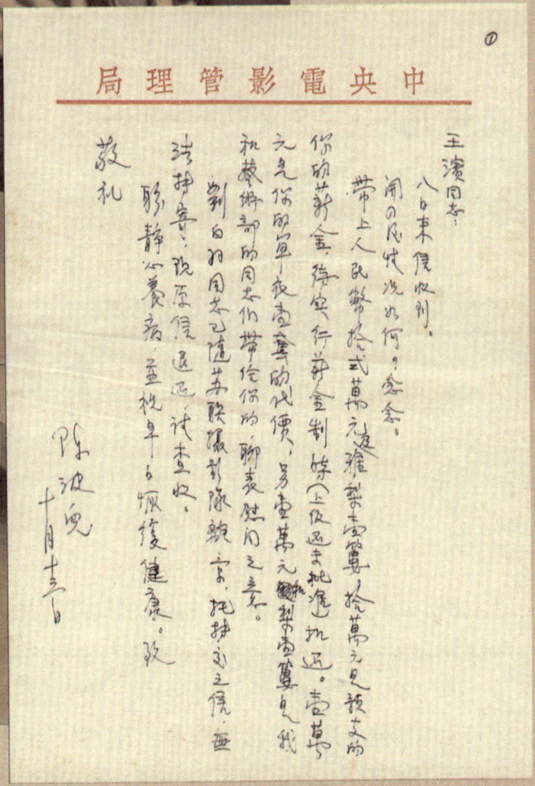

①

中央電影管理局

王濱同志：

八日来信收到，

闻你近况如何？念念。

带上人民币拾贰万元，鸭梨壹箱。拾万元是预支的你的薪金，待实行薪金制（上次还未扣清）扣还。壹万元是你的单衣壹套的代价，另壹万元鸭梨壹箱是我和艺术部的同志们带给你的，聊表慰问之意。

刘白羽同志已随苏联摄影队赴京，抗美之信无法挣寄，现原信退还，请查收。

耐静心养病，并祝早日恢复健康。致

敬礼

陈波儿

十月十二日

▲ 书札为陈波儿致导演王滨（电影《白毛女》导演），长影旧址博物馆收藏并提供

▲ 电影《桥》海报

▲ 不同时期的于洋

■ 于洋

于洋（1930—2025），原名于延江，山东黄县人，电影演员、导演。先后任东北电影制片厂、北京电影制片厂演员及北京电影制片厂演员剧团团长。主演多部电影，如《英雄虎胆》《暴风骤雨》等。

于洋曾多次来到哈尔滨，他说自己与这座城市有不解之缘。他曾对前来采访的记者申志远深有感情地讲："我的电影生涯是从哈尔滨起步的。"

▲ 松花江铁路桥

《桥》是东北电影制片厂拍摄的新中国第一部故事片，也是第一部以工人阶级为主人公的影片，讲述的是哈尔滨铁路工厂为了支援解放战争，全员上阵，群策群力，历尽艰险抢修松花江铁路桥的故事。于洋扮演一名进步工人，他随导演王滨和演员王家乙、陈强进驻哈铁机车车辆厂，换上工人服装，和工人们一道作业。《桥》拍得很真实，很接地气，它的公映激发了解放区民众支前、参军的斗志。1962 年，北京电影制片厂拍摄根据作家周立波同名小说改编的故事片《暴风骤雨》，他作为主演来到哈尔滨，随后前往小说中故事的发生地元茂屯，拍摄外景。20 世纪 90 年代，于洋又来到哈尔滨，参与拍摄《暴风骤雨续篇》，并受邀参加冰雪电影节。2025 年 3 月 1 日，95 岁的于洋永远地离去了。

▶
于洋（左）在影片《暴风骤雨》中的剧照

▲ 于洋（右）在影片《青春之歌》中的剧照

◀
于洋主演的影片《英雄虎胆》海报

▲ 张权

▲ 荣磊导演的《哈尔滨之夏》歌舞电影海报，杨伟东收藏并提供

■ 张权

张权（1919—1993），江苏宜兴人，高音歌唱家、教育家。曾在哈尔滨歌剧院工作，后任中国音乐学院教授及副院长。

1961 年 3 月，曾主演中国第一部歌剧《秋子》并留学美国的张权来到哈尔滨，被分配到黑龙江省歌舞团任独唱演员兼艺委会负责人。此时，哈尔滨已成功地举办了“哈尔滨之夏”音乐活动月，而首届“哈尔滨之夏”音乐会的准备工作也紧锣密鼓地开始了。张权与时任中共哈尔滨市委宣传部副部长牛乃文、市音乐家协会主席沙青等人一道，全身心地投入到音乐会的组织、领导、协调及排练中。她夜以继日地工作，乐此不疲。1961 年盛夏，首届“哈尔滨之夏”音乐会开幕，厚积薄发的城市音乐素养得以充分彰显。1979 年，第七届“哈尔滨之夏”音乐会恢复主办，张权与她的女儿莫纪纲参与演出，并举办了独唱音乐会。

▼ 1976 年张权（左）与女儿在松花江畔留影，哈尔滨音乐博物馆提供

▼ 1964 年张权（左）与友人在防洪纪念塔前留影

▲ 在美国演出时的张权

▲ 张权独唱音乐会的海报及在哈尔滨时期的张权

后来，张权被调到中国音乐学院，任教授、副院长，但她始终没有忘记哈尔滨这座她生活了十几年的美丽城市。在她去世前不久，笔者前往北京中日友好医院探视，记得她深情地讲：“我想念哈尔滨，想念哈尔滨的朋友们，更怀恋哈尔滨之夏。”

▼ 1986 年张权（前排右二）在法国法兰克福音乐学院，哈尔滨音乐博物馆提供

▼ 1992 年张权在北京中日友好医院，笔者摄

▲ 云燕铭

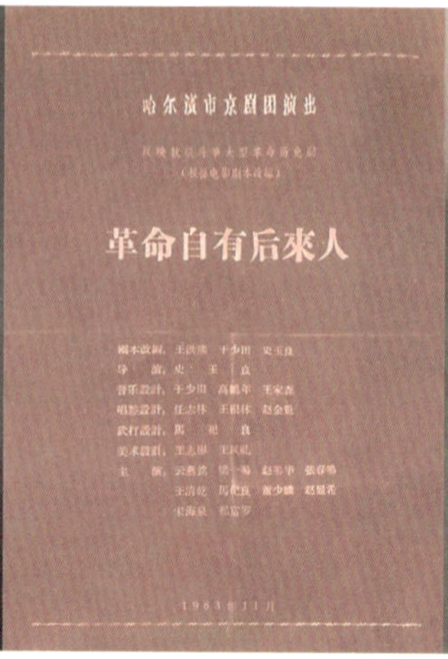

哈尔滨市京剧团演出

革命自有后来人

▲ 1964 年《革命自有后来人》在哈尔滨演出时节目单，黑龙江省京剧院周军提供

▲ 云燕铭在《革命自有后来人》中的扮相

■ 云燕铭

云燕铭（1926—2010），原名罗矩薰，山西大同人，京剧演员。她自幼学艺，九岁入科班，工青衣、花旦。在上海先后拜冯子和、王瑶卿为师，并得到梅兰芳、欧阳予倩等名家的指点和帮助。

20 世纪 40 年代初，云燕铭常在上海、南京、济南、青岛、天津、沈阳、北平等地演出，曾与周信芳、盖叫天、马连良等名家合作演出。1950 年，她加入中国戏曲研究院京剧实验工作团（后为中国京剧院）。1958 年，中央直属和北京市各艺术院团积极鼓励广大演职人员充实到各省、市艺术表演团体中，云燕铭来到了哈尔滨。作为全国著名的京剧表演艺术家，她受到哈尔滨各界人士的热烈欢迎。她决定以艺术成果报答哈尔滨人民对她的厚爱。她的花旦戏是看家戏，青衣戏亦独具匠心。早在 20 世纪 60 年代初期，云燕铭就力促哈尔滨的京剧冲出东北、跨进北京、打入上海。后来，她的设想基本实现：哈尔滨市京剧团首演并由她主演的红色经典《革命自有后来人》打进首都，随即，她率领剧团前往上海，巡回演出共几十场，好评如潮。云燕铭在晚年仍出任哈尔滨京剧爱好者协会、哈尔滨京剧票友研究会名誉主席，为推进哈尔滨乃至黑龙江京剧艺术的发展，投入了炽热的情感。

▲ 云燕铭生活照及舞台照，黑龙江省京剧院提供

▼ 云燕铭与学生邢美珠合影，黑龙江省京剧院提供

▼ 云燕铭（后排右一）在北京工作、生活时与家人合影，黑龙江省京剧院提供

▼ 杨振宁（右）在哈尔滨为云燕铭颁发“黑龙江中华文化发展终身成就奖”后两人合影，黑龙江省京剧院提供

▲ 乌·白辛在创作

▲ 话剧《赫哲人的婚礼》海报

■ 乌·白辛

乌·白辛（1920—1966），赫哲族，原名吴宇洪，黑龙江瑷珲（今黑河）人，剧作家。曾在八一电影制片厂任编导，后到哈尔滨话剧院工作。曾改编、创作二十多部歌剧、话剧和电影文学剧本。

乌·白辛曾多次到新疆、西藏等地体验生活，并拍摄出《在帕米尔高原上》《勾格王国》等多部反映边疆风土人情的纪录片。1958 年，他由八一电影制片厂调入哈尔滨话剧院，1963 年调转到哈尔滨市文联。在这一时期，他写了多篇游记、散文，出版了散文集《从昆仑到喜马拉雅》。他的电影文学剧本《冰山上的来客》发表后，很快被拍成电影公映。

《冰山上的来客》讲的是 1951 年在新疆帕米尔高原有一股匪徒，他们派遣一名女特务假冒解放军哨所战士阿米尔青梅竹马的恋人古兰丹姆，以此刺探军情，但被哨所杨排长识破。解放军将假古兰丹姆及其背后的匪徒一举歼灭，并使阿米尔与真古兰丹姆重逢。影片公映，引起轰动。片中情节扣人心弦，片中插曲《花儿为什么这样红》《怀念战友》《冰山上的雪莲》久唱不衰。

此后不久，他的另一部话剧《赫哲人的婚礼》开始在国内巡演。电影《冰山上的来客》与话剧《赫哲人的婚礼》给哈尔滨话剧院、哈尔滨文艺界及作者本人带来了莫大的荣誉。

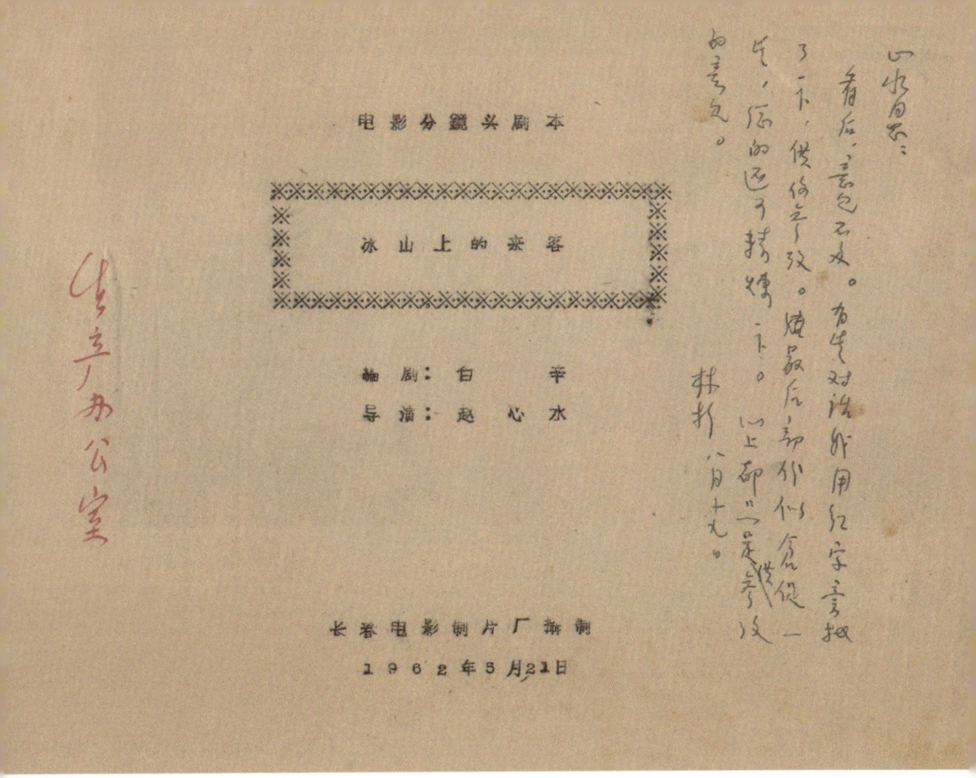

▲《冰山上的来客》分镜头剧本，题字为时任长影厂副厂长林杉致《冰山上的来客》导演赵心水，长影旧址博物馆提供

▼《冰山上的来客》剧照

▲ 汤晓丹工作照，汤晓丹之子、指挥家汤沐海提供

汤晓丹

汤晓丹（1910—2012），福建华安人，电影导演。幼年曾侨居印度尼西亚。导演影片近 40 部。曾获文化部优秀影片奖、金鸡奖最佳导演奖和终身成就奖等。

汤晓丹被誉为“中国战争片之父”，因为这位大导演在毕生的银幕生涯中导演了多部军事题材影片，如《南征北战》《渡江侦察记》《红日》《南昌起义》等。

1977 年，上海电影制片厂准备拍摄《傲蕾·一兰》。为了尽快拍好这部电影，8 月，面瘫还未痊愈的导演汤晓丹同摄制组主创人员抵达哈尔滨，开始在黑龙江省寻找合适的外景地。同时，电影的男女主角也在挑选中。为此，汤晓丹专程到绥化去找了一位名不见经传的青年演员作为男主角，就是后来的实力派演员寇振海，而女主角则由哈尔滨歌剧院 22 岁的学员张玉红扮演。在这部电影中，汤晓丹选用了不少年轻演员，其中有一名年仅 15 岁正在读艺校的小男生也被选中，并由此开启演艺生涯，他就是后来因主演《刘伯承元帅》而成为观众喜爱的一级演员刘之冰。《傲蕾·一兰》中的一处拍摄地，是距哈尔滨 250 公里的依兰县。依兰是一座历史文化名城，汤晓丹在依兰用摄影机再现了十七世纪中叶一位叫傲蕾·一兰的达斡尔族少女带领自己的部落与沙俄敌人浴血奋战的场景。在《傲蕾·一兰》拍摄期间，汤晓丹多次往返哈尔滨与依兰两地。

1981 年 10 月，长春电影制片厂举办建厂 35 周年纪念活动，上海电影制片厂派艺术名家汤晓丹等人参加。庆典结束后，汤晓丹等人来到哈尔滨故地重游。

▲ 影片《傲蕾·一兰》工作照

▼ 汤晓丹导演的电影剧照及海报

▲ 白杨在哈尔滨太阳岛留影，韩斗收藏并提供

白杨

白杨（1920—1996），原名杨成芳，湖南湘阳人，生于北京，电影、戏剧演员。1936 年因主演电影《十字街头》而蜚声影艺界。后来主演了《八千里路云和月》《一江春水向东流》《祝福》等影片，进一步奠定了她在电影界的地位。

白杨早年曾来过哈尔滨，并到太阳岛拍摄了珍贵的照片。1991 年 1 月 5 日，白杨应第三届哈尔滨冰雪电影节邀请，又来到哈尔滨。主办方为她举办了电影回顾展、艺术研讨会。电影评论人高云雷在发言中指出：白杨的表演艺术是我国现实主义表演艺术由雏形期到成熟期的典型代表。她那质朴细腻的表演，与阮玲玉的妩媚婉丽、周璇的纯真烂漫、王人美的凄楚柔婉，形成早期中国电影演员各具特色的风格美。据高云雷记录，白杨发表了致辞，她说，观众这么认真地观看自己表演的人物，让自己深刻地感受到作为一个电影演员的幸福与惬意，哈尔滨人的文化素质高，电影评论搞得好，哈尔滨不愧是一座文化名城。

▲ 白杨剧照

▲ 白杨主演的电影《十字街头》海报，申志远收藏并提供

▲ 白杨饰演的祥林嫂

▲ 白杨晚年照，申志远拍摄并提供

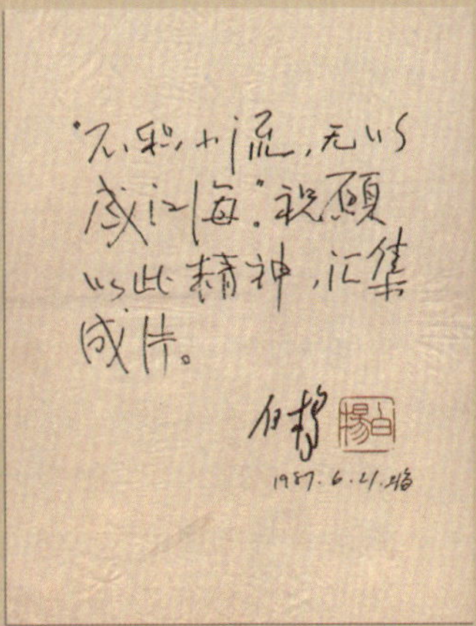

▲ 白杨为黑龙江电视台拍摄的系列片《中国影星》题词，孟烈提供

▶ 1991 年白杨在哈尔滨"白杨电影艺术研讨会"现场，申志远拍摄并提供

▲ 秦怡在哈尔滨，申志远拍摄并提供

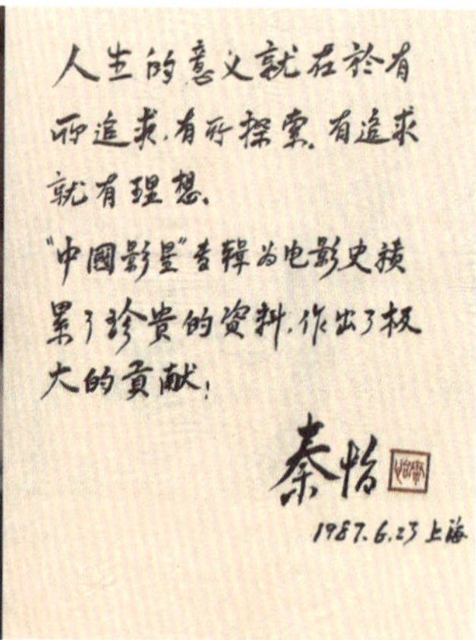

▲ 秦怡应孟烈所求为黑龙江电视台拍摄的系列片《中国新星》所书，孟烈提供

秦怡

秦怡（1922—2022），原名秦德和，上海人，电影演员。出演了诸多影片，如《母亲》《铁道游击队》《女篮5号》《青春之歌》《北国江南》，内容积极向上，令人感怀不忘。

秦怡的气质、品德与她饰演的银幕形象如出一辙：温情、贤惠、高雅、正义。在晚年，她出演配角，不计报酬，并积极投身公益事业，97岁时还参演公益电影《一切如你》。她平生屡屡获奖，其中，2008年荣获全国妇联、《人民日报》等十几家媒体评出的"中国十大女杰"称号，2009年获得第18届中国金鸡百花电影节终身成就奖，2019年荣获"人民艺术家"国家荣誉称号，令人称颂。

秦怡对记者申志远谈道："我与哈尔滨是有感情的，我在1942年拍摄的电影《日本间谍》就是写的哈尔滨故事，那是我从影后第一个有名有姓的角色，开启了我的电影生涯。上世纪（20世纪）70年代，我拍摄《征途》时曾住在哈尔滨北方大厦。1982年黑龙江在全国最早拍摄了我的电视纪录片《中国影星秦怡》……"1997年，秦怡到哈尔滨参加第九届哈尔滨冰雪电影节活动，主办方在和平艺术电影院为她举办了影片回顾展与作品研讨会。1998年6月，秦怡到哈尔滨签售她的传记文学《跑龙套》，向位于祖国边陲的哈尔滨市民宣传、回顾新中国电影艺术的辉煌历史，展现、歌颂老一辈艺术家们为电影事业不计报酬、鞠躬尽瘁的敬业精神与美好情操。2022年5月，秦怡永远离开了她所热爱的广大观众，享年100岁。

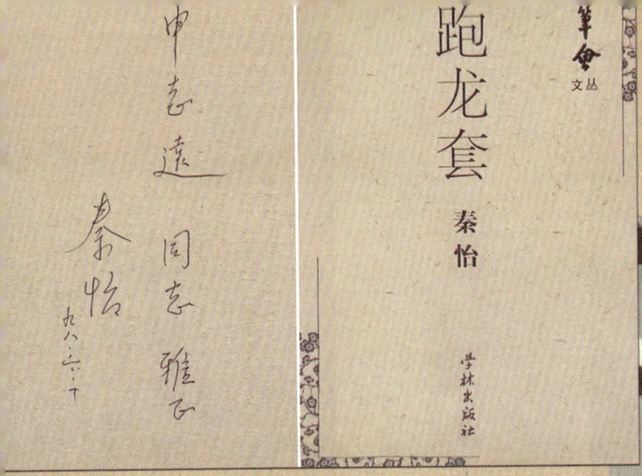

▲秦怡签赠的《跑龙套》，申志远提供

秦怡出演的影片剧照

▲ 张瑞芳生活照

▲ 张瑞芳主演的电影《松花江上》海报，岑大维收藏并提供

■ 张瑞芳

张瑞芳（1918—2012），原籍北京，生于河北保定，戏剧、电影演员。先后在北京电影制片厂、中国青年艺术剧院、上海电影制片厂等处任演员。曾任上海市政协副主席，获百花奖最佳女演员奖、金鸡奖终身成就奖。

早在抗战时期的重庆，张瑞芳就常常听身边的文化界朋友靳以、孔罗荪谈到在遥远的北国有一座别有风情的城市，名叫哈尔滨，因此她对这座从未谋面的城市，怀着一种莫名的向往之情。

1981 年，张瑞芳应长春电影制片厂邀请，参加长春电影制片厂建厂 35 周年纪念活动。庆典结束后，她与同来的上海电影制片厂导演汤晓丹等人来到了多年向往的哈尔滨。

张瑞芳一行人游览了哈尔滨市容。她由衷地感叹道："哈尔滨这座城市的风貌，我曾在《赵一曼》等老影片中看到过，但现实中的哈尔滨比影片中更富色彩和浪漫气息。江边的雕像和熙熙攘攘的人群使古老的城市充满勃勃朝气，满街的行人虽非个个是金童玉女，我却惊讶于哈尔滨人身材健美和容貌清秀的人竟如此之多……我挤出时间去了秋林公司，我终于看到了商品柜里放着如脸盆大的'大列巴'了，是可以抱在怀里需要切开的大面包，精致的红肠也散发着诱人的香气。"

▲ 张瑞芳饰演的电影剧照及她为黑龙江电视台拍摄的系列片《中国影星》所题的字，孟烈提供

1989 年，张瑞芳第二次来到哈尔滨，参加首届哈尔滨冰雪电影节。这是一场盛会，知名演员达式常、李秀明、葛优、梁天等都到场助阵。

这一次，她尽情地领略了北国风光。她印象最深的是："在松花江上的冰雪广场上看到的群众活动……人们伴着音乐欢快地跳交谊舞，孩子们穿戴着五颜六色的棉衣、帽子在奔跑滑冰。最让人惊讶的是，人们集中在敲开了坚冰的天然游泳池旁为冬泳者喝彩，许多男女老少穿着游泳衣跳到冰水里进行冬泳比赛，白发老人、妇女和孩子……他们乐观勇敢的精神让我们叹为观止！"

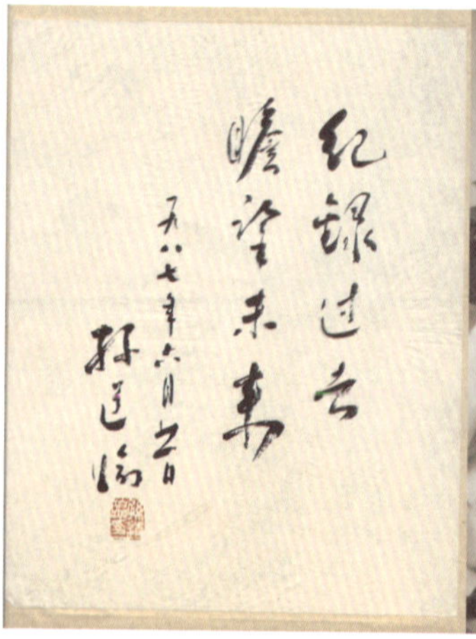

▲ 孙道临为黑龙江电视台拍摄的系列片《中国影视》所题，孟烈提供

▲ 2003 年，孙道临（右）与孟烈（左）在黑龙江省社会科学院，孟烈提供

孙道临

孙道临（1921—2007），原名孙以亮，浙江嘉善人，生于北平（今北京），电影演员、导演。一生在近 20 部影片中扮演性格、身份迥然有异的角色。其表演沉稳而富于激情，台词尤具表现力。曾获文化部 1949—1955 年优秀影片个人一等奖、中国电影 100 年杰出贡献奖等。

1998 年 1 月，孙道临专程来哈尔滨参加第十届哈尔滨冰雪电影节，主办方举办了孙道临电影作品回顾展及孙道临电影艺术研讨会。2003 年盛夏，孙道临又来到哈尔滨，住在黑龙江省社会科学院招待所。黑龙江省社会科学院和黑龙江省作家协会组织了一场别开生面的座谈会，邀请黑龙江省社会科学院的学者及哈尔滨市电影评论界人士参加。82 岁的孙道临精神矍铄，在座谈会上分享影视表演艺术，并与学者、专家们热烈互动。谦和儒雅、学识广博的孙道临给哈尔滨文化界、学术界带来非同凡响的新气象、新理念，令人难忘。

▼ 孙道临在影片《渡江侦察记》中的镜头

▲ 孙道临剧照

►
1998 年 1 月，孙道临在“孙道临电影艺术研讨会”现场合影，申志远摄影并提供

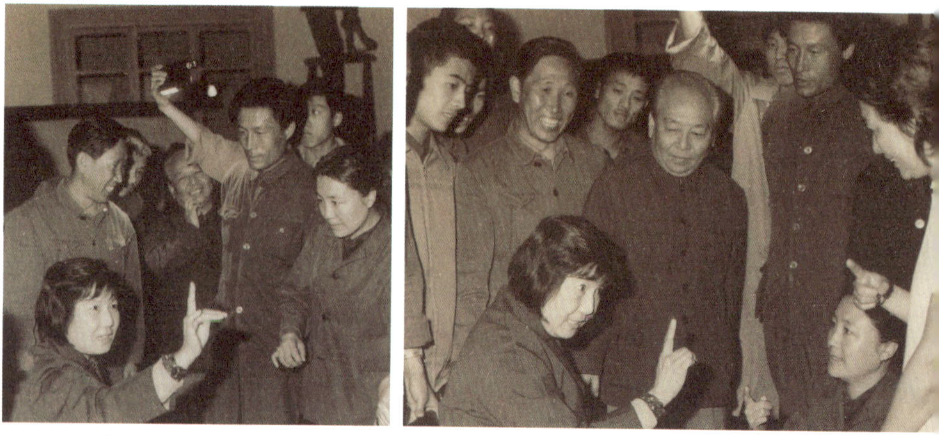

▲ 新凤霞在哈尔滨讲座后与听众做交流示范，吴欢（新凤霞、吴祖光之子）提供

新凤霞、吴祖光

新凤霞（1927—1998），原名杨淑敏，天津人，评剧演员。幼时曾学京剧，后改习评剧，演青衣、花旦。唱腔玲珑婉转，嗓音甜润清脆，并创造了许多新的板式和唱腔，丰富和发展了评剧女腔。

吴祖光（1917—2003），又名吴召石、吴韶，江苏常州人，现代剧作家。创作多部话剧、评剧、京剧，执导电影多部。著有《吴祖光选集》。

1956 年，新凤霞成功地主演了评剧电影《刘巧儿》，她的唱词“巧儿我自幼儿许配赵家，我和柱儿不认识我怎能嫁他呀”，一夜间传遍大江南北。这部电影不仅对戏曲艺术的传播起到极大的推动作用，而且使得妇女解放、婚姻自由的思想深入人心。1963 年，她又因出演戏曲片《花为媒》进一步受到亿万观众的喜爱与认可。1975 年，新凤霞突发脑出血，导致左肢瘫痪，从此被迫离开舞台。但她身残志坚，腿不行，就用手。在丈夫吴祖光的助力下，她一直在写作、画画、讲学、授艺。

◀ 新凤霞在看完黑龙江省评剧团演出的《啼笑因缘》后登台与观众见面，右为吴祖光，吴欢提供

▲ 新凤霞剧照及生活照，吴欢提供

1979 年，吴祖光、新凤霞受邀来哈尔滨讲学。抵达当日下午，省市戏剧界代表人物欢聚一堂，举办了欢迎两位艺术家的见面会。后来，新凤霞、吴祖光前往黑龙江省评剧团观看根据张恨水原著改编的同名评剧《啼笑因缘》。演出结束后，观众都没退场，一再高喊“新凤霞”。坐在轮椅上的新凤霞只好由人搀扶上台。场内掌声、欢呼声连成一片，新凤霞激动得直掉眼泪。在盛情难却下，她清唱了一曲《刘巧儿》。

在哈尔滨期间，吴祖光到哈尔滨少年宫剧场，向等候在此的千余听众讲授汤显祖与莎士比亚的成就及轶事，随后他又前往牡丹江讲学。此次，新凤霞、吴祖光先后在哈尔滨、牡丹江两地就创作、导演和表演，以及继承民族文化传统等问题作学术报告数次，停留半个月。

►

吴祖光、新凤霞在北京家中，笔者分别摄于 1997 年、2001 年

▲ 侯宝林在哈尔滨时留影，王刚（师胜杰弟子）提供

侯宝林、师胜杰

侯宝林（1917—1993），满族，北京人，相声演员。12 岁学艺。初学京剧，后从常宝臣、朱阔泉习相声。长期在北京、天津演出。晚年退出艺术舞台，从事曲艺理论研究，创作和加工整理大量相声作品。曾任中国曲艺家协会副主席，并应聘为北京大学等院校兼职教授。著有《侯宝林自传》《侯宝林谈相声》等。

师胜杰（1953—2018），天津人，相声演员。7 岁登台演出，8 岁拜朱相臣为师。黑龙江省曲艺团专业演员，后成为侯宝林的关门弟子，曾被评为“全国十大笑星”之一。

▼ 侯宝林向师胜杰阐述相声艺术，宋艳（师胜杰妻子）提供

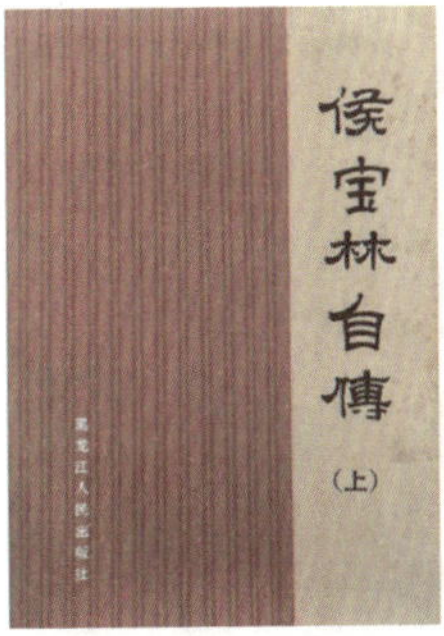

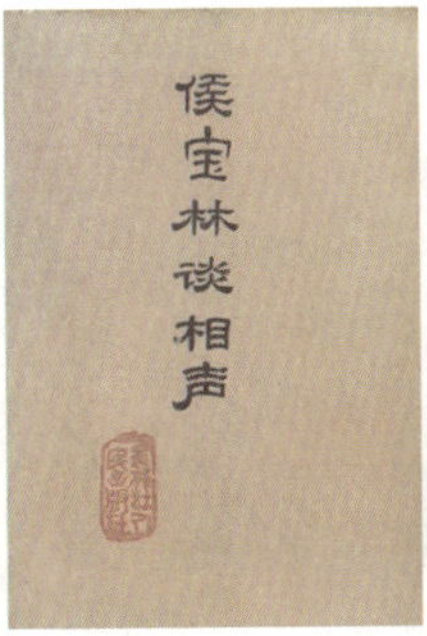

▲《侯宝林自传》（上）、《侯宝林谈相声》由黑龙江人民出版社出版

▲ 1986 年 1 月侯宝林与弟子李如刚在哈尔滨表演相声，于德海拍摄并提供

1958 年，侯宝林随中国广播说唱团到哈尔滨等地演出。1976 年 10 月，他再次抵达哈尔滨，不久便赴黑龙江生产建设兵团慰问演出，还到佳木斯为黑龙江省农场总局开办曲艺学习班。1985 年年底，侯宝林被黑龙江省人民政府授予“荣誉税务专管员”称号。1986 年 1 月，他应黑龙江省财政厅邀请来哈尔滨慰问演出，表演了新作《也有你一份》。这是侯宝林最后一次来哈尔滨，在此前不久，他特收了来自哈尔滨的青年相声演员师胜杰为弟子，师胜杰传承了他的相声艺术。

师胜杰出生于天津市的相声世家，但他成长在松花江畔，6 岁时随父亲师世元举家到哈尔滨，7 岁时即登台说相声。1976 年，他开始与姜昆合说相声，曾代表黑龙江参加全国曲艺调演。师胜杰舞台形象清新，演唱基本功很好，形成一种口锋脆、音调甜、质朴自然的表演风格。他表演的《郝市长》获 1981 年全国曲艺优秀节目调演一等奖。1984 年表演的《肝胆相照》获全国相声评比一等奖。后来，他被侯宝林收为关门弟子。师胜杰对哈尔滨这座城市充满感情，他创作、表演的代表作几乎都以哈尔滨为素材，如《郝市长》，即以哈尔滨一位副市长为全力解决市民生活问题为背景创作出来的。

身为侯宝林关门弟子的师胜杰，全力传承并弘扬侯宝林相声的艺术精髓，成为北方推广传统相声艺术的杰出代表。2002 年，他荣获黑龙江省“德艺双馨文艺家”称号。2009 年，他被中国曲艺家协会授予“突出贡献曲艺家”称号，两次荣获“黑龙江省劳动模范”光荣称号。他用毕生的热情和心血为相声其他从业者做了榜样。

▲ 1979 年郭颂在“哈尔滨之夏”音乐会演唱《乌苏里船歌》，于德海拍摄并提供

郭颂、胡小石

郭颂（1931—2016），辽宁沈阳人，歌唱家。因唱东北民歌而崭露头角。1980 年由他演唱的《乌苏里船歌》被联合国教科文组织选入亚太地区声乐教材。

胡小石（1940—），浙江平湖人，词作家、编剧。扎根黑土从事音乐文学创作半个多世纪，创作出了 1500 多首歌词作品。荣获黑龙江省首届“文艺终身成就奖”。

2025 年 2 月 7 日中午，在太阳岛宾馆宴会厅外，40 名身着民族服装的少年儿童唱起“乌苏里江来长又长，蓝蓝的江水起波浪”，欢迎出席哈尔滨第九届亚洲冬季运动会开幕式的贵宾。85 岁的著名词作家胡小石坐在其哈尔滨的家中，聆听少年们演唱的《乌苏里船歌》，思绪又回到 60 年前。

1962 年，经过深入黑龙江省东部地区采风，哈尔滨歌舞剧院的胡小石与同事郭颂、汪云才深深感受到赫哲族人不畏艰难、乐观向上的精神，决定推出一首歌颂赫哲族人的歌曲，于是《乌苏里船歌》问世。

乌苏里船歌

郭颂 胡小石

乌苏里江长又长
蓝蓝的江水起波浪
赫哲人撒开千张网
船儿满江鱼满舱
啊郎赫拉赫尼哪唻呀
赫拉拉尼赫尼哪

白云飘过大顶子山
金色的阳光照船帆
紧摇桨来掌稳舵
双手赢得丰收年
啊郎赫拉赫尼哪唻呀
赫拉拉尼赫尼哪

白桦林里人儿笑
笑开了满山红杜鹃
赫哲人走上幸福路
人民的江山万万年
啊拉赫赫尼哪赫唻 给根

▲ 乌苏里江

郭颂出生于辽宁沈阳，幼年时就来到黑龙江，上小学时爱上了音乐，到中学时已熟练地掌握了乐理和唱歌技巧。郭颂的嗓音高亢、明亮、欢快。郭颂可谓演唱东北民歌最具影响力的歌唱家之一。每次在黑龙江省展览馆等剧场演出或省内外有重大演出时，他都会演唱《乌苏里船歌》。

当年共同整理推出《乌苏里船歌》的三位参与者中的两位早已离世。而今，他们联袂推出的这首歌已成为经典，饮誉中外，并将被永久传唱下去："乌苏里江来长又长，蓝蓝的江水起波浪。"

▼ 郭颂（右二）与胡小石（左一）在乌苏里江畔留影，胡小石提供

▼ 郭颂为哈尔滨市音乐爱好者协会题写《乌苏里船歌》中的佳句："白桦林里人儿笑，笑开了满山红杜鹃。"杨伟东收藏并提供

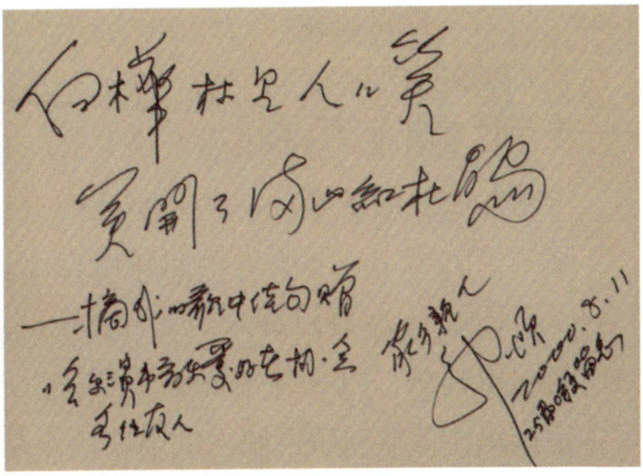

▲ 金铁霖

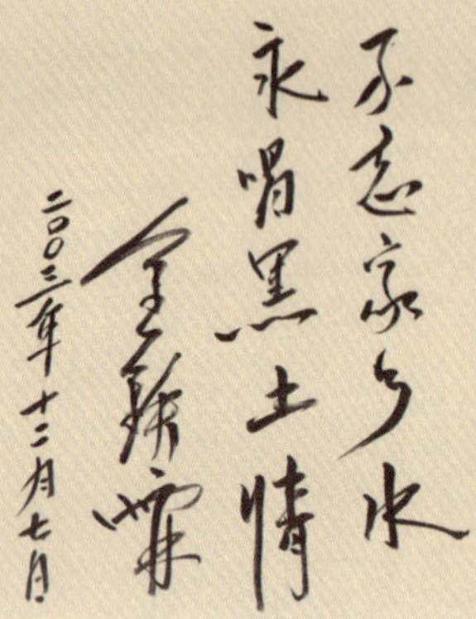

▲ 金铁霖题字

金铁霖、任白鸥

金铁霖（1940—2022），满族，原名金铁麟，曾用名金铁林，黑龙江哈尔滨人，歌唱家、声乐教育家。曾任中国音乐家协会副主席、北京市文联主席、中国音乐学院院长等职。

任白鸥（1904—1978），广东鹤山人，音乐教育家。幼年时随父母来到哈尔滨，少年时代在哈尔滨俄侨音乐学校学习钢琴、七弦琴、吉他等乐器。青年时代曾留学日本学习医学，回国后从事医务工作。1935 年，红色音乐团体“哈尔滨口琴社”成立后，他被聘为西乐顾问。任白鸥擅长音乐，曾发起组成“白鸥弦组”，用吉他、曼陀铃、手鼓合奏或独奏。

引导金铁霖走上音乐之路的有两个人，一个是他的同学陈信昌的姥爷任白鸥，任白鸥是当时在哈尔滨音乐界颇具影响力的音乐家。另一个是金铁霖的三舅，在他孩提时期就用乐器引发他对音乐产生兴致，他上初中时，三舅又将吉他送给他。任白鸥常在家弹奏曼陀铃，金铁霖到同学陈信昌家串门，便被这美妙的乐器声深深地吸引，流连忘返。金铁霖也是从那时候开始有了学习乐器的想法，后来学会竹笛的他自发组成了一个小乐队。进入初中，在三舅和任白鸥的指点下，金铁霖与陈信昌的合奏也愈加娴熟，他们经常参加各类演出活动。1960 年，金铁霖考取中央音乐学院声乐专业，成为当年黑龙江省唯一进入中央音乐学院的人。

金铁霖由歌唱家成为声乐教育家，缘于音乐教育家李凌发现了他的潜能，并将他从中央乐团调到中国音乐学院声乐系任教。在教学中，金铁霖不负众望，逐渐摸索出一条适合民族唱法的教学方法，从而构建了中国民族声乐训练体系。李谷一、宋祖英、张也、阎维文、祖海、吕继宏、戴玉强等著名歌唱家，都出自其门下。

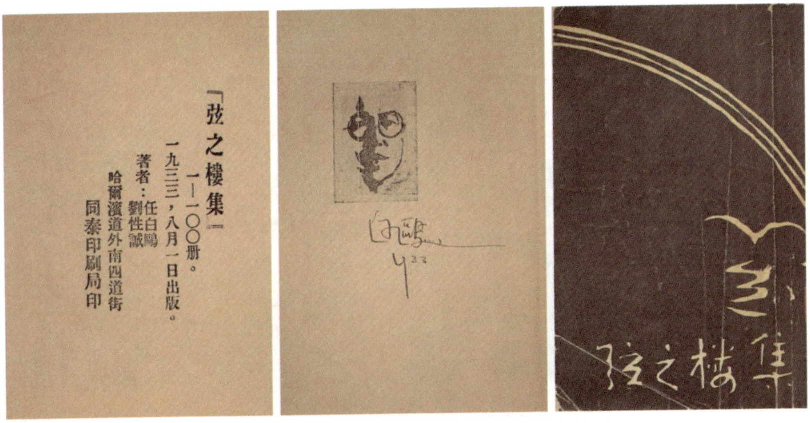

▲ 仅印百册的任白鸥诗集《弦之楼集》（1933 年 8 月印行，存作者亲笔签名），胡继东收藏并提供

▲ 任白鸥旧影，哈尔滨音乐博物馆提供

金铁霖从中央乐团转到中国音乐学院声乐系任教是在 1981 年，这一年，他的音乐启蒙老师——任白鸥在哈尔滨去世已三年整。

他在晚年写的自传中自豪地谈道：“松花江水滋润了音乐家甜美的歌喉，肥沃的黑土地给予了音乐家丰富的灵感，浪漫的雪花和茂密的大兴安岭森林，使音乐家插上了放飞理想的翅膀。”1983 年，他充满激情地唱出心声《哈尔滨，我心灵的光》：“哈尔滨啊松花江，我日夜把你向往……哈尔滨啊松花江，你是我亲爱的故乡……”

▼ 金铁霖题字，杨伟东收藏并提供

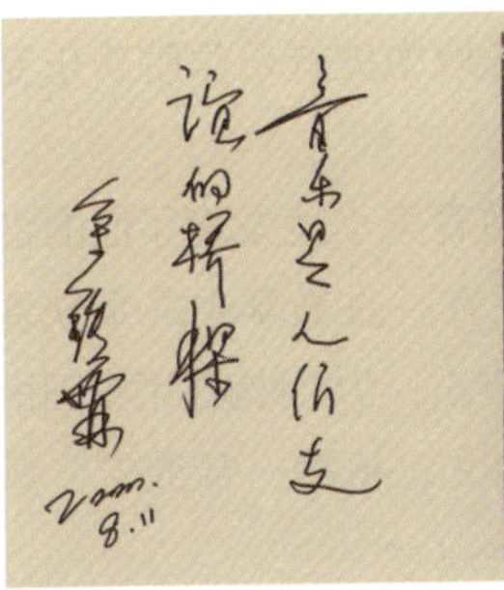

▼ 金铁霖与弟子们

▲ 爱丽丝·勋菲尔德签名照，杨伟东收藏并提供

勋菲尔德

国际著名小提琴演奏家爱丽丝·勋菲尔德（1921—2019）、大提琴演奏家爱伦诺·勋菲尔德（1926—2008），出生于德国的波兰俄裔犹太艺术之家。她们是 20 世纪著名的弦乐教育家、演奏家和杰出的姐妹二重奏组，也是 20 世纪 80 年代初中美建交之后最早访问中国的国际知名音乐家。

2014 年，由爱丽丝·勋菲尔德发起创办的“勋菲尔德弦乐比赛”，经过她的学生——著名的小提琴家薛苏里的努力，正式落户被联合国授予“音乐之城”称号的哈尔滨。赛事以高规格、国际化的比赛水准和专业的权威性在国内外产生了广泛的影响力，并逐渐成为“哈夏”音乐会的金字招牌和哈尔滨扩大对外交流、彰显城市魅力的窗口。

该比赛至今已成功举办了四届，2014 年及 2016 年，爱丽丝·勋菲尔德两次来到哈尔滨指导赛事。她向媒体表示，她喜欢哈尔滨这个美丽且充满音乐的城市，渴望通过赛事弘扬音乐艺术，促进人类文明的发展。

2017 年，哈尔滨勋菲尔德弦乐比赛成功入选并成为“世界国际音乐比赛联盟”成员，2021 年又成功当选世界国际音乐比赛联盟董事会成员，成为首个进入联盟董事会的中国成员单位。此外，哈尔滨还成功获得了 2025 年世界国际音乐比赛联盟年会的主办权，将成为该联盟成立 68 年来首个举办联盟年会的中国城市。

哈尔滨勋菲尔德弦乐比赛现场

2016 年，95 岁的勋菲尔德（坐轮椅者）、81 岁的国际著名指挥家祖宾梅塔（左一）、82 岁的中国音乐家协会主席傅庚辰（右一）聚首哈尔滨，中间站立者为将勋菲尔德弦乐比赛落户哈尔滨的家乡人、著名旅美小提琴家薛苏里

书画艺术篇

◀
1945 年 5 月李骆公、穆东乔在哈尔滨举办婚礼时所摄。李不酸（李骆公之孙）提供

■ 李骆公

李骆公（1917—1992），原名李英，学名李立民，笔名黑沙骆，后以李骆公为名，福建闽侯人，书画篆刻家。上海美术专科学校毕业，曾留学日本。归国任教于东北、津沽等大学。曾任中国书法家协会理事等职。所作篆书，虽结体怪异却合六书，布局多有创意。篆刻以古玺为主，有纵横奔放之气。著有《李骆公书法篆刻集》等。

刚走出上海美术专科学校校门的李骆公以黑沙骆为笔名在上海成功地举办了一场画展，他的老师、著名油画家倪贻德称他“是我近年来发现的一个稀有努力于绘画艺术的青年”。

1941 年，李骆公留学日本，汲取中外艺术之长，以求变求新。1944 年，李骆公毕业归国，他与恋人穆东乔来到哈尔滨。1945 年，经美术界推举，李骆公任哈尔滨市美术家协会会长。哈尔滨解放后，他结识了张仃、华君武、朱丹、王曼硕等艺术家。在哈尔滨，每日外出写生是他不可或缺的活动。他画了多幅油画写生作品，这些作品多半是街景及俄侨的生活场景。如店铺的俄文匾额，着洋装的男女行人，方石路面上赶着洋式马车的大胡子，还有种种西式建筑，在他的画笔下都有所表现。可以说，他的画作记录了哈尔滨曾经一段时期的别样风貌，见证了哈尔滨城市历史的发展。

1947 年，李骆公到辽东学院任教授，他携家人离开哈尔滨，去往沈阳，后又到北京、天津、广西等地。1980 年 5 月，李骆公赴沈阳参加“第一届全国书法篆刻展览”，随即重返哈尔滨与老友陈隄及部分学生相聚。2018 年 3 月，“黑沙骆”再现哈尔滨——“黑沙骆：李骆公先生艺术与文献展”在黑龙江省美术馆展出。

▲ 李骆公所摄松花江畔，李不酸提供

▼ 李骆公、穆东乔夫妇与女儿李又一，1947 年摄于哈尔滨，李不酸提供

▲ 李骆公画作——20 世纪 40 年代的哈尔滨，李不酸提供

▼ 下图老照片中布面油画为李骆公一幅佚失的作品，画的是哈尔滨街景。据李不酸介绍，因此画作尺幅较大，李骆公离开哈尔滨时没有带走，而是留在他的哈尔滨学生家中，后学生过世较早，这幅画不知所终

▼ 李骆公在构思

▲ 李骆公画 20 世纪 40 年代的松花江畔，李不酸提供

▼ 李骆公（左）与齐白石（中）、李可染（右）的合影

▲ 马迭尔宾馆旧影

▲ 徐悲鸿与廖静文合影

徐悲鸿、廖静文

徐悲鸿（1895—1953），江苏宜兴人，画家、美术教育家。少时刻苦学画，后留学法国。抗日战争期间，在国外展售自己的画作，所得款项用于救济祖国难民。擅长油画、国画，尤精素描，融合中西技法，而自成面貌。人物造型注重写实，善传达神情，其历史画寓意深刻。所画花鸟、风景、走兽，简练明快，富有生气，尤以画马驰誉中外。

廖静文（1923—2015），湖南长沙人。徐悲鸿的妻子，曾任徐悲鸿纪念馆馆长、徐悲鸿画院名誉院长、中国书画家联谊会主席等，是第七届全国政协委员、第八届全国政协常委。徐悲鸿逝世后，廖静文将徐悲鸿的数千幅作品及藏品捐出。著有传记《徐悲鸿一生》。

徐悲鸿与夫人廖静文是分别来哈尔滨的，时间前后相距近 40 年。1949 年 3 月 29 日，徐悲鸿作为参加世界保卫和平大会中国代表团成员，随团乘火车从北平出发，先到哈尔滨，而后赴苏联，辗转前往欧洲赴会。据廖静文回忆，徐悲鸿是第一次穿皮大衣，也是第一次到东北，他回北平后告诉廖静文，当他看到东北辽阔而富饶的土地时，内心非常激动。1949 年 3 月 31 日，代表们到哈尔滨后住进了马迭尔旅馆。徐悲鸿随众代表浏览了市容，参观了东北烈士纪念馆。4 月 1 日，在哈尔滨火车站登上火车

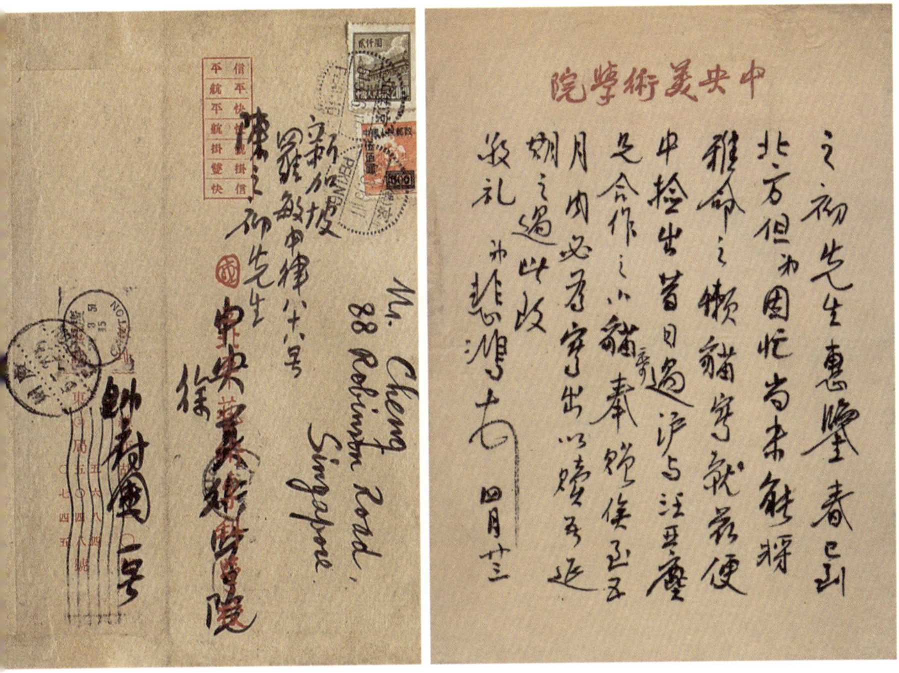

▲ 书札为 1951 年徐悲鸿致著名收藏家陈之初，告所求“懒猫”未能写就，高杨（哈尔滨收藏家）收藏并提供

前往莫斯科。5 月 14 日，出席世界保卫和平大会的中国代表团归国到达哈尔滨，5 月 15 日在兆麟公园召开的欢迎集会上，徐悲鸿与马寅初、邓初民、萧三都发表了讲话。

1986 年秋，徐悲鸿遗孀廖静文抵达哈尔滨，参加邓散木艺术陈列馆落成典礼。她第一次见到了徐悲鸿在日记中描写过的这座大都市与著名的松花江。她对前来采访的李兰颂说道：“悲鸿 1949 年途经哈尔滨来回虽仅住几天，但感受很深。他曾对我流着泪说，他去东北烈士纪念馆参观，听到杨靖宇、李兆麟将军英勇抗敌的悲壮事迹，感动不已。”1991 年 7 月 18 日，“徐悲鸿艺术大展”在黑龙江省美术馆隆重举办，廖静文再次来到哈尔滨并亲临开幕式现场。这次，她专程护送徐悲鸿生前不同时期的作品百余幅前来展出，其中包括《奔马图》等诸多代表作。她对李兰颂讲道：“悲鸿视作品如生命，他永远活在他的这些作品里。他曾有愿望携作品到哈尔滨办个展览，如今，他的愿望实现了。”此次大展，气氛热烈，人头攒动，等廖静文签名的人排着长队，许多观众从外地赶来，有的观众多次来观展，还有的观众每天都来，一待就是一天，他们对着徐悲鸿的画作揣摩、临摹、思索，大饱眼福。大展闭幕时间特意延期了两天。

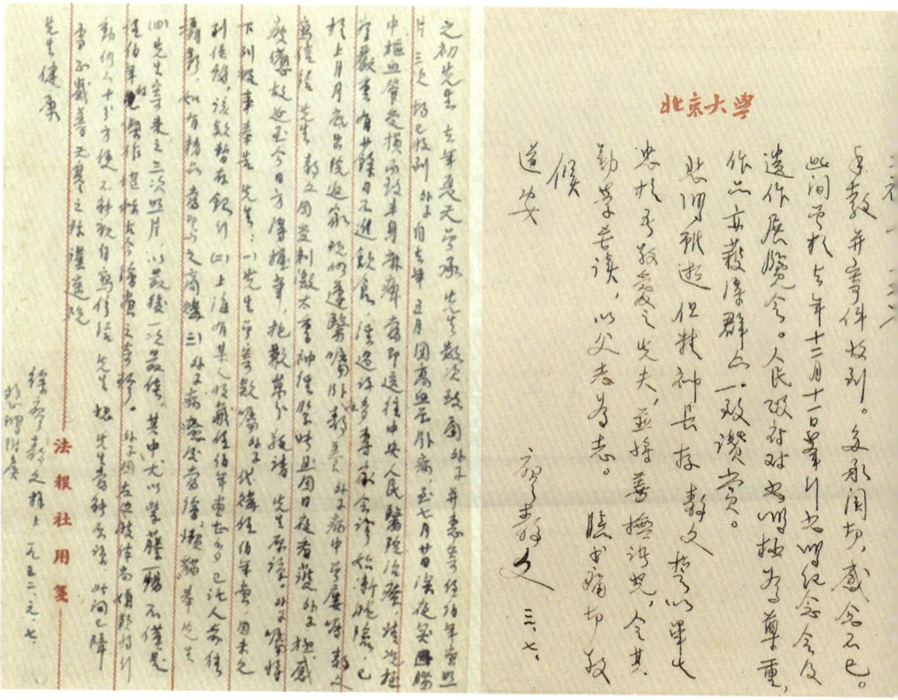

▲ 左图信札为徐悲鸿 1952 年 1 月 7 日致陈之初，廖静文代笔，告知其所求“懒猫”及任伯年画作事宜，信尾在署名“徐廖静文拜上”之后，不忘注明“悲鸿附候”
右图信札为廖静文 1954 年 3 月致陈之初，以上两封信札高杨收藏并提供

此时，廖静文已年近七十，她每天都走进美术馆展厅，为参观者讲述徐悲鸿的艺术成就并为参观者签名留念。她逢人便说，文化艺术要传承，只有这样才能更好地为社会服务。在哈尔滨期间廖静文下榻马迭尔宾馆，并表达了希望住在徐悲鸿曾经住过的那间房的愿望。在大展开幕翌日的马迭尔晚宴上，她讲的第一句话便是：“今天是悲鸿的生日。”热烈的掌声顿时在宴会厅内响起。在哈尔滨期间，她去了松花江边，流连忘返，随后参观了徐悲鸿曾瞻仰过的东北烈士纪念馆，为李兰颂留下墨宝——“松花江水碧如蓝”。

▲ 1991 年在黑龙江省美术馆举办的“徐悲鸿艺术大展”，廖静文题写展标，黑龙江省美术馆馆员吴龙春设计并提供

▼ 左图1991年春廖静文在北京，笔者摄；
右图廖静文题赠李兰颂

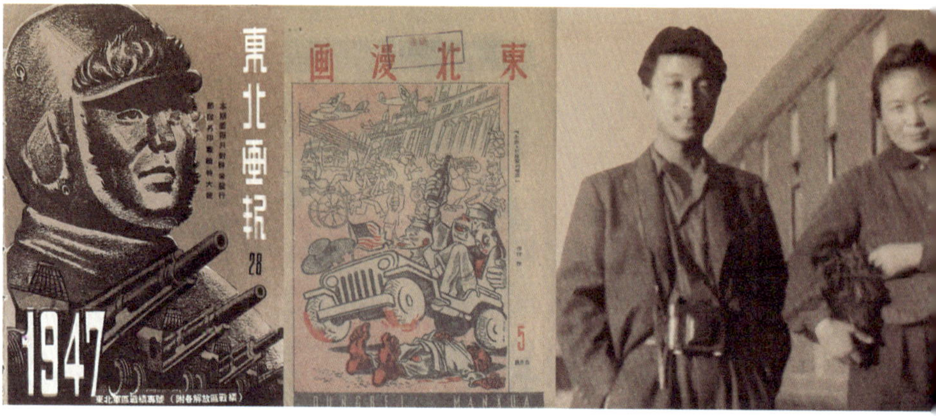

▲ 1947 年的《东北画报》《东北漫画》（封面画《冒险家的乐园》，张仃画），张仃主编；张仃与夫人陈布文 1947 年在哈尔滨火车站合影，李兰颂提供

张仃

张仃（1917—2010），原名张贯成（冠成），字豁然，号它山，辽宁黑山人，画家、书法家、工艺美术家、美术教育家。中华人民共和国国徽参与设计者，曾担任中国美术家协会常务理事、中国工艺美术家协会副理事长、中国画研究院（今中国国家画院）院务委员，中央工艺美术学院教授、院长等职务。

1946 年，29 岁的张仃与夫人陈布文随延安鲁艺迁校队伍历经长途跋涉，最终抵达哈尔滨。10 月，国民党军队大规模向东北解放区发起进攻，局势骤然变得紧张，在哈尔滨的党政机关接到了北迁至佳木斯的命令。张仃被任命为东北画报社（此时该社已从通化迁至佳木斯）总编辑，并前往佳木斯赴任。与此同时，张仃的夫人陈布文则随《东北日报》留在哈尔滨。

▼ 1947 年张仃（右）与东北画报社同人摄于哈尔滨，李兰颂提供

▼ 张仃摄于哈尔滨，李兰颂提供

▲ 左图年画，张仃 1947 年作于哈尔滨；右图东北画报社社标，张仃设计

1947 年春，《东北画报》由佳木斯迁到哈尔滨。同年，张仃在哈尔滨郊区的靠山屯成功举办了一场年画座谈会，这场座谈会对促进东北新年画运动的发展，以及配合民主联军的“三下江南，四保临江”等战役发挥了重要的宣传和激励作用。张仃在担任东北画报社总编辑期间，致力于编辑和出版《东北漫画》《东北画报》和《农民画刊》，同时重启了漫画创作。无论是在佳木斯还是哈尔滨，他都特别忙碌，非常敬业。1948 年 11 月，沈阳解放，后续张仃接到鲁艺在沈阳恢复办学的任务，离开了哈尔滨。

▼ 1992 年，晚年的张仃在北京家中，笔者摄

▼ 张仃于 1990 年应笔者所邀，为哈尔滨冰雪节题写

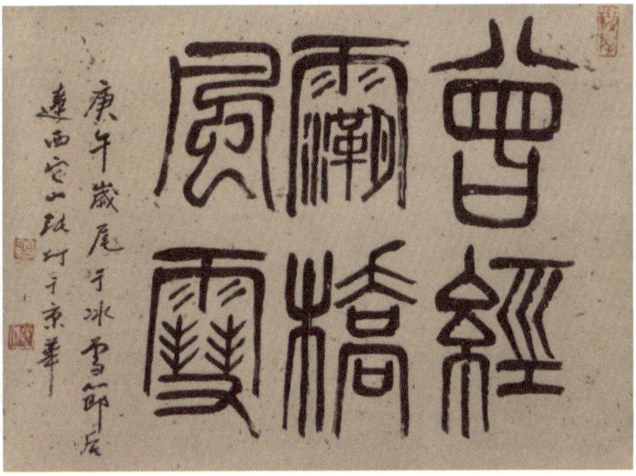

▲ 古元及夫人蒋玉衡，女儿古安村，1947 年摄于哈尔滨

▲《东北画报》封面套色木刻版画《收割》，古元作品

古元

古元（1919—1996），原名古帝源，广东香山（今中山）人，版画家、美术教育家。曾在鲁迅艺术学院学习。后任中国美术家协会副主席，中国版画家协会副主席、名誉主席，中央美术学院教授、副院长、院长。其版画作品以朴素、简练、自然、优美、清新为特色。擅长水彩画。有《古元木刻选集》《古元水彩画选集》。

1947 年，古元偕妻女抵达哈尔滨。古元之女古安村回忆，她记得哈尔滨的家在南岗，邻居是俄国人，女主人烤制的蛋糕非常好吃。到哈尔滨不久，鲁艺三团（松江鲁艺文工团）成立，古元任美术组负责人。随即，全团排练大型歌剧《火》，刘炽作曲，古元负责舞台美术设计。1948 年元旦，《火》在哈尔滨亚细亚电影院首演，后赴呼兰等地演出，古元夫妇全程随团参与。1948 年 4 月，古元调任哈尔滨东北画报社美术记者。他边搞创作，边下乡到农村采风。在此期间，他将黑土地上受压迫的贫苦农民艰辛的形象通过刻刀塑造得栩栩如生。作家周立波与古元同期在哈尔滨工作，二人早在延安鲁艺时期便结下深厚友谊。周立波创作

▼ 1947 年古元摄于哈尔滨，左图中小女孩即时年三岁的古安村。古安村提供

▲ 左图为古元版画《丰收图》，1990 年秋展出于哈尔滨“古元画展”；中图古元版画《发新土地证》，1947 年作于哈尔滨，著录于右图东北画报社 1949 年版《古元木刻选集》，1990 年秋展出于哈尔滨“古元画展”

长篇小说《暴风骤雨》期间，古元为其绘制插图及封面，以版画语言生动再现小说中的场景。

随着辽沈战役胜利，1949 年年初，东北画报社从哈尔滨迁往沈阳，古元亦离开哈尔滨前往沈阳。3 月 29 日晚，作为中国出席世界保卫和平大会的代表，古元又从沈阳乘火车来哈尔滨与代表团其他成员会合，住进中央大街的马迭尔旅馆。

又四十年后的 1990 年 8 月下旬的一个早晨，从北京开来的列车抵达哈尔滨火车站。一位精神矍铄的老者从车上走下，他身着夹克衫，脚穿一双布底鞋，一手提着小皮包，另一手拎着用绳子捆扎的包装盒。这位老者就是古元，他是应晁楣所邀来哈尔滨办画展的。按古元一切从简的要求，晁楣将他安顿在松花江边老干部活动中心的一间普通客房。考虑到古元已年过古稀，晁楣事先特意恳请古元夫人蒋玉衡同来，但遭到古元婉拒。古元表示自己身体硬朗，无须他人照料。晁楣原本在画展的序言中写：古元的艺术是矗立在我国现代美术史上的一座丰碑。这句评价最终被古元删掉。

▼ 左图古元版画《宝塔山下》，1990 年秋展出于哈尔滨“古元画展”；中图古元题词手迹“延河水长流”，系黑龙江大学博物馆“新中国文艺从这里走来”特展展标；右图古元照片，笔者 1990 年秋摄

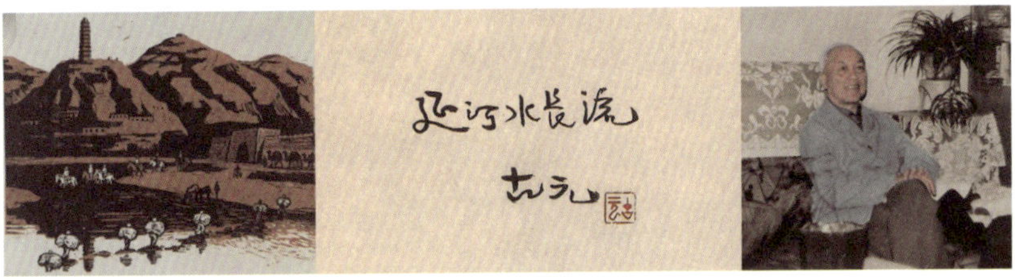

▲ 1990 年秋古元（右）在晁楣（左）陪同下来到五常县（今五常市）常堡乡周家岗村忆旧，晁方方（晁楣之子）提供

▲ 1947 年古元（前排左二）下乡在五常县常堡乡周家岗村搜集创作素材，古安村提供

他特别强调：不设花篮、不办剪彩、谢绝宴请，要求不宣传个人成就，而应着力弘扬延安精神，重点展现祖国山河的壮美气象。

1990 年 8 月 28 日，“古元画展”在黑龙江省美术馆举办。开幕式虽未作特殊安排，却格外隆重、热烈。古元在开幕现场恳切地说出一句话，令听者动容，他说他是来汇报的，他接受晁楣同志邀请来哈尔滨办展，是因为这座城市曾赋予他创作激情，使他大开眼界，并为他积累了创作的素材。因此，他一定要回来诚挚地向哈尔滨热爱艺术的父老乡亲汇报工作。

画展圆满结束后，黑龙江省及哈尔滨市美术家协会的同人去火车站为古元送行。古元依旧是独来独往，行囊仍是那个简陋的提包和用绳子捆扎的包装盒。火车开动时，古元在车门口不断挥手，既是向哈尔滨的友人道别，也是向这座他曾经战斗、工作、生活过的城市告别。

▼ 1947 年古元在五常县常堡乡周家岗村搜集创作素材手稿，古安村提供

▲ 左上图，古元（左二）、杨角（左三）、晁楣（右一）在哈尔滨“古元画展”开幕式上；右上图，古元应晁楣所请为哈尔滨阿城版画创作室题词；左下图，古元与晁楣在黑龙江省美术馆门前合影；右下图，“古元画展”开幕式上，古元在与来宾交谈；古安村提供

▼ 古元听笔者谈及黑龙江大学从延安起步，即于 1989 年夏邮赠版画小品《牛》，现藏于黑龙江大学博物馆

▼ “古元画展”请柬

▲ 左图华君武作《一九四八年的时事漫画》，哈尔滨东北书店 1949 年版，胡继东收藏并提供；右图华君武 1947 年在哈尔滨霁虹桥桥头留影，拍照时，他面向东北日报社办公楼，远处的索菲亚教堂依稀可见。张恂（华君武儿媳）提供

华君武

华君武（1915—2010），江苏无锡人，漫画家。少年时即自学并创作、发表漫画，曾任中国美术家协会副主席。从事漫画创作 50 余年，发表了大量作品，题材多针对现实时事加以讽刺，富于政治色彩；形象极精，笔墨生动。

1946 年 6 月，在东北日报社工作的华君武随报社从沈阳迁到哈尔滨，随后的三年多时间里，他创作了数百幅主题鲜明、构思犀利的讽刺漫画作品（该报大部分的漫画都是他创作的），有力地鼓舞了哈尔滨民众的革命热情。在哈尔滨工作期间，华君武逐渐喜欢上了哈尔滨这座城市，并喜欢这里的饮食。工作之余，他常跨过霁虹桥，去南岗的秋林买红肠、大列巴、酸黄瓜、奶酪。他还常与同事穆青去不远处的“八杂市”（今哈尔滨道里菜市场），喝羊杂汤，吃蒸饺、大碗面。1949 年 12 月，华君武从哈尔滨调到北京人民日报社工作，他仍旧思念哈尔滨，著文盛赞异军突起的北大荒版画。但凡是哈尔滨来客，他都热情款待。

1982 年 9 月，华君武与李桦、王琦、罗工柳、李少言等美术名家赴哈尔滨参加“北国风情画展”。1992 年 6 月，黑龙江省美术家协会在黑龙江省美术馆举办“华君武漫画展”，展品包括华君武当年在哈尔滨创作出那批令人熟悉的漫画作品，其延安鲁艺同窗、油画家杨角（时任黑龙江省美术协会名誉主席）在开幕式上致辞。1999 年夏，黑龙江日报社举办漫画比赛，特邀华君武、丁聪、方成当评委，他又一次回到哈尔滨。2012 年 2 月，“漫画一生——华君武捐赠作品展”在黑龙江省美术馆隆重开幕，此时距华君武逝世已逾两年。展览集中呈现其捐赠给黑龙江的 200 余件手稿，包含多幅在哈尔滨时期的珍贵原作。

龙腾於千年　兔断股骨头
开刀动手术　幸遇新华院
卧床四十天　下地学走路
轮椅靠边站　拐杖也可丢
龟兔再竞走　我也不落后

老兔年君武
时年八十五
2000年12月

▲ 1999年夏，华君武摄于哈尔滨，张恂提供；漫画为华君武1946年作于哈尔滨，发表在哈尔滨《知识》杂志封面，胡继东提供

▼ 漫画《放下武器》及《磨好刀再杀》（1992年哈尔滨“华君武漫画展”请柬用图），系华君武1947年在哈尔滨所作，曾在《东北日报》发表，轰动一时。两幅作品1992年在哈尔滨“华君武漫画展”中曾展出

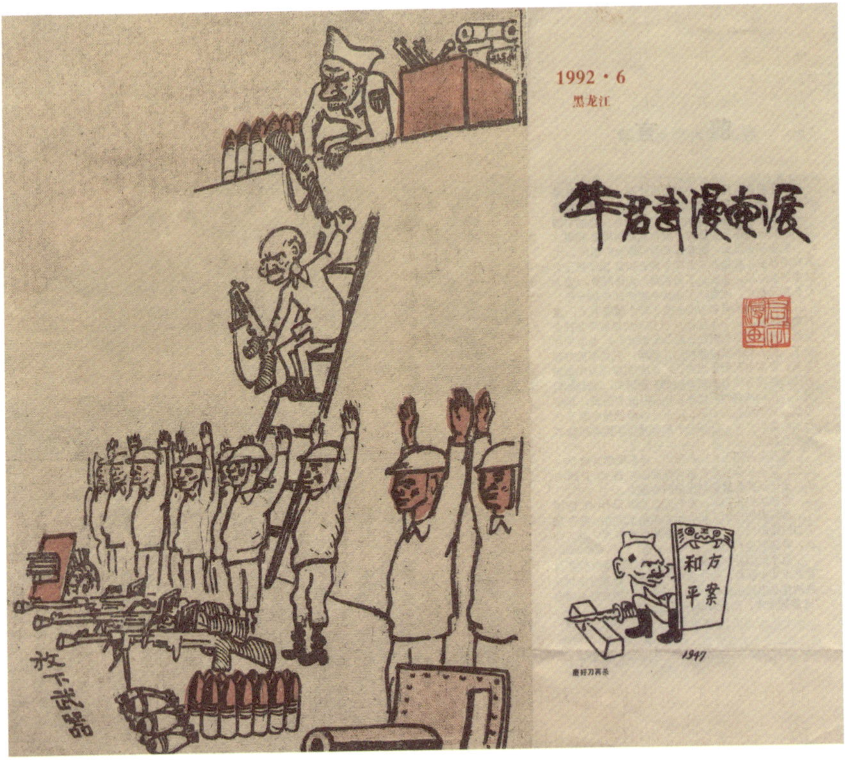

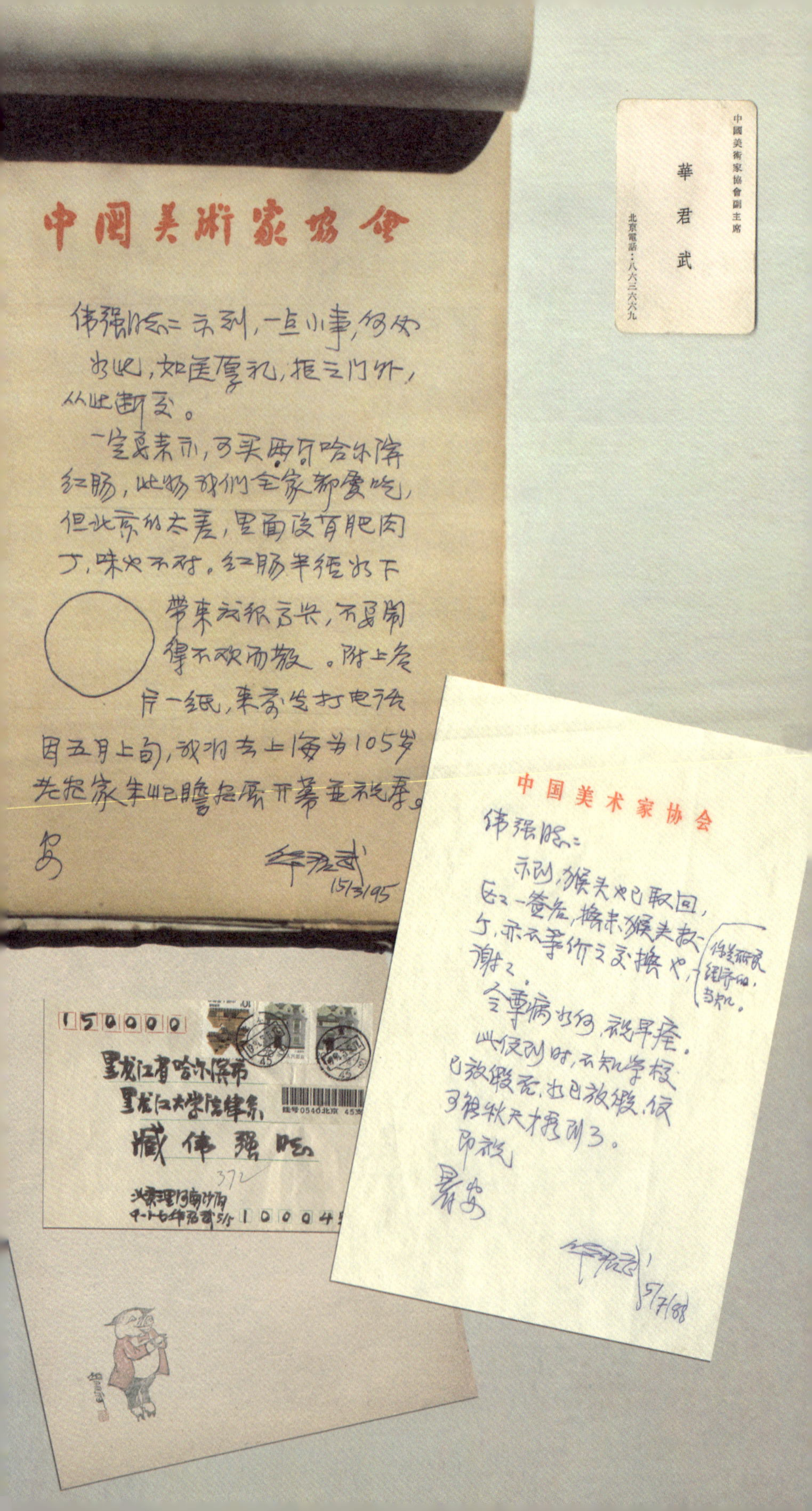
中国美术家协会

伟强贤弟：示到，一点小事，何必如此，如送厚礼，拒之门外，从此断交。

一定要表示，可买两斤哈尔滨红肠，此物我们全家都爱吃，但北京的太差，里面没有肥肉丁，味也不对。红肠半斤以下带来亦很高兴，不要闹得不欢而散。附上名片一纸，来京先打电话

因五月上旬，我将去上海为105岁老画家朱屺瞻画展开幕并祝寿。

安

华君武
15/3/95

中國美術家協會副主席

華君武

北京電話：八六三六六九

中国美术家协会

伟强贤弟：

示到，猴头也已取回，送一签名，换来猴头数个，亦云等价之交换也，谢谢。（你是研究经济的，当知。）

令尊病如何，祝早痊。

此信到时，不知学校已放假否，如已放假，信可能秋天才收到了。

即祝

暑安

华君武
5/7/88

150000

黑龙江省哈尔滨市

黑龙江大学法律系

臧伟强贤弟

372

北京三里河南沙沟十一-七华君武 5/5 100045

▲ 1992年6月，华君武（中）与来自“漫画之乡”黑龙江省齐齐哈尔市富裕县的漫画家张新华（左）、沈占德（右）合影于哈尔滨“华君武漫画展”，张恂提供

▼ 1982年秋，从上至下第一幅图，华君武在哈尔滨与本地艺术家交流作品，左起，臧尔康、石璞、杨角、华君武、牛乃文；第二幅图，华君武（左二）在黑龙江省“北国风情画展”开幕式上与杨角（左三）、李少言（左一）、王琦（右一 ）交谈。于德海拍摄并提供

◀

左页书札，华君武1995年致笔者，谈及哈尔滨红肠，“全家都爱吃”，不忘内有“肥肉丁”。哈尔滨市博物馆“文化名人手迹馆”藏品

▲ 傅抱石（前排左二）、关山月（后排左一）、吴作人（前排左一）及萧淑芳（后排左二）、郁风（后排左三）、余本（后排左四），摄于哈尔滨，万新华（南京博物馆研究员）提供

■ 傅抱石、关山月

傅抱石（1904—1965），江西新喻（今新余）人，画家、美术教育家。曾留学日本，攻读东方美术史学。回国后任中央大学教授，后任中国美术家协会副主席等职。擅长山水画，注重意境、章法的表现，善于将水、墨、彩色融合一体，达到生趣盎然的效果，在传统技法基础上出新意，尤以“抱石皴”自成风格；曾组织万里写生活动，开创以“新山水画”为标志的“新金陵画派”。亦工人物，潇洒入神。曾与关山月为人民大会堂合作巨幅国画《江山如此多娇》。

关山月（1912—2000），原名关泽霈，广东阳江人，画家、美术教育家。历任中国美术家协会副主席及广东分会主席、广东画院院长。是第三至六届全国人大代表。工山水，亦能人物、花鸟。早年恪守“岭南派”画风，清新细腻，中年后转向秾丽热烈，更具个性面貌和时代气息。

▼ 傅抱石 1961 年盛夏所作《松花江上》（局部），万新华提供

▲ 关山月所绘《郊游》，深圳关山月美术馆收藏并提供

1961年6月，傅抱石与关山月开启东北三省写生之旅，此行历时四个月，行程覆盖吉林、黑龙江、辽宁。7月上旬，傅抱石、关山月抵达哈尔滨，入住哈尔滨国际旅行社（今国际饭店），黑龙江省美术协会主席程甲锐、副主席吴镇东出面接待。

据时任黑龙江省画报社美术编辑的刘振铎（时年29岁）回忆，其受省委宣传部指派协助傅抱石、关山月，负责研墨备纸、协调行程。到达哈尔滨后不久，刘振铎陪同傅抱石、关山月至松花江畔写生。立于太阳岛上远眺对岸，江面船只往来，防洪纪念塔、友谊宫、哈尔滨铁路江上俱乐部等景观与熙攘人群尽收眼底。傅抱石、关山月以炭笔速写此景。

1961年7月15日，二人与画家们乘游艇游镜泊湖。同行者包括刘振铎、摄影记者及省市画家数人。来到吊水楼瀑布，画家们欣悦无比。关于镜泊湖的创作生活，傅抱石在《东北写生杂忆》文中谈道："我一到哈尔滨，主人就介绍，不几日前，陈叔通先生等几位去游过一次，并写下了不少的好诗。可想它的风景之胜了。"7月22日，傅抱石、关山月与也在东北写生的画家吴作人、萧淑芳、郁风、余本等再游镜泊湖，并在湖上摄影留念。7月23日，二人离开镜泊湖，由牡丹江返回哈尔滨，稍作休息。吴作人一行人后按照行程前往伊春采风。

在此期间，他们二人创作了多幅作品。傅抱石落墨作《一望"牡丹"开》一幅并题："自镜泊湖返牡丹江车中所得印象，时虽盛夏，不减春江。抱石哈尔滨并记。"又作瀑布图，以篆书题识"镜泊飞泉"，复以行书题"一九六一年七月，抱石哈尔滨并记"。关山月则作《松花江畔》并题："一九六一年长夏，关山月画于哈尔滨旅邸。"7月底，众人尽欢，去往沈阳。据刘振铎回忆，在哈尔滨他曾陪傅、关两位大师前往道外老街、

▲ 在镜泊湖采风期间，傅抱石以太阳岛速写稿为素材，乘兴落墨，作《太阳岛》，并题字："一九六一年七月九日，星期（日）。予访哈尔滨对江之太阳岛，傍晚归来，遥见江畔人山人海度此幸福之假日，或驾一叶之扁舟，或携亲爱之稚子，劳动之余尽情欢乐，此何世也！亟努力建设之，因记印象。抱石镜泊湖记。"此画为南京博物院所藏，万新华提供

公园闲逛。在一家旧货店，傅抱石相中了一座钟，但店家说是祖传坚决不卖，傅抱石甚感遗憾。他们曾看了一场"二人转"，傅抱石笑逐颜开："真没想到就这么几个人竟搞出这么多的笑话来。"

▼ 1961年7月，傅抱石、关山月与吴作人等友人在镜泊湖上合影留念。左起，吴作人、关山月、萧淑芳、郁风、傅抱石、余本。万新华提供

▲ 关山月在所住的哈尔滨国际旅行社创作《松花江畔》。由画面远远望去，江对面的江畔景色尽收眼底，其中，松花江公路大桥轮廓最为清晰。深圳关山月美术馆收藏并提供

▼ 关山月在创作，深圳关山月美术馆提供

▼ 1995 年 6 月关山月在广州美术学院寓所，笔者摄

▲ 1961 年，吴作人与夫人萧淑芳在哈尔滨圣尼古拉大教堂（俗称“喇嘛台”）前，照片背面题字为吴作人亲笔，吴宁（吴作人之外孙女）提供

■ 吴作人、萧淑芳

吴作人（1908—1997），原籍安徽泾县，生于江苏苏州，画家、美术教育家。曾任教于中央大学艺术系。后侧重中国画创作。曾任中央美术学院院长，中国文联副主席，中国美术家协会副主席、主席等职。擅油画、中国画，风格高迈雅逸。有《吴作人画集》《吴作人速写集》等。

萧淑芳（1911—2005），广东中山人，画家。曾任中央美术学院教授。创作初以油画、水彩画为主，后致力于中国花卉画的创作和研究，力图使水彩画与中国画结合，融中西绘画于一体，所作清新幽雅，浓而不艳，淡而不浮，格调不凡。许多作品入选国内外大型美术作品展览及在多种专业报刊上发表，曾多次应邀出国访问并举办画展。

1961 年 7 月，时任中央美术学院院长的吴作人与夫人——中央美术学院教授萧淑芳及中国美术家协会干部郁风、广州美术学院教授余本组成“东北旅行写生”队伍，他们一行人辗转于东北大地，历时三个多月，留下了多幅作品。他们的第一站是哈尔滨，吴作人夫妇在哈尔滨铁路江上俱乐部、太阳岛、动物园以及所住国际旅行社旁边的“喇嘛台”、黑龙江省博物馆，画了多幅速写及水彩作品。在美丽的镜泊湖，吴作人收获了丰硕的艺术创作成果。据曾一同到镜泊湖写生的画家张钦若回忆，吴作人曾颇有感触地讲道：“如果你能对物象有细微的观察和深刻体验，就会有闭目在

▲ 1961 年吴作人在松花江畔写生

▲ 1961 年吴作人在哈尔滨动物园“虎舍”前速写，吴宁提供

▲ 速写为哈尔滨松花江北岸的太阳岛，吴作人 1961 年夏作；水彩画为哈尔滨国际旅行社前的黑龙江省博物馆，吴作人 1961 年夏绘，吴宁提供

眼前、落笔在腕中的感觉。”张钦若讲，吴作人的调色板上虽然只有六七种颜色，而且以土色居多，但最后呈现的画面却“单纯而丰富，微妙而高雅”。

按照计划，从镜泊湖离开后，下一站目的地是长白山天池。但据当地有关部门提醒，因长白山天气突变，山顶开始降雪且气温骤降，不宜上山，吴作人一行人遂转道前往伊春写生。抵达伊春不久，天气再度骤变。连日暴雨引发山洪，山路被阻导致一行人滞留，无法按计划离开。无奈之下，吴作人秉持“既来之，则安之”的心态，潜心利用这段充裕的时间，创作了大量的油画写生作品。1961 年 8 月底，困在伊春林区将近一个月的吴作人等人，终于有机会搭乘林业飞机到达哈尔滨。回到哈尔滨后，黑龙江省美术协会在工人文化宫举办联展，吴作人的《镜泊飞瀑》等系列作品凭借鲜明的中国特色，在哈尔滨美术界引起强烈反响。

▲ 哈尔滨“喇嘛台与博物馆”，萧淑芳1961年绘，吴宁提供

▲ “哈尔滨铁路江上俱乐部”一角，远处为松花江铁路桥，萧淑芳1961年绘，吴宁提供

此次写生乃至整个“东北旅行写生”对吴作人来说，其意义不仅在于使他“在生活中认识生活，在自然中认识自然”，积累了丰富的创作素材，收获了丰硕的艺术创作成果，更重要的是，他面对新时代的新生活、新风貌、新成就，有了新的思考，从而有了新的探索。

▼ 哈尔滨国际旅行社及圣尼古拉大教堂

▼ 1995年吴作人、萧淑芳夫妇在北京寓所，谈及哈尔滨，笑逐颜开，笔者摄

▶
右页上图为《吴作人、萧淑芳画选》，朝华出版社1982年版，王聪慧提供
右页下图为吴作人、萧淑芬在创作

吴作人、蕭淑芳畫選
SELECTED PAINTINGS OF
WU ZUOREN AND
XIAO SHUFANG

黑龍江省美術館
作人书

▲ 王琦（二排中间最高者）来授课时与哈尔滨艺术学院师生在学院门前合影

■ 王琦、尹瘦石、刘勃舒等

20 世纪 60 年代初，中国版画名家王琦、颜仲，画坛画马名家尹瘦石与刘勃舒、许勇，都曾受聘在哈尔滨艺术学院任课，时间最短的几十天，最长的达四五年之久。哈尔滨艺术学院成立于 1958 年，校舍坐落在中央大街 1 号（法国万国储金会旧址）、3 号。在这里，王琦、尹瘦石、刘勃舒等受聘教师与校内其他老师一道为学生授业解惑。

王琦

王琦（1918—2016），四川宜宾人，版画家、美术评论家。曾任中央美术学院教授，中国美术家协会常务理事、副主席，中国版画家协会副主席兼秘书长。

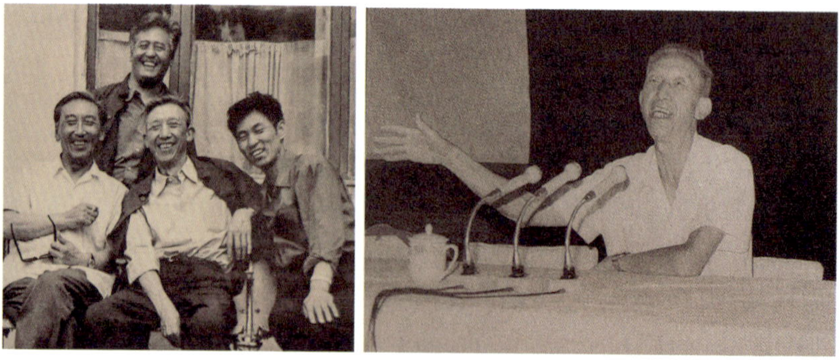

▲ 左图，1962 年王琦（前排中）在哈尔滨艺术学院授课期间在杨角（前排左）家中留影。杨大洋（杨角之子）提供；右图，1982 年王琦在哈尔滨市文联作报告“艺术创作的主观与客观”，王仲（王琦之子）提供

▲ 1981年黑龙江省美术馆“王琦版画展”，左图为王琦（中）与杨角（右）；右图为王琦（右二）与杨角（右一）、晁楣（右三）等人在看展，王仲提供

1962年9月，王琦受上海美术专科学校时老同学杨角的夫人——时任哈尔滨艺术学院美术系主任张晓非的邀请，来哈尔滨艺术学院讲授《中国现代美术史》，时长一个多月，王琦几乎每天都到杨角家里与杨角夫妇忆旧、论学。1982年9月，王琦与华君武、罗工柳、李桦、李少言受邀来哈尔滨参加“北国风情画展”开幕活动，时任黑龙江省委宣传部副部长的杨角接待了大家，后续王琦还向美术界讲学。开幕式当晚，他们一起去杨角家探望了瘫痪在床，但未停止绘画的杨角夫人张晓非。

▲ 左图，1962年尹瘦石（前排左三）与哈尔滨艺术学院部分师生合影，刘永祥（右一，1960级美术系学生）提供；中图，1990年尹瘦石应笔者所求题字；右图，1985年尹瘦石来黑龙江省书画院讲学，曹香滨（黑龙江省书画院画家）提供

尹瘦石

尹瘦石（1919—1998），江苏宜兴人，书画家、艺术教育家。曾任中国文联副主席，擅长国画，尤擅长人物，作品以深厚的爱国情怀和鲜明的时代特色著称。

1945年，尹瘦石和诗人柳亚子联合举办“柳诗尹画联展”，郭沫若、茅盾、沈钧儒、黄炎培、徐悲鸿等人都曾发表评论，名噪一时。1953年中国美术家协会第一届常务理事25人，有齐白石、丰子恺、叶恭绰、梁思成、叶浅予、刘开渠、吴作人、华君武、古元、王朝闻等，尹瘦石名列其中。

1961年，尹瘦石受聘于哈尔滨艺术学院担任国画教师，直至1962年年底调任北京画院。其间，他在教学实践中构建了系统的技法训练体系，使东北地区培养的国画人才在造型能力与笔墨修养方面得到了显著提升。1962 年，哈尔滨艺术学院毕业班的学生到北京实习，尹瘦石带着他们临摹明代壁画及故宫博物院的明代人物画。尹瘦石离开哈尔滨后，历任北京画院副院长、中国美术家协会理事、中国文联副主席等职务。据刘永祥讲，学生们每每前去北京探访他，他都询问哈尔滨书画界状况。

刘勃舒

刘勃舒（1935—2022），江西永兴人，画家。徐悲鸿的关门弟子，曾任中央美术学院副院长、中国美术家协会副主席、中国画研究院院长。

据刘永祥讲述，1962 年，刘勃舒来到哈尔滨艺术学院，接替中央美术学院国画系教授李斛讲授水墨人物画。当时，刘勃舒还不到 30 岁，与学生们住在一起。刘永祥在年龄上虽比刘勃舒小几岁，但两人相处很好，刘永祥对笔者讲，他时常到北京探望刘勃舒。

▼ 1995 年刘勃舒应笔者所求题字

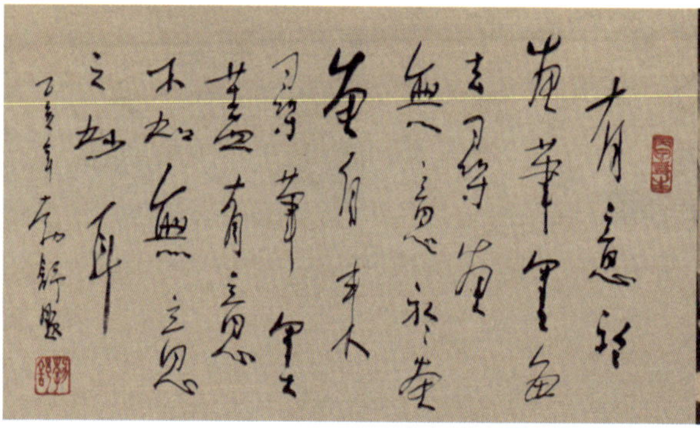

▼ 20 世纪 80 年代中期，刘勃舒莅临黑龙江省书画院讲学时作画，曹香滨提供

许勇

许勇（1933—），别名许涌，山东青岛人，画家。鲁迅美术学院教授。他早年创作的大型主题画作《郑成功收复台湾》在中国美术史上是具有里程碑式的作品；他参与创作的连环画《嘎达梅林》及《白求恩在中国》曾分别获得全国美展牌奖、全国美展一等奖。

据刘永祥回忆，1963 年元旦过后，许勇受鲁美老领导杨角、张晓非夫妇邀请来哈尔滨艺术学院美术系讲授人物画创作。许勇在哈尔滨授课虽然仅一个月，但极为严谨、认真，与学生们朝夕相处，关系密切。

▲ 许勇（前排右三）、张晓非（前排右二）、葛维钧（二排右一）、刘永祥（二排左一），刘永祥提供

▲ 90 岁的许勇在谈其画作，深圳收藏家王鹏提供

颜仲

颜仲（1930—2008），浙江富阳人，木刻艺术家。1955 年毕业于中央美术学院华东分院（今中国美术学院），1961 年任教于哈尔滨艺术学院。据刘永祥回忆，颜仲的素描课大家都特别愿意上，他谦虚至极，讲课细致有加。

艺术学院解散后，颜仲到哈尔滨的中学任教，1985 年开始任哈尔滨画院专职创作员。他出生于江南，就读于杭州，终老于冰城，毕生教书育人，艺术创作兢兢业业。他的艺术成就——200 多件中外文化名人木刻作品，均在黑土地上问世。1981 年，纪念鲁迅诞辰一百周年大会在人民大会堂隆重召开，主席台悬挂的鲁迅像便是身在哈尔滨的版画家颜仲创作的。中国版画元老晁楣曾评价颜仲：是我国乃至世界画坛上唯一一位专攻黑白木刻人物肖像的版画家。

王琦、尹瘦石、刘勃舒等艺术大家在哈尔滨期间，乐于提携后辈，常与学生交流心得，讲授创作经验，他们为哈尔滨乃至全国美术界培养了大批优秀的艺术人才，推动了哈尔滨美术事业向纵深发展。

▼ 颜仲在哈尔滨画院工作室，笔者摄于 1987 年

▼ 颜仲作品《鲁迅像》《萧红像》，黑龙江大学博物馆藏品

▲杨角

▲1964 年杨角（前排右二）、张晓非（前排右三）与学生们合影

杨角

杨角（1916—1998），别名杨力森，字立生，黑龙江绥化人，美术教育家。在延安鲁艺任美术系教员，后出任东北美术专科学校（鲁迅美术学院前身）首任校长。

1960 年，杨角来到哈尔滨，任教于哈尔滨艺术学院，培养了大批美术人才，桃李满天下。对此，当代著名雕塑家、中国美术家协会副主席，曾任沈阳鲁迅美术学院院长的李象群在一次访谈中回答“最初的启蒙教育来自哪里”这一问题时提到，第一位启蒙他的是他的父亲，给予他最初对艺术的爱和对艺术的追求，第二位是哈尔滨的老师杨角，把他带到了艺术的殿堂。杨角因发现李象群的艺术天分，所以经常指导他。当时李象群高中没毕业就考上了鲁迅美术学院，按志愿应该去油画系，但鲁美雕塑系的老师劝他到雕塑系。他曾就如何选择询问老师杨角，杨角也认可鲁美的雕塑系，于是李象群去了雕塑系。

▼杨角题字

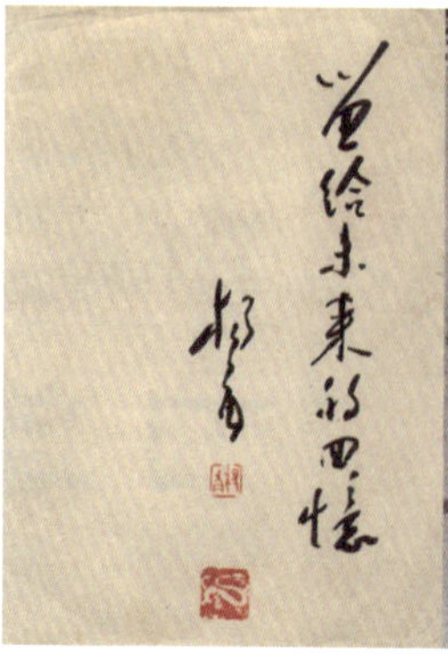

▼1945 年在延安鲁艺，杨角（三排左二）、张晓非（二排左四）与古元（前排左三）、华君武（前排右三）、彦涵（前排右二）、莫朴（二排左三）等人合影

▲ 左图为油画《作家萧军》，杨角作于萧军离世不久；右图为 1981 年 6 月老友们到哈尔滨登门探望杨角、张晓非夫妇时合影。前排左起，萧军、骆宾基、舒群、塞克，杨大洋提供

▲ 从左至右，杨角分别与延安时老友萧军、艾青、罗工柳合影，笔者摄于 20 世纪 80 年代中后期

杨角还是一位职业油画家。他早年毕业于上海美术专科学校西洋画系。早在延安时期他与夫人张晓非的油画作品便被同行称赞，回到哈尔滨后也从未停止挥动画笔，创作了一大批油画精品。与此同时，他擅长书法创作，其书法作品既遵循传统，又极富个性，大气磅礴。杨角更是哈尔滨市乃至黑龙江省美术事业的领导者与推动者。无论是在担任哈尔滨市文联创作室主任时，还是在出任黑龙江省委宣传部副部长期间，他都亲力亲为，不遗余力地主持省、市美展及国展的评选、评奖工作，推进黑龙江本土文艺活动的全面开展，为黑龙江省美术力量的延续与发展作出了重要贡献。

▲ 1988 年游寿所书“龙”字，哈尔滨市博物馆“文化名人手迹馆”藏品；1989 年游寿在学校寓所，笔者摄

游寿

游寿（1906—1994），字介眉，福建霞浦人，学者、书法家。她积极参加抗日救国运动，多次参加青年学生运动。后考入大师云集的南京中央大学、金陵大学学习，师从胡小石、吴梅、黄侃等。

1943 年，游寿来到中央研究院历史语言研究所，从事资料搜集及学术研究工作，得以与李济、董作宾、梁思永、夏鼐、曾昭燏等考古、文史、语言界著名学者同事，在学问上突飞猛进。

1957 年，作为学养深厚的考古学家、甲骨文研究专家，游寿来到黑龙江“支边”，在哈尔滨师范学院（今哈尔滨师范大学）任教，并重点从事中国北方民族起源与古文字的研究工作。1980 年，她成功地启发、指导米文平等人在大兴安岭考古，从而发现了拓跋鲜卑发祥地嘎仙洞及石刻祝文；1981 年，她返回家乡福建省霞浦县赤岸村，一举考证了日本第十七次遣唐使空海在中国的漂着地。游寿在 80 岁之后书法艺术达到了最高境界，作为金石书派的重要继承人，其书法最突出的成就在于她完成了李瑞清、胡小石对书法表现方法的探索与提炼，即在继承古体书法的基础上又自出新意——吸收“嘎仙洞”祝文形体的豪迈、洒脱，融入北方民族气势的淳朴、奔放，最终向观者呈现了她那极具书卷气又凝重雄浑的“游体”。

游寿在哈尔滨工作、生活了近 40 年，她为黑龙江书法界、学术界乃至整个中国书坛，带来了春风和活力。著名书法家、书法理论家沈鹏在游寿去世后唁电：“游寿女士是杰出的书法家、古文字学家、书法教育家、学者，为中国书法事业的发展作出了贡献。”

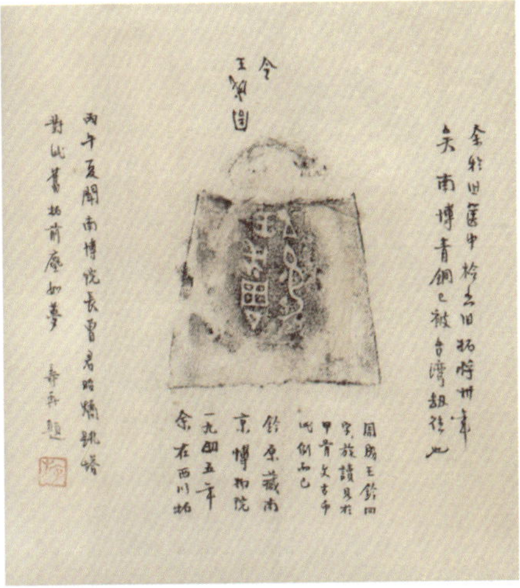

▲“周成王铃”四字青铜拓片，为游寿1945年在四川李庄中央博物院时手拓，时挚友曾昭燏正在此处负责考古研究及征集、调查、发掘工作。1966年夏，游寿惊闻南京博物院院长曾昭燏殁去噩耗，悲痛之余，自旧箧中检出此拓片，跋得数语，以志哀思。哈尔滨市博物馆“文化名人手迹馆”收藏

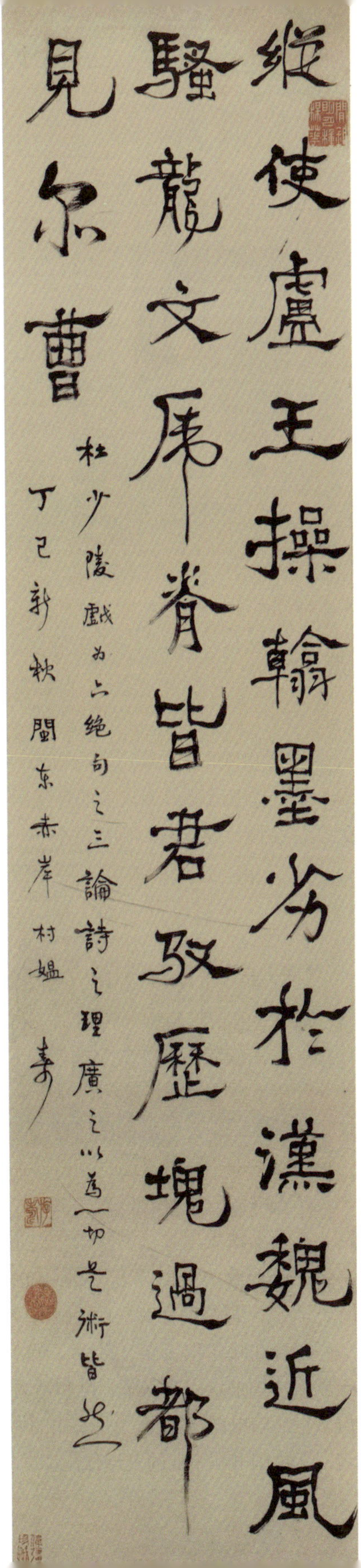

►此幅书法游寿作于1977年秋初，录杜甫著名的《戏为六绝句》中句并撰跋语。此幅书法曾著录于黑龙江美术出版社2000年版《游寿书法集》，哈尔滨市博物馆“文化名人手迹馆”藏品

▲ 游寿摄于南京，时年 28 岁，哈尔滨市博物馆“文化名人手迹馆”藏品

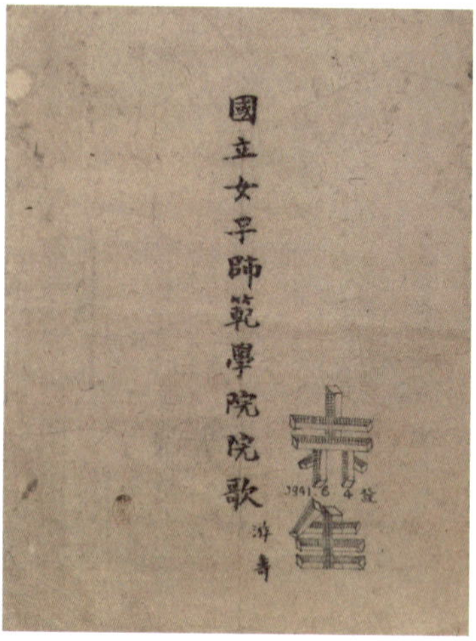

▲ “国立女子师范学院院歌”题字系游寿 1941 年所写。国立女子师范学院（西南大学前身）1940 年成立于重庆江津白沙，游寿时任国文教员

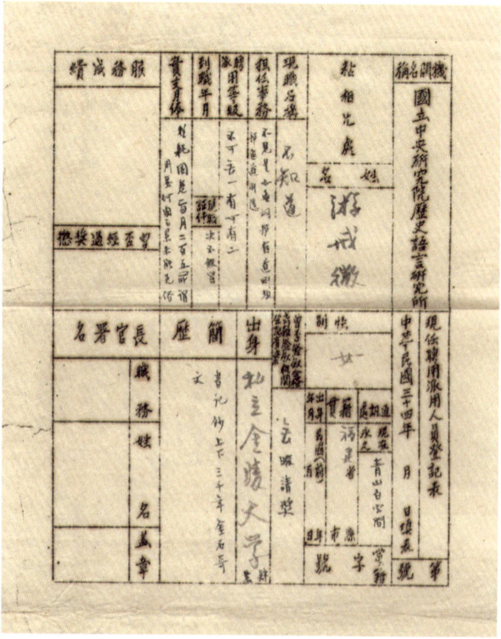

◀ “游寿自填简历”，为游寿 1945 年在四川李庄“国立中央研究院历史语言研究所”工作期间填写。当时因学术派系所扰，游寿受到颇不公平的对待，因此，性情倔强的她在住所一栏愤然填写“青山白云间”，受奖一栏则写“无暇请奖”，职称一栏填“不知道”，担任事务一栏竟写“邦有道则现，邦无道则隐”，聘用等级一栏写“不可无一，有可有二”，现职证件竟填“决不假冒”。哈尔滨市博物馆“文化名人手迹馆”藏品

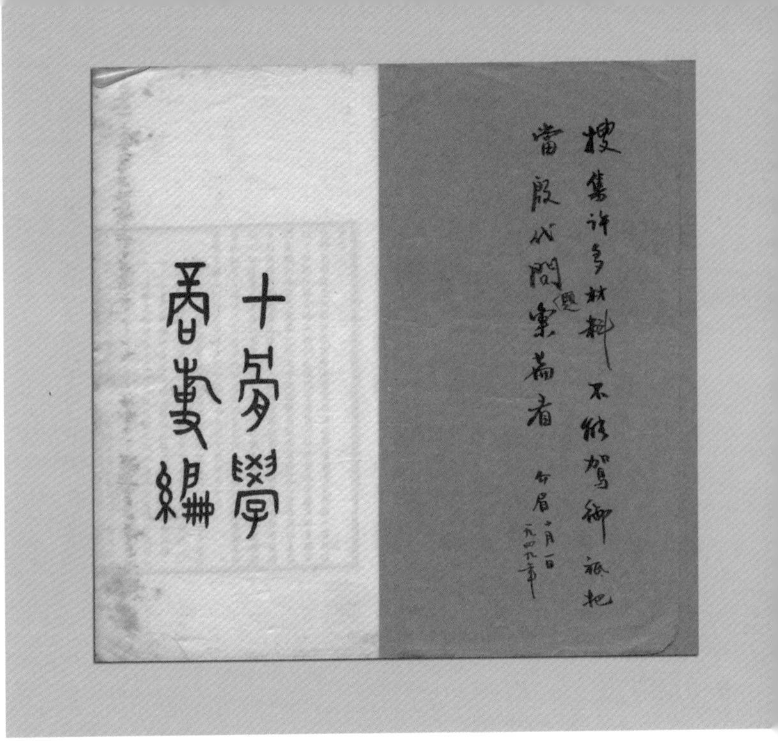

▲《甲骨学商史编》，王国维弟子朱芳圃著，游寿于1949年题记。哈尔滨市博物馆"文化名人手迹馆"藏品

▼ 游寿自写简历

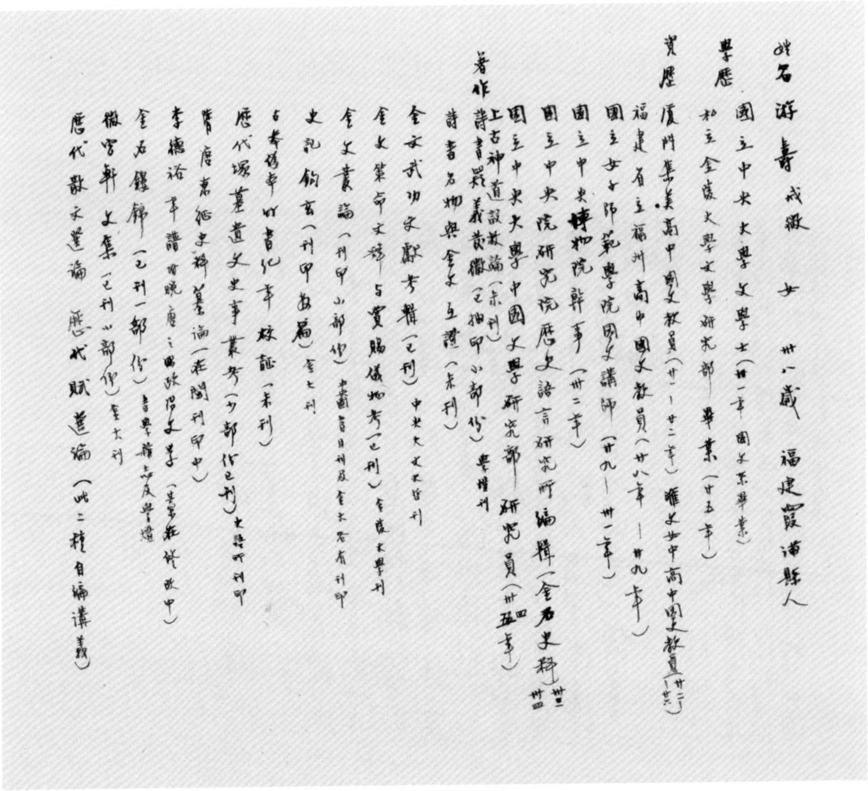

姓名 游壽 戒微 女 卅八歲 福建霞浦縣人
學歷 國立中央大學文學士（廿一年國文系畢業）
私立金陵大學文學研究部畢業（廿五年）
資歷 廈門集美高中國文教員（廿一－廿二年） 唯文女中高中國文教員（廿六）
福建省立福州高中國文教員（廿八年－廿九年）
國立女子師範學院國文講師（廿九－卅一年）
國立中央博物院幹事（卅二年）
國立中央研究院歷史語言研究所編輯（金石史料）卅三 卅四
國立中央大學中國文學研究部研究員（卅五年）
著作 上古神道設教論（未刊）
詩書嚴義發微（已抽印小部份） 學燈刊
詩書名物與金文互證（未刊）
金文武功文獻考釋（已刊） 中央大學文史哲刊
金文策命文辭與賞賜儀物考（已刊） 金陵大學刊
金文叢論（刊印小部份） 中國文化月刊及金大各有刊印
史記鈎玄（刊印數篇） 金大刊
古春秋以書化事校證（未刊）
歷代塚墓遺文史事叢考（少部份已刊） 文史哲刊印
隋唐書經史釋纂論（在開刊印中）
李德裕年譜 附晚唐之政治文學（單行本編纂修改中） 書學雜誌及學燈
金石錄稿（已刊一部份）
微穹軒文集（已刊小部份） 金大刊
歷代散文選論 歷代賦選論（此二種自編講義）

▲ 苏渊雷

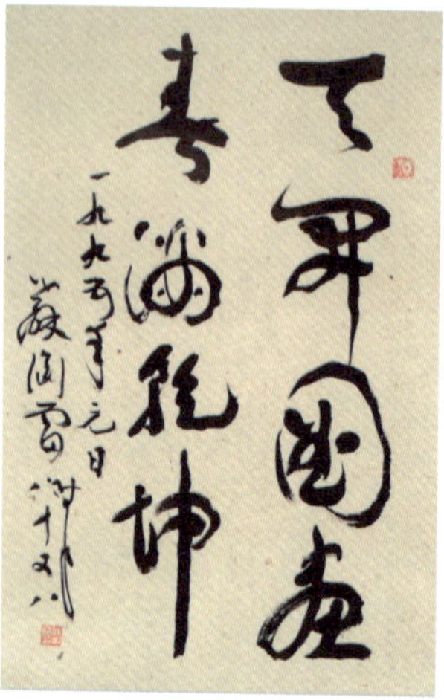

▲ 苏渊雷题字

苏渊雷

苏渊雷（1908—1995），原名苏中常，字仲翔，号钵翁，浙江平阳人，学者、书画家、诗人。在学界颇具影响力，曾在华东师范大学任教。

1958 年 4 月，苏渊雷由上海华东师范大学历史系调到哈尔滨师范学院历史系任教，举家北迁。1962 年，哈尔滨市书法篆刻研究会请他去做专题讲座。在课堂上，他带去了自己收藏的何绍基、沈曾植、康有为

▼ 钱锺书致苏渊雷书札，张强（苏渊雷外孙）提供

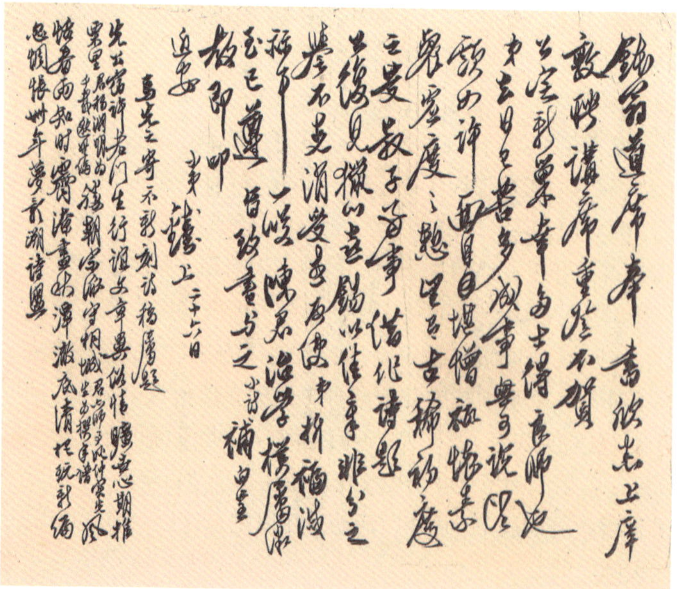

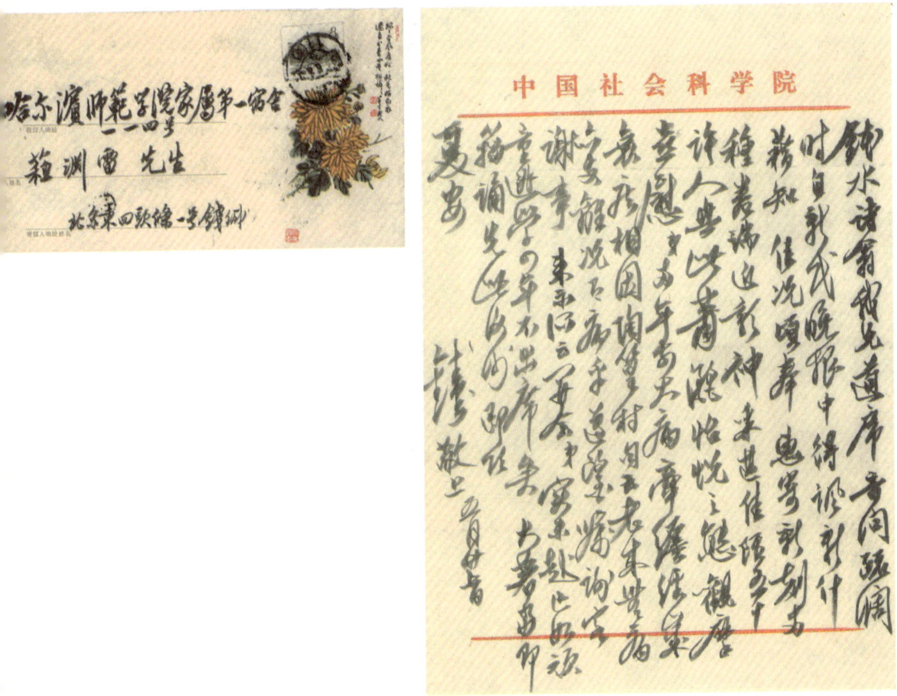

▲ 钱锺书致苏渊雷书札，张强提供

等名家真迹，讲述书法“字外功”的形成。在这次讲座期间，杨克炎成为其弟子。

杨克炎对笔者讲，苏渊雷住在哈尔滨师范学院校园内一栋楼房的一楼，一进门便可看到马一浮题写的匾额“钵水斋”，下方是唐云写的对联，桌上摆放着新石器时代的玉斧。那时候，苏渊雷与国内一些朋友的书信往来很频繁，杨克炎常代他去距学院有一段距离的和兴路邮局邮信。苏渊雷在哈尔滨师范学院任教期间，曾举办过一次雅集。时值苏东坡诞辰 925 周年，他在寓所举办了一场“寿苏会”，“集客为贺”。席间，苏渊雷拿出所藏断碑砚请大家欣赏。此砚为明代黄道周（号石斋）旧藏，砚身镌刻苏东坡《孙莘老求墨妙亭诗》残句 17 字，现场众人观赏此砚时肃然起敬。苏渊雷依苏东坡原韵赋诗二首，并邀在座的张志岳、游寿等人唱和，同时函请上海及杭州名家马一浮、张宗祥、朱大可等人题咏，月内即获响应。杨克炎回忆，1977 年 5 月，应哈尔滨师范学院邀请，已经退休的苏渊雷从浙江老家赶回哈尔滨，停留十日，而后前往嫩江为全省文史进修班授课。7 月，回哈尔滨又停留月余（住杨克炎家），9 月方返回上海。从此没再回哈尔滨。

2023 年 10 月，哈尔滨师范大学历史文化学院主办了“百年苏子·渊默雷声——纪念苏渊雷教授诞辰 115 周年”活动，用以纪念这位、博学卓识、才情独具的一代大师。

中国人民邮政
中国社会科
寒柯

◀ 左图，国学大师马一浮、钱锺书致苏渊雷书札函封。张强提供

▼《菊石图》，1976 年苏渊雷画并题，1977 年秋游寿观后又题。杨克炎收藏并提供

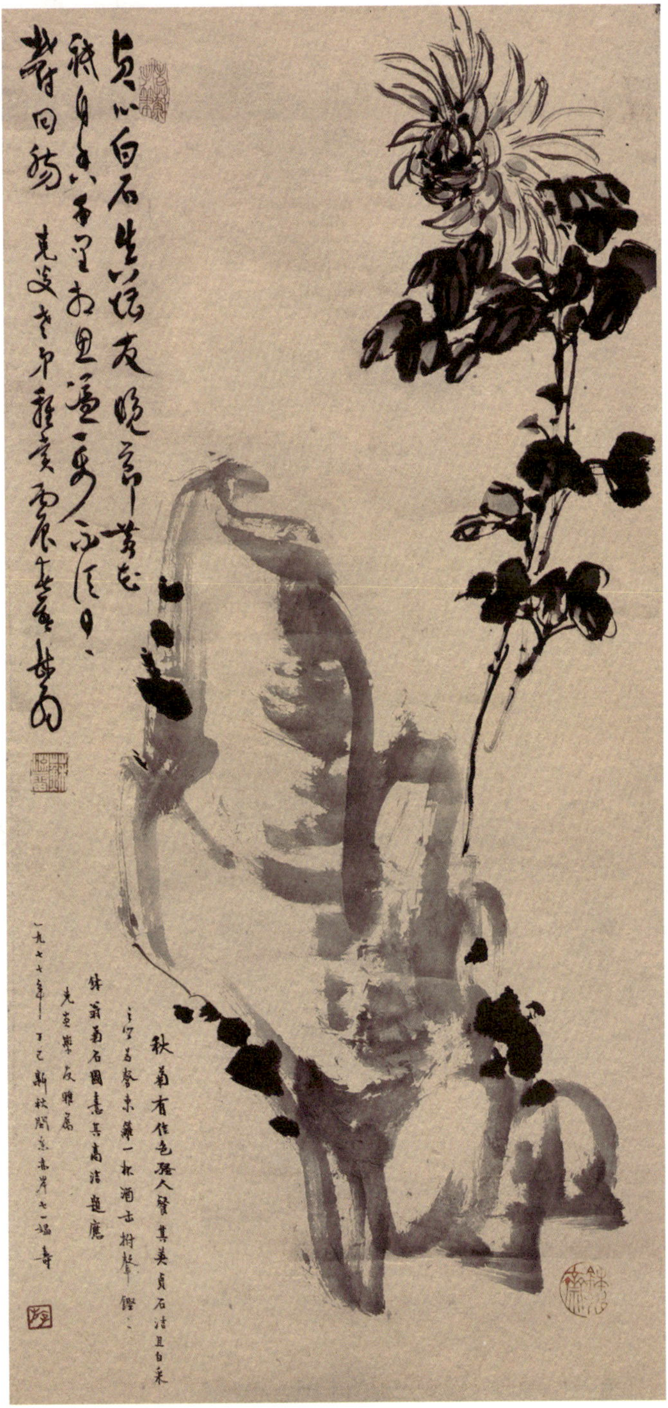

▲ 贺友直（前排左三）在哈尔滨与王纯信（前排右一）等人合影，王绘（王纯信之子）提供

■ 贺友直

贺友直（1922—2016），祖籍浙江宁波，生于上海，画家。从事连环画创作 50 多年，上海人民美术出版社编审，曾任中国美术家协会常务理事、连环画艺术委员会主任，中国连环画研究会副会长等职。作品有《火车上的战斗》《山乡巨变》《十五贯》等。

1973 年，贺友直接到上海人民美术出版社请他创作连环画《江畔朝阳》的任务，便从上海来到哈尔滨，准备由哈尔滨转道北大荒黑龙江生产建设兵团去体验生活。在哈尔滨，贺友直受到黑龙江省美术家协会画家、连环画《闪闪的红星》的作者王纯信的热情接待。几天后，他登上火车前往目的地。

▲ 贺友直所绘连环画，左图《江畔朝阳》，右图《山乡巨变》

1984 年，贺友直又到哈尔滨，来到弟子——后来成为哈尔滨画院院长的著名画家侯国良家中，亲手做了拿手好菜——红烧肉，然后与这位亲传弟子共进晚餐。1989 年，贺友直再次来到哈尔滨，以中国美协连环画评委会主任身份主持连环画评选。工作之余，他又做了红烧肉，只不过地点有所变换——改在画家王纯信家中。

▲ 1982 年贺友直（左）与李老十（右）合影，徐洪文（画家，李老十同学）提供

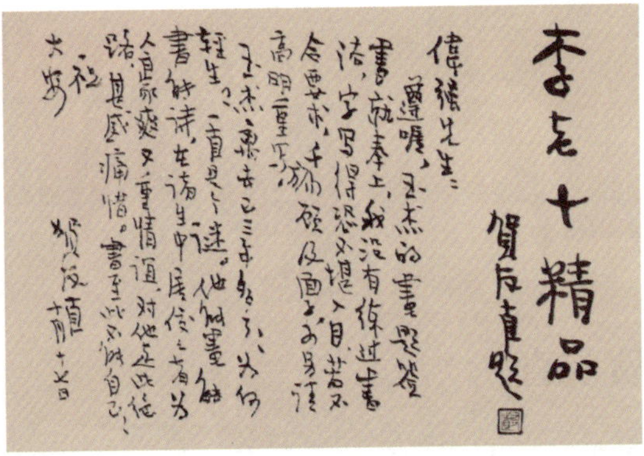

▲ 贺友直题字

贺友直有一个在哈尔滨土生土长的弟子李玉杰，即日后闻名中国画坛的水墨艺术家李老十。李老十（本名李玉杰）是贺友直执教中央美术学院年画连环画系时的学生。贺友直十分欣赏李老十，他曾对笔者说，他经常直言不讳地指出其不足。贺友直“认真做人，踏实做人”的风范，对李老十的自身修养以及做人准则、艺术水准的历练、生成，起到了潜移默化的推进作用。1996 年 6 月，老十骤然离世的消息传至上海，年近八旬的贺友直老泪纵横，他对笔者谈道：“玉杰是中国画坛的骄傲，更是哈尔滨美术界的骄傲。”并表示：“我喜欢哈尔滨，有机会再去。”

▼ 贺友直作品集；1998 年贺友直在上海家中，笔者摄

▲黄胄（中）与黑龙江省书画院画家杨秀坤（左）、崔晓东（右）在松花江畔留影；信封为黄胄致杨秀坤，信中商谈在哈尔滨办画展事宜。杨秀坤提供

■ 黄胄

黄胄（1925—1997），原名梁黄胄，河北蠡县人，画家。曾任中国画研究院副院长、中国美术家协会常务理事等。擅长中国画，富收藏，精速写，多次深入甘肃、青海、新疆等地，创作反映当地风土人情的绘画，尤善画驴。其画风热辣，个性鲜明。

1984 年 4 月，黑龙江省书画院画家杨秀坤给老师黄胄写信，很想邀请老师及师母郑闻慧来哈尔滨散心、治病、疗养。黄胄从未来过东北，因此同意来哈尔滨并决定举办一场小型画展。6 月中旬，黄胄偕夫人郑闻慧来到哈尔滨举办画展，其间，他们前往黑龙江省书画院与创作人员进行了座谈会，而后在杨秀坤、崔晓东的陪同下，去大庆、齐齐哈尔观光、采风，到扎龙自然保护区写生。

黄胄此次来哈尔滨举办画展、开座谈会，为哈尔滨乃至全省的书画家及书画爱好者带来了新理念、新气象，对中国画艺术创作与创新的深入拓展及提升，推动黑龙江及哈尔滨美术事业的发展，产生了深远的影响、积极的作用。

▲ 黄胄所画《六驴图》（局部），哈尔滨市博物馆“文化名人手迹馆”提供

▲ 黄胄照片，笔者摄于1992年

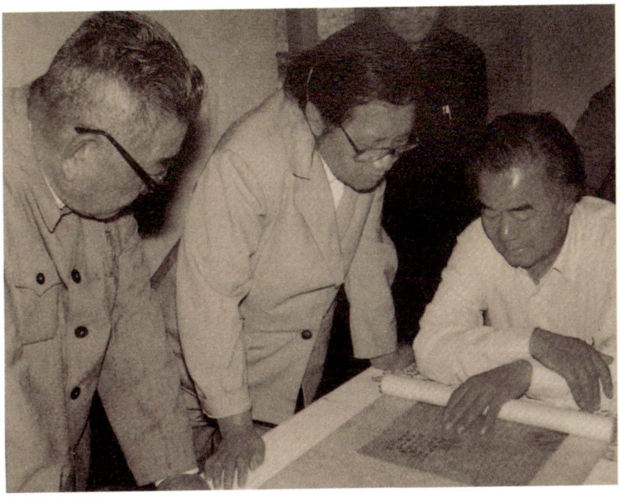

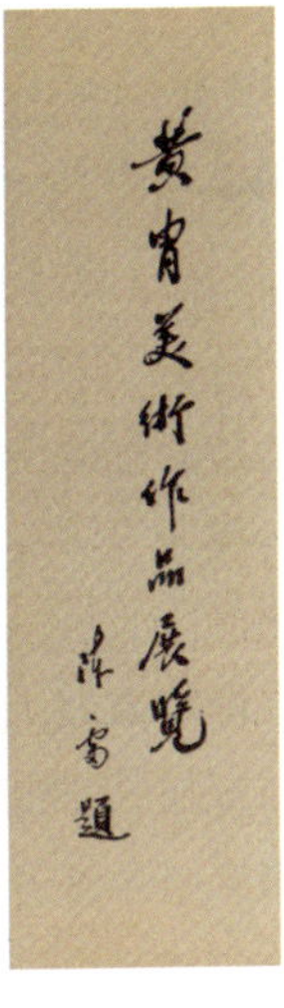

▲ 左图为1984年7月黄胄（右）、郑闻慧（中）夫妇与沈重（左，黑龙江省书画院院长）合影，曹香滨提供
右图为黄胄哈尔滨画展展标，是时任中国书法家协会名誉理事、黑龙江省书法家协会主席、黑龙江省省长陈雷题写，杨秀坤提供

▲ 舒同在创作

■ 舒同

舒同（1906—1998），又名舒宜禄，江西东乡（今抚州市东乡区）人，书法家。是中国书法家协会的创始人之一。曾任中国书法家协会第一届主席、第二届名誉主席。其书采粹百家，端庄凝重，疏散飘逸，形成特有的风格，被誉为“舒体”。

1985 年 7 月，舒同与家人乘火车由北京来到哈尔滨，住进太阳岛上的疗养院。当天午饭后，便去游江。他兴致勃勃，尽情领略、观赏松花江两岸风光。晚饭后，舒同与夫人王云飞漫步到江畔长堤，徘徊许久，而后返回。

1985 年 7 月 26 日，黑龙江省书法家协会举办了一场笔会，欢迎中国书法家协会主席舒同莅临哈尔滨。舒同为黑龙江省书法家协会题写了一气势磅礴的四尺整纸作品，陈雷及在场的黑龙江省著名书法家游寿、杨角每人都为舒同书写了一条幅，以示敬意。28 日，舒同应邀来到哈铁老干部协会，书写了“老骥伏枥，志在千里”。8 月 2 日，舒同一行人乘坐列车返回北京。

▼ 舒同写于 1985 年，哈尔滨市博物馆“文化名人手迹馆”收藏

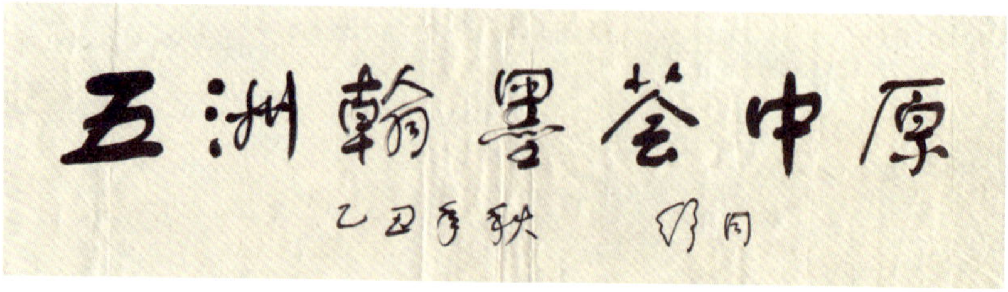

▲ 上方三张照片从左至右，舒同与战友们，舒同题写“中国抗日军政大学”匾额，舒同任晋察冀军区政治部主任时留影，王征提供（舒同之子）
下方两张照片从左至右，1985 年夏舒同、王云飞夫妇及王征一行人乘坐哈尔滨儿童公园儿童火车。笔者摄影

▼ 信封上手写毛笔字为舒同所书，所印红字也是舒同所写。哈尔滨市博物馆“文化名人手迹馆”藏品

▲ 吴印咸与哈尔滨摄影界人士见面及为时任哈尔滨日报社副总编辑王健男题赠摄影集时的情景，郑学清（《哈尔滨日报》记者）拍摄并提供

■ 吴印咸

吴印咸（1900—1994），原名吴荫诚，生于江苏沭阳，电影摄影师。曾在上海美术专科学校学习。曾任东北电影制片厂厂长、北京电影学院副院长。获首届电影百花奖最佳摄影奖。

吴印咸的摄影生涯，主要有四个亮点：

一是他所拍摄的影片大都成为“名片”。他一生中拍摄的电影数量并不多，但几乎每一部都引起轰动效应，如《风云儿女》《马路天使》，还有《红旗谱》等。二是他所拍摄的影片中的主题歌或插曲被广泛传唱。如《风云儿女》主题歌《义勇军进行曲》（田汉词，聂耳曲），《马路天使》插曲《四季歌》《天涯歌女》（田汉词、贺绿汀曲，周璇唱）等。三是他所拍摄的诸多历史文化名人的肖像照，大都成为令人熟知的经典之作。如《白求恩大夫》等极具文献价值的照片，电影演员赵丹、白杨、周璇、袁牧之、田方的肖像照，等等。四是他因参与创办东北电影制片厂，而成为新中国电影的开拓者之一。他曾任东北电影制片厂厂长，正是在他的领导下，电影厂拍出了《白毛女》《钢铁战士》《赵一曼》等优秀影片。

吴印咸与哈尔滨很有缘，哈尔滨刚解放，他便多次来哈尔滨开会，指导拍摄纪录片。1987 年，他专程来哈尔滨举办了《吴印咸摄影六十年作品展》，并为哈尔滨的摄影爱好者做了一场精彩的摄影讲座。

◀ 晚年吴印咸，笔者摄

▲ 在黑龙江时的吴印咸

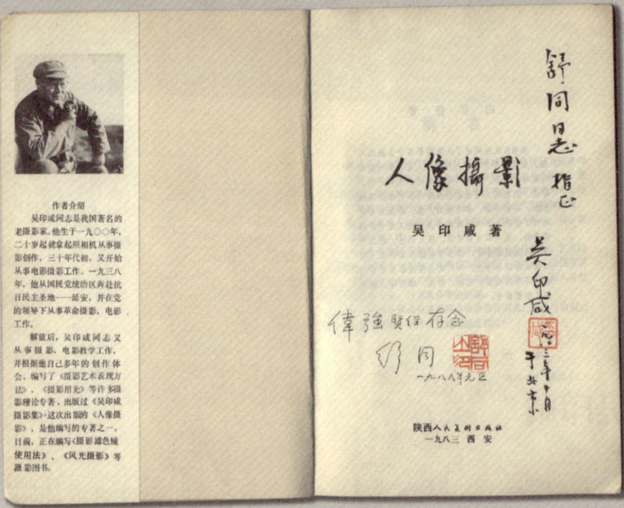

▲ 吴印咸题赠舒同的《人像摄影》，哈尔滨市博物馆“文化名人手迹馆”藏品

▼ 吴印咸（时任东北电影制片厂厂长）致王滨（电影《白毛女》导演）书札及吴印咸著《摄影常识》，长影旧址博物馆收藏并提供

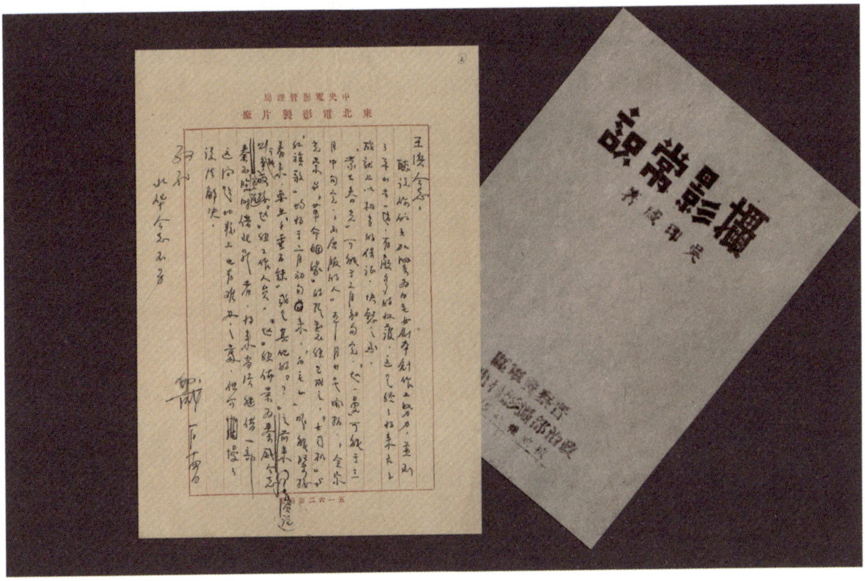

▲ 1994 年 8 月 18 日，哈尔滨道里地段街黑龙江省美术馆。启功（前排左二）在“中央文史研究馆著名书画家作品展”开幕式上（展标由启功题写），黑龙江省人民政府参事室提供

■ 启功

启功（1912—2005），满族，字元伯，一作元白，生于北京，书画家、书画鉴定家、学者。长期从事文史教学与研究，曾任教于辅仁大学，后任北京师范大学教授、中央文史研究馆馆长、中国书法家协会主席等职。精于书画及文物鉴定，在书学上力主临习墨迹，尤其重视结字，创“黄金分割法”，书风于端庄静穆中寓劲健飘逸。

有人称启功为“大熊猫”，是把他看成国宝级人物，但启功倒不这么认为。启功是名副其实的诗书画通人、深孚众望的古书画研究与鉴定巨擘，也是真正意义上的国宝级人物。

1994 年 8 月 18 日，82 岁的中国书坛泰斗启功先生，以中央文史研究馆馆长身份突然亮相“中央文史研究馆著名书画家作品展”开幕式，令哈尔滨书法界人士与广大书法爱好者喜出望外。老先生手执拐杖，笑容可掬，不时鞠躬致礼，用京腔十足的语调发表了热情幽默的致辞，在场观众笑逐颜开。此为启功先生第一次，也是唯一一次来哈尔滨。他在相关人员陪同下游览了中央大街、松花江、秋林公司。一路上，老先生不时来个顺口溜，幽上一默：“哈尔滨，上一品。洋秋林，为平民。”令陪同者忍俊不禁。

▲ 启功（手拿讲话稿者）在“中央文史研究馆著名书画家作品展”开幕式上致辞，黑龙江省人民政府参事室提供

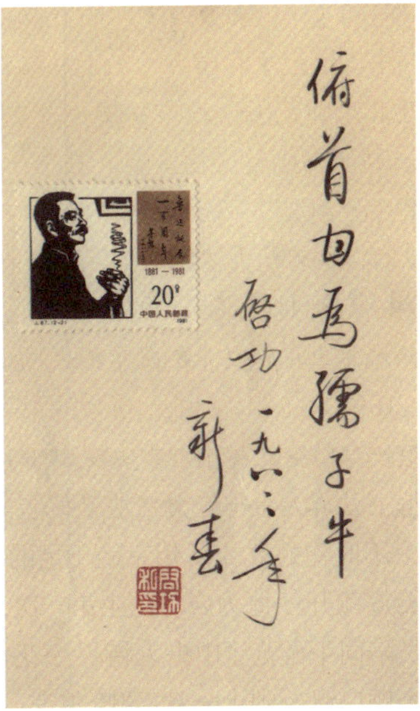

►

鲁迅纪念卡片，为启功1982年致王观泉，哈尔滨市博物馆“文化名人手迹馆”藏品

▲ 名家签字的首日封，启功签在右下方，其前后共有赵朴初、艾青、臧克家、冰心、侯宝林、关山月、华君武、张仃、季羡林、杨绛等 41 位文学艺术家签名，哈尔滨市博物馆“文化名人手迹馆”藏品

▼ 信封为启功 1982 年致王观泉（前端地址等为王观泉预先写就，“北京启缄”为启功亲笔）。哈尔滨市博物馆“文化名人手迹馆”藏品

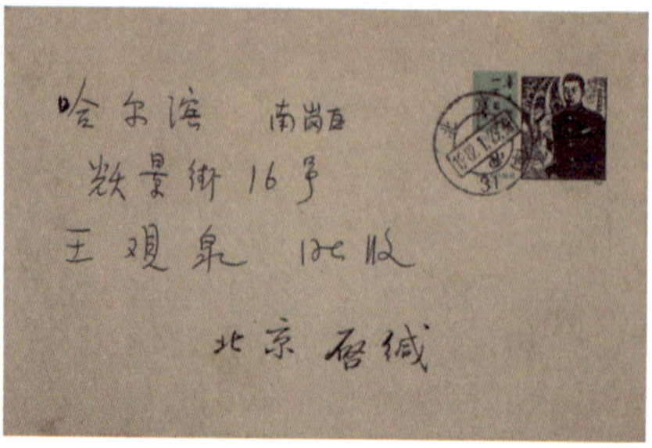

► 右页书法作品，1994 年夏启功写于哈尔滨，哈尔滨市博物馆“文化名人手迹馆”藏品

天行健君子以
自强不息
易乾象辞书奉
伟强先生之属
启功

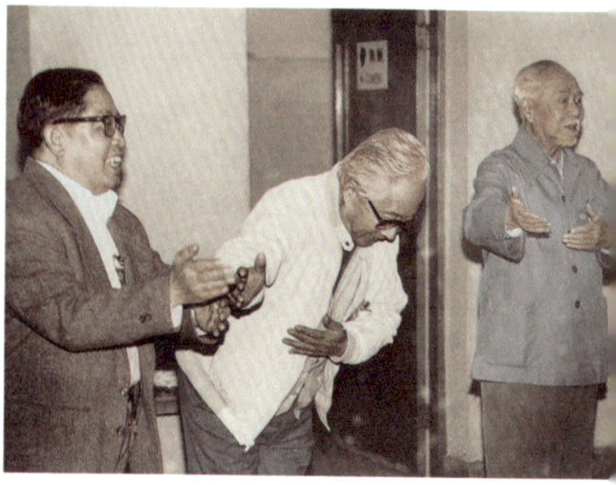

▲ 左图，1999 年夏摄于亚布力镇，左起，漫画大家丁聪、方成、华君武，张恂提供；右图，1993 年，北京，左起，漫画大家丁聪、华君武、叶浅予在摆样子迎接客人，邹士方拍摄并提供

丁聪

丁聪（1916—2009），笔名小丁，上海人，漫画家。20 世纪 30 年代初开始发表漫画，有鲜明的个人风格，尖锐泼辣，图简意赅，有强烈的战斗性，以讽刺漫画与文学插图著称。

丁聪说他曾是黑龙江人，因为他早年在北大荒工作多年，晚年又多次莅临黑龙江，来到哈尔滨。

1999 年，黑龙江日报社举办漫画比赛，特邀华君武、丁聪、方成等漫画名家来哈尔滨当评委。丁聪曾忙里偷闲与漫画家华君武、方成去亚布力滑雪场游览。据陪同者——时任《黑龙江日报》社长王毅人撰文讲，在滑雪场一处近 2000 米长的滑道前，华君武与王毅人坐一个滑板，丁聪与夫人沈峻坐一个滑板，方成一个人坐一个滑板，大家一起从山顶滑下来，历时 20 分钟，经过 48 个弯道，到达终点。这一年，华君武 84 岁，丁聪 83 岁，而最小的方成也 81 岁。

▲ 左图为丁聪在看黑龙江美术出版社出版的《名家留韵》一书，内有一篇写他和方成的短文“小丁与老方”，笔者摄于 2001 年；右图，丁聪漫画

2001年夏，丁聪、沈峻夫妇来哈尔滨避暑，王毅人到机场迎接，他发现85岁的丁聪脚步敏捷得竟像50岁的人。2005年秋，89岁的丁聪又一次来到哈尔滨，应邀担任《黑龙江日报》创刊60周年漫画大赛评委，这也是他最后一次来到哈尔滨，且停留时间较长。利用空闲时间，丁聪夫妇在黑龙江日报社编辑亓兵等人的陪同下，特地到符拉迪沃斯托克（海参崴）游览了几日，而后乘兴而归。丁聪作画自称小丁，耄耋之年，初衷不改。采访时曾说："我平日一不戒酒，二不爱体育锻炼，三爱吃肥肉，还不太喜欢吃蔬菜。"令《健康报》记者语塞。诚然，蔬菜、水果、太极拳、人参，他统统不爱，他的最爱：画画、吃肉、受夫人严管与"制裁"。他称自己是"长不大的老小孩"，作品犀利却无戾气，始终抱有赤子之心。

▼ 89岁的"小丁"偕夫人沈峻走出哈尔滨机场及在哈尔滨北大荒纪念馆、防洪纪念塔前、黑龙江日报社评画现场等地，亓兵拍摄并提供

▲ 1999 年夏在亚布力镇，左起，方成、丁聪、华君武，张恂提供

方成

方成（1918—2018），祖籍广东香山（今中山），生于北京，漫画家。所作时事讽刺漫画，尝试将中国画的笔墨技法、构图造型与漫画相结合，构思奇崛，想象丰富，善于表现世态人情。

1999 年初夏，黑龙江日报社举办漫画比赛，漫画三大家华君武、丁聪、方成同时受邀当评委，他们一起来到了哈尔滨。

王毅人著书曾说，评画结束方成与华君武、丁聪一起去亚布力滑雪场游览。在亚布力回哈尔滨途中，方成看见一只毛茸茸的蒲公英，便跑过去把它摘下，而后手拿蒲公英对华君武和丁聪说，当年四川的青年版画家吴凡画了一幅一个小女孩跪在地上吹蒲公英的水印版画，命名为《蒲公英》，在世界上得了大奖，寓意是祈祷和平。他说他还记得小女孩吹蒲公英的姿势，于是模仿起来。这位 81 岁的老者就像一个孩子，单膝跪在地上作吹蒲公英状。84 岁的华君武手疾眼快，马上抓起相机拍下这个场面。王毅人也急忙按动快门，记录下两位大师互动的精彩瞬间。

2002 年金秋时节，方成与老友亦同乡李兆永结伴来哈尔滨。84 岁的方成穿了一身牛仔服，连问接机的王毅人多次："我酷不酷？"一日，方成忽对王毅人说，想去呼兰看大嫂。王毅人顿时愣住，后来才恍然大悟：1948 年，方成与端木蕻良一起住在香港靠海边的一间房子里，两人一起做饭，一起用餐，称兄道弟。此番他是要去萧红故居怀念早逝的"大嫂"。方成来到呼兰，进入萧红故居，想起早已过世的"哥嫂"，很是感慨，深怀敬意地细细观看每一件展品。他与李兆永看到郭沫若在萧红墓前的照片，这张照片是李兆永1948年在香港所拍。

王毅人讲，在哈尔滨期间他邀方成去钓鱼。一个小时下来，方成竟钓了6条，甭提有多高兴了。钓鱼返回的路上，车行驶在松花江大桥上，方成哼起《松花江上》："我的家在东北松花江上，那里有森林煤矿，还有那满山遍野的大豆高粱。"唱得蛮有味且一字不差。2006年，方成最后一次来黑龙江，经哈尔滨去往漠河。2018年，他以百岁高龄离世。

▼ 漫画为方成作品；合影为1999年夏在松花江上，左起，丁聪、华君武、方成、王毅人，王彦涵（黑龙江日报社编辑）提供

▲ 1997 年的沈鹏，笔者摄

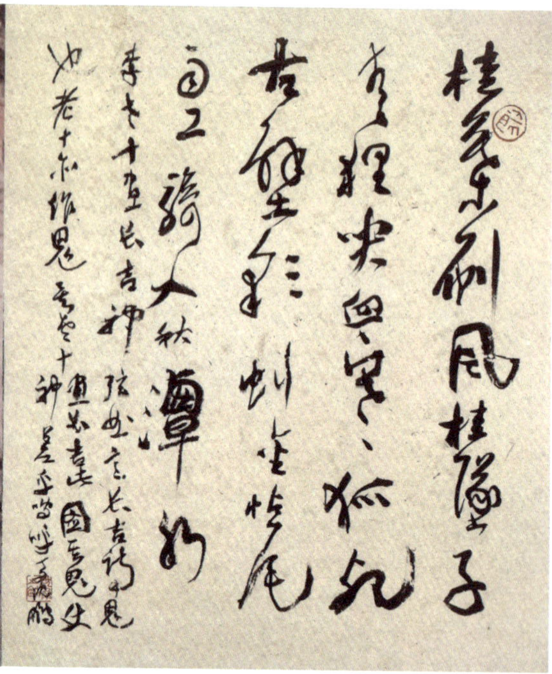

▲ 沈鹏以李贺诗句题已故的哈尔滨小友李老十画作，哈尔滨市博物馆“文化名人手迹馆”提供

■ 沈鹏

沈鹏（1931—2023），别署介居主，江苏江阴人，书法家、诗人、评论家。曾长期担任中国书法家协会主席、名誉主席。

20 世纪 80 年代，沈鹏来哈尔滨为黑龙江美术出版社举办的美术培训班授课。此次授课，使得哈尔滨市乃至远道而至的外地书法爱好者们深受启发与教益，耳目一新。沈鹏对热爱书法的哈尔滨人可谓青睐有加，对求字者、请题词者，几乎有求必应。现在哈尔滨的一些老书法家、美术工作者手中，多存有他的墨宝。

沈鹏对哈尔滨的书法界关注有加，对曾在哈尔滨生活、工作过的两个人更是推崇备至，一位是游寿，另一位就是李老十。游寿是福建人，但长期生活在哈尔滨，在哈尔滨师范大学任教，她学识渊博，是典型的学者型书法家，沈鹏对她很是敬仰；李老十是哈尔滨人，1981 年考入中央美术学院，毕业后分配到人民美术出版社工作，书画造诣与品位甚高。沈鹏时任人民美术社副总编辑，李老十经常向沈鹏请益，沈鹏对李老十格外器重。游寿、李老十前后脚离世，沈鹏很是难过，他对这两位出自哈尔滨的书界杰出人物的学养与品德，赞叹不已，多次写诗、题跋予以揄扬。

▲ 图上墨迹“哈尔滨旧影”沈鹏题

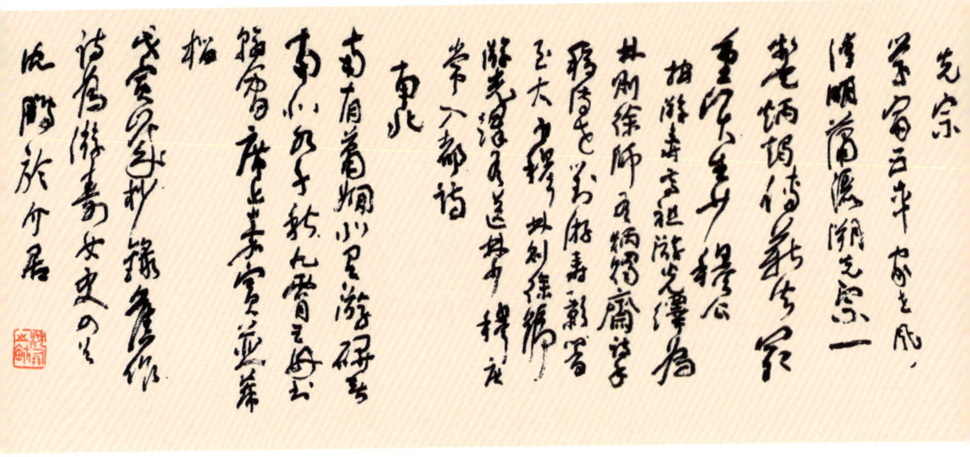

▲ 沈鹏抄录游寿诗作，哈尔滨市博物馆“文化名人手迹馆”藏品

▼ 沈鹏书札，哈尔滨市博物馆“文化名人手迹馆”提供

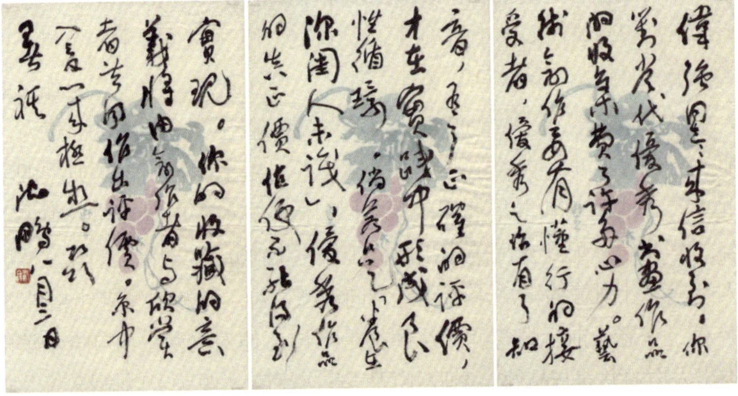

▲ 中国书协讲学团成员在哈尔滨合影，前排左起，白煦（蹲者）、费新我、秦咢生、陈叔亮、王遐举；二排左起，由甲申、陈天然、欧阳中石、赵家熹、胡公石、谢冰岩、熊伯齐、沈重，白煦提供

■ 费新我、欧阳中石等当代中国书法名家

费新我（1903—1992），学名费斯恩，初字省吾，号立斋，笔名立千，浙江湖州人，书画家。晚岁寓居苏州。曾任中国书法家协会理事及江苏分会顾问。擅长中国画、书法，尤以左腕运笔而闻名。其隶法古拙朴茂，楷书敦厚，行草不受前人羁绊，参以画意，有强烈的节奏感和音乐感，是中国书坛较有影响的人物之一。

欧阳中石（1928—2020），山东泰安人，学者、教育家、书法家。曾任中央文史馆馆员，中国书法家协会顾问，全国政协委员，是当代书法学科建设的重要开拓者。

1982 年夏天，中国书法家协会应黑龙江省书法篆刻会（今黑龙江省书法家协会）之邀，组织“中国书协讲学团”赴哈尔滨、牡丹江两地讲授书法艺术。讲学团成员大都为当时国内书法名家，领队的朱丹、陈叔亮是中国书法家协会副主席。据后来出任中国书法家协会理事的著名书法家洪铁军回忆，“中国书协讲学团”如一缕春风，为哈尔滨这座城市带来了清新雅致的气息，为日后黑土地书法事业的发展起到了激励作用。洪铁军介绍，这些书法名家的教学经验丰富，所讲内容深入浅出，其中最出彩的是费新

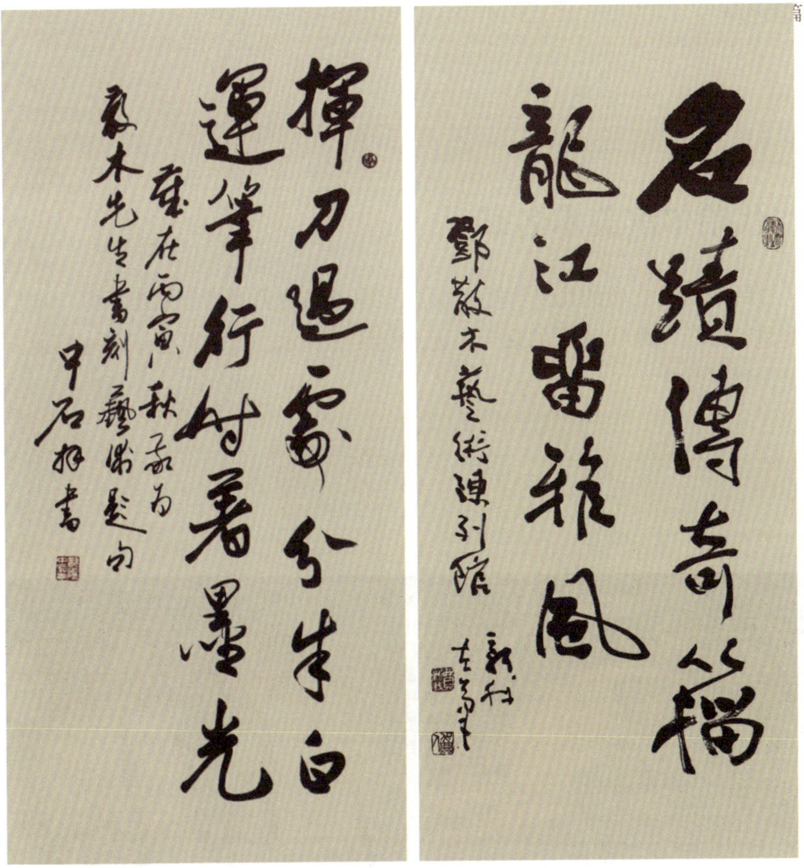

▲ 右为费新我作品，左为欧阳中石作品，均为两位书法家 1986 年题赠黑龙江省博物馆“邓散木艺术陈列馆”，黑龙江省博物馆提供

我与欧阳中石，他们授课时受到台下学员们的高度赞赏，学员们不时报以热烈的掌声。也正是在此次教学活动中，洪铁军得以结识欧阳中石并成为欧阳先生的弟子。时任中国书法家协会名誉理事的陈雷热情地接待了这些名家，特请黑龙江省书画院院长沈重全程陪同他们在哈尔滨、牡丹江两地讲学和采风。

陈雷自幼喜爱书法，百忙之中仍临池不辍。20 世纪 60 年代初，陈雷在北京邂逅书法篆刻大家邓散木，两人相谈甚欢。邓散木萌生了到黑龙江颐养天年并将藏品、作品捐赠给黑龙江的念头，但不久邓散木病逝，计划搁浅。二十年后，在此次接待中国书协讲学团成员时，大家谈到已故篆刻大家邓散木，陈雷遂决定将邓散木的作品及其藏品放到黑龙江，妥善保管，以免星散，从而实现当年对邓老先生建馆、收藏、研究、展览、出书的承诺。1986 年春，极具艺术性、学术性、教育性的“邓散木艺术陈列馆”在黑龙江省博物馆隆重开馆。

■ 当代哈尔滨美术名家

新中国成立后的几十年里，从黑土地走出的美术名家层出不穷。他们促进了传统与现代美术的融合，为黑龙江的美术创作乃至全国美术事业发展贡献了力量。

▲ 上图版画，晁楣作品《路漫漫》；上图合影，1993 年夏于哈尔滨，杨振宁（左）为晁楣（中）颁发“黑龙江中华文化发展终身成就奖”后两人一同接受记者采访，郑学清拍摄并提供

晁楣

著名北大荒版画家晁楣 1931 年出生于山东省菏泽市，1952 年作为军人来到哈尔滨军工学院工作，1958 年转业参加北大荒军垦，并致力于版画创作，曾任中国版画家协会副主席，黑龙江省美术家协会主席、名誉主席，黑龙江省美术馆馆长、名誉馆长。

北大荒版画诞生于 20 世纪 60 年代初，在历届全国美展中，北大荒版画都占有一席之地，备受关注。其兴起的历史背景是 10 万转业官兵开垦北大荒，美术工作者晁楣、张祯祺、杜鸿年、张作良、郝伯义等人，以北大荒的自然风光与转业官兵、下乡青年的劳作和生活为背景，一改以往木刻作品以黑白为主要色调的艺术表现手法，创作出诸多色彩斑斓的版画作品，开创了中国现代版画创作风格流派的新天地。

▲ 于志学作品

于志学

著名画家于志学 1935 年出生于黑龙江省肇东市，曾任中国艺术研究院美术创作院研究员、全国政协委员、黑龙江省画院荣誉院长等职。

冰雪山水画是画家于志学在哈尔滨历经多年的艺术实践，探索出的一种中国画的新的表现形式。其基本创作手法是在传统中国画尤其是雪景画法的基础上突破了“留白”，以“雪皴”“泼白”“重叠”“滴白”等独特技法去创作雪景，表现北方冰雪独特意境。20 世纪 70 年代末期，冰雪山水画以其特有的艺术语言和表现技法而闻名，深刻表现了具有“冷逸之美”的北国风光，堪称中国画从传统走向现代的一大突破。

▲ 高卉民作品

高卉民

著名画家高卉民 1948 年出生于黑龙江省哈尔滨市，曾任哈尔滨师范大学美术学院院长、名誉院长，中国国家画院研究员，黑龙江美术家协会副主席，黑龙江省高校艺术教育学会会长。

高卉民自幼生长在北方，其入画点是致力于突破以往传统花鸟画题材的局限，表现那些新鲜的，或以往和当代花鸟画界很少触及的北方特有的山花、野草、禽鸟等，甚至有的是在形态上不适合入画的异域花卉，从而开创了意境幽深、气象万千的大写意花鸟野逸画风。

▲ 李老十作品

李老十

著名画家李老十1957年出生于黑龙江省哈尔滨市，1996年去世，本名李玉杰，号老十。他生长、学画都在哈尔滨。1977年毕业于哈尔滨师范学院美术专业，1985年毕业于中央美术学院民间艺术系，曾任人民美术出版社编辑。李老十是从哈尔滨走向全国的杰出的水墨画艺术家，他虽然英年早逝，但其艺术成就却极高。

李老十是一位执着于用传统的笔墨语言表达现代感受的艺术家，他的“残荷”系列创作让人在忧伤之余，仍能领略一份直抵心灵的自在坚守。李老十的书画作品，尤其是那些抒发高古情怀的题画诗，充分彰显出其独立的人格、自由的思想及深刻的怀疑与批判精神。

▲ 1994年2月李老十（右三）夫妇与于志学（左三）、吴团良（右二）、卢禹舜（右一）、刘世英（左二）在哈尔滨，笔者摄

▲ 李老十遗作展“孤韵横秋”2018年哈尔滨展出时请柬，中国美术家协会副主席何家英、中央美术学院国画院院长陈平题写展标，笔者设计

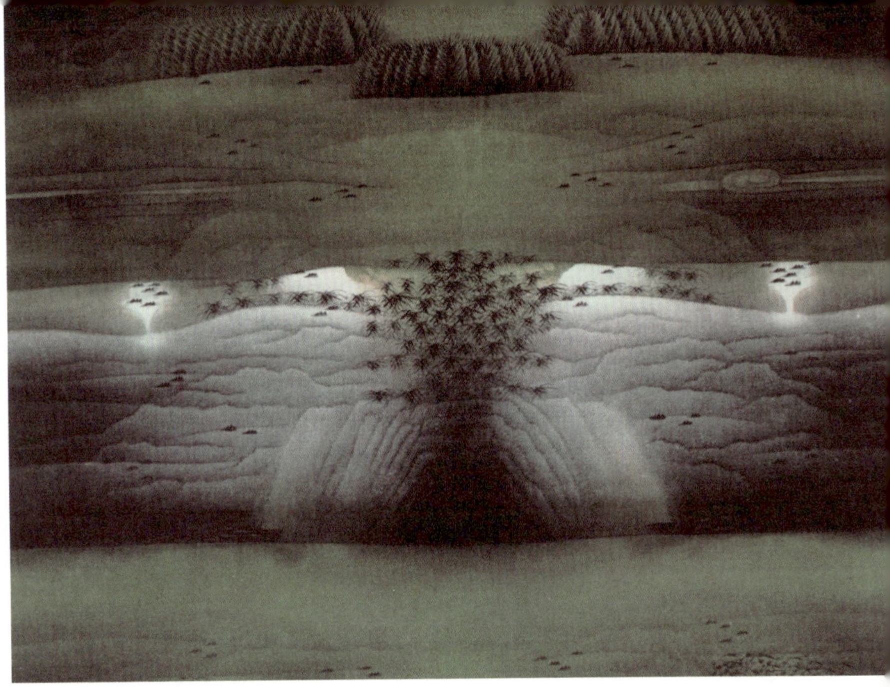

▲ 卢禹舜山水画《静观八荒》系列之一

卢禹舜

著名画家卢禹舜 1962 年出生于黑龙江省哈尔滨市，满族。少年时勤奋学画，1979 年考入哈尔滨师范学院美术教育系，1983 年留校任教。曾任哈尔滨师范大学艺术学院院长、副校长，黑龙江省美术家协会主席、名誉主席，中国国家画院常务副院长、院长，中国美术家协会中国画艺委会委员，中国传媒大学中国画研究院院长。

为迎接第九届“亚冬会”，2025 年 1 月，卢禹舜回到家乡举办了“乾坤大象，江山锦绣——卢禹舜中国画作品展”，所展出的皆为在哈尔滨的写生作品。在接受中国美术报记者采访时，他坦言：“作为土生土长的哈尔滨人，我始终是想把对家乡的深深的情感奉献给家乡人民，我这次创作，有对哈尔滨的人文思想的表现，有对哈尔滨建筑特色的表达，更有对家乡人民的热爱。”

▼ 卢禹舜 2024 年作品——《哈尔滨中央大街街景》

韦尔申作品

韦尔申

著名画家韦尔申 1956 年出生于黑龙江省哈尔滨市，读书、学画都在哈尔滨，1977 年考入鲁迅美术学院油画专业。历任鲁迅美术学院院长、中国美术家协会副主席，中国油画学会副主席。

韦尔申是中国当代具象油画领军人物之一，他的作品在表现手法上略显抽象、诙谐，但并不失古典韵味，在创作风格上则表现出深沉、雄浑、厚重的精神境界与情怀。

李象群

著名雕塑家李象群 1961 年出生于黑龙江省哈尔滨市，满族，读书、学画都在哈尔滨，1978 年考入鲁迅美术学院雕塑专业，历任中央美术学院研究员、清华大学美术学院教授、鲁迅美术学院院长、中国美术家协会副主席。

李象群是中国当代雕塑领军人物之一，其作品融入了文化的根源性理念与现实主义创作手法，因此区别于传统写实主义，表现出精神的永恒性与无限的活力。

李象群在创作

▲ 贾平西作品

贾平西

著名画家贾平西 1935 年出生于山东省蓬莱市，曾任黑龙江省花鸟画研究会主席、黑龙江省美术家协会名誉主席。

贾平西的画怪、题跋怪、图章怪，但他是一位一丝不苟的艺术家。他的作品精巧构思，突破成规，擅于从普通题材中开掘出新意，画前人不曾画过的题材，给人以强烈的视觉冲击力与美感。

▲ 纪连彬作品

纪连彬

著名画家纪连彬 1960 年出生于黑龙江省哈尔滨市，历任黑龙江省画院副院长、黑龙江省美术家协会副主席、黑龙江省人大常委会委员、中国国家画院副院长。

纪连彬既往的作品多以写实人物为主，近年来他尝试向艺术的当代性转变——人只是作为天地间万物、自然生灵的一部分，是以自然山水地貌的形式为主体，来表现人。因此，无论是“祥云”系列，还是“凝云造梦”组画，也无论是色彩斑斓，还是色调黑白，其作品都更显单纯、高雅和神秘。

▲ 吴团良作品

吴团良

著名画家吴团良 1952 年出生于内蒙古自治区，达斡尔族。历任中国美术家协会理事、中国画艺委会委员，黑龙江省美术家协会主席、名誉主席。

吴团良的作品多以北方草原、马及牧马人为主题，画面充溢着雄健、壮美的阳刚之气。通过画笔，他把蒙古族坚毅、强悍的品格，同草原的博大、静谧联系在一起，给人以简洁、率真、和谐之感。

▲ 赵云龙作品

▲ 赵云龙作品

赵云龙

著名画家赵云龙 1963 年出生于黑龙江省伊春市，1988 年毕业于鲁迅美术学院。历任哈尔滨师范大学美术学院院长，中国美术家协会理事、水彩画艺委会主任，黑龙江省美术家协会主席。

从 20 世纪 90 年代末创作了一批东北乡村写生题材作品起便受到关注，2017 年其创作进入新阶段——“丁香”系列静物写生。丁香花是哈尔滨的市花，源于对家乡的热爱，他将丁香花进行艺术化的表达，赋予丁香花典雅、素净的美，也美化了观者的心灵。